OMBRES
ET
VIEUX MURS

PAR
AUGUSTE VITU

LA GRANGE-BATELIÈRE. — FRANÇOIS SULEAU.
LE CHATEAU DE TOURNOEL.
LA LANTERNE. — L'HERMITE DE LA CHAUSSÉE-D'ANTIN.
LE LENDEMAIN DU MASSACRE.
LE CHATEAU DE LESDIGUIÈRES. — LE RHUM ET LA GUILLOTINE.
LE PONT-DE-BEAUVOISIN. S.-GEOIRE.
PAUL-LOUIS COURIER. — L'ALMANACH ROYAL.
LA PARESSE ET LES PARESSEUX.

PARIS
POULET-MALASSIS ET DE BROISE
LIBRAIRES-ÉDITEURS
9, rue des Beaux-Arts

1859

Traduction et reproduction réservées.

OMBRES
ET
VIEUX MURS

PAR

AUGUSTE VITU

LA GRANGE-BATELIÈRE. — FRANÇOIS SULEAU.
LE CHATEAU DE TOURNOEL.
LA LANTERNE. — L'HERMITE DE LA CHAUSSÉE-D'ANTIN.
LE LENDEMAIN DU MASSACRE.
LE CHATEAU DE LESDIGUIÈRES. — LE RHUM ET LA GUILLOTINE.
LE PONT-DE-BEAUVOISIN. S.-GEOIRE.
PAUL-LOUIS COURIER. — L'ALMANACH ROYAL.
LA PARESSE ET LES PARESSEUX.

PARIS

POULET-MALASSIS ET DE BROISE

LIBRAIRES-ÉDITEURS

9, rue des Beaux-Arts

1859

Traduction et reproduction réservées.

LA GRANGE-BATELIÈRE

LA GRANGE-BATELIÈRE

—

I

Les Parisiens ont un amour singulier pour leur bonne ville ; ils ne lui trouvent de charmes qu'à proportion des changements qu'elle subit. C'est pour eux une maîtresse d'autant plus piquante qu'elle fait une toilette nouvelle chaque jour, et qu'elle ajoute cent colifichets de plus à sa robe de pierre.

Heureux Parisiens ! si bien compris par leurs édiles ! Heureux édiles ! dont les efforts, bénis de siècle en siècle, reçoivent pour récompense l'immortalité sous la forme d'un écriteau blanc à fond bleu : livre de lave, ou plutôt livre d'or, dont un feuillet ouvert au coin de chaque rue, laisse une vaste marge aux bonnes renommées municipales qui voudront s'inscrire à côté des noms, désormais impérissables, des Caumartin, des

Chauchat, des Buffault, des Chabrol, des Peletier et des Rambuteau.

Grâce à tous ces habiles alchimistes, grands transmuteurs de pierre de taille, abstracteurs de quintessence en matière de petite et de grande voirie, Paris s'est agrandi, amélioré, embelli. Les marais et les plaines ont disparu sous une pluie de maisons colossales ; de nouveaux quartiers se sont élevés ; d'anciens quartiers ont été démolis. Cette place est devenue une rue ; cette rue est devenue un square ; hier les maçons accumulaient pierre sur pierre, comme pour une nouvelle Babel ; aujourd'hui le pic a remplacé la truelle ; et l'œil s'effraye de ces steppes de décombres, telles que n'en firent point de si vastes les Gaulois de Brennus se ruant sur la ville éternelle.

Mais pendant qu'en certaines régions on démolissait incessamment sans jamais reconstruire, sinon à la mode de ce Pisthétérus, le fondateur aristophanesque de Néphélococcygie, nos modestes architectes et leur armée de maçons pacifiques réédifiaient plus vite qu'ils n'abattaient ; si bien qu'ils vous coupent, vous cousent, vous doublent un quartier neuf à la mode du jeune Paris, en moins de temps que n'en exigeaient les impromptus de Mascarille.

Voilà ce que nous pensions un jour, en suivant, par manière de promenade, le parallélogramme que décrivent autour du nouvel hôtel des commissaires priseurs les quatre rues Rossini, Chauchat, de Provence et Drouot.

En aucun point de son immense surface, Paris n'a subi de métamorphoses plus rapides et plus multipliées qu'en cet agréable quartier de la Grange-Batelière, qui n'existe plus depuis deux ans (1), et qui n'existait pas il y a deux siècles ; quartier de gens affairés et de gens amoureux, où l'or appelait le plaisir, et que la spirituelle administration de la ville la plus spirituelle du monde comprit à merveille et résuma d'un trait lorsqu'elle y bâtit l'Académie royale de musique.

A cette galanterie ingénieuse et profonde, on vit sourire dans leur linceul de satin rose tous les fermiers-généraux et toutes les filles d'Opéra : Bouret, d'Ogny, Laborde, Grimod de la Reynière, et mademoiselle Liancourt, et mademoiselle Gogo, et mademoiselle Fel, et mademoiselle Duthé, et la Coupée, et la Clairon, et la Brillant, et la Mimi, et la Lyonnois, et mademoiselle Aurette, et la douce Amédée, la brillante Puvignée, et la belle d'Azenoncourt : tous ces morts charmants dont l'ombre plane sur la Grange-Batelière comme le souvenir de la Vénus antique sur Paphos dévasté.

II

Ce n'est pas que la Grange-Batelière manque de titres de noblesse : elle existait au temps des premières croisades, de nombreux documents en font foi. Le Paris du XIIe siècle était entouré de marais qui, de la porte Saint-Antoine à Chaillot, appartenaient au chapitre de Sainte-Opportune, et servaient de pâtis aux troupeaux de la communauté. Louis VII et Philippe-Auguste autorisèrent les chanoines à les vendre par lots, sous la condition de les faire dessécher et cultiver par les ac-

(1) Écrit en 1851.

quéreurs. Les contrats de vente recueillis par Sauval, constatent l'existence de plusieurs granges sur ce vaste domaine ; l'une appartenait en 1240 à un certain Adam Cochetur ; une autre, dont Raoul Farcy était le propriétaire, se trouvait en 1252 près de Saint-Laurent.

La plus remarquable de ces granges est désignée successivement sous le nom de *Granchia-Batillia* (1243), *Granchia-Bataillia* (1254), *Granchia-Batalleria* (1260), *Granchia-Bailtaillée* (1290) ; enfin des contrats du xive siècle lui attribuent la dénomination de *Grange-au-Gastelier*. Si nous ajoutons que sous Louis XIV et Louis XV on l'appela fréquemment la *Grange-Batalière,* le lecteur apercevra combien il est difficile d'établir sur de telles variantes une étymologie probable. L'abbé Lebœuf y a perdu son latin, et son érudition, moins fine que prodigieuse.

Nous ne sommes pas davantage en mesure d'établir comment l'humble grange, sur laquelle les religieuses de l'abbaye Saint-Antoine avaient le droit de prendre un muid de grains, devint en moins d'un siècle un fief noble, digne des plus grands seigneurs. Nous savons seulement que le fief de la Grange-Batelière appartenait vers la fin du xive siècle, au comte Guy de Laval, et cela dit, nous n'avons rien éclairci ; car, à la fin du xive siècle, trois seigneurs du nom de Laval vivaient, aimaient, guerroyaient et menaient grande chère ; tous trois étaient de la même famille, tous trois s'appelaient Guy. La tige principale des Laval nous fournit Guy, onzième du nom, sire de Laval, de Vitré et de Gaure, gouverneur de Bretagne en l'absence du duc. Ce Guy avait épousé en secondes noces la veuve de Duguesclin.

Nous trouvons dans la branche des seigneurs de Chatoyan et de Retz un Guy de Laval II, chevalier, seigneur de Retz et de Blazon. Celui-ci eut le bonheur de naître d'un des plus braves compagnons d'armes de Duguesclin, et le malheur d'engendrer un monstre que l'histoire a déshonoré sous le nom de maréchal de Retz. Enfin, parmi les seigneurs de la branche d'Attichy, voici un Guy de Laval II, seigneur d'Attichy, La Malmaison, Chantilly, Moncy-le-Neuf, Nointel, Conflans, Coyme, Méry-sur-Seine, etc.

De ces trois Guy de Laval, qui furent contemporains et cousins, quel est le nôtre? Sauval n'avait pas prévu la difficulté; mais ce n'en est pas une. Nous avons affaire évidemment au seigneur d'Attichy, le seul de tous les Guy qui soit venu brûler ses ailes et perdre ses domaines aux flammes de la cour. Chantilly, la Malmaison et la Grange-Batelière ne vont pas mal ensemble. Et puis l'histoire n'a-t-elle pas ses malices? Voyez un peu la rencontre! Guy de Laval d'Attichy épousa Ade de Mailly; et cette Ade de Mailly était doublement veuve d'Albert de Genlis et de Jean de Nesle. Ainsi les quatre filles du marquis de Nesle, la comtesse de Mailly, madame de Vintimille, la duchesse de Lauraguais et cette fameuse marquise de la Tournelle, duchesse de Chateauroux, qui se disputèrent et se partagèrent tour à tour le cœur de Louis XV, pouvaient écarteler leurs armes de l'écusson des Laval d'Attichy, l'écusson de la Grange-Batelière.

Guy de Laval avait vendu tous ses biens. Nous retrouvons, en 1424, la Grange-Batelière aux mains de Jean Malestroit, évêque de Nantes, et chancelier de

Bretagne, qui donna l'hôtel, cour, colombier, jardin, etc., aux religieuses des Blancs-Manteaux.

On voit dans l'acte que cette propriété relevait de l'évêque de Paris et qu'elle contenait 120 arpents.

Enfin, en 1473, elle était possédée comme maison de campagne par Jean de Bourbon, comte de Vendôme. C'est le trisaïeul d'Henri IV.

Voilà une généalogie bien en règle. Peu nous importe ensuite qu'elle soit interrompue pendant environ trois cents ans, le lecteur remplira cette lacune au gré de ses connaissances historiques ou de son imagination. Seulement, il faut avouer que les conditions imposées par le chapitre de Sainte-Opportune à ceux qui achetaient ses terres, furent bien mal remplies. Non seulement les marais ne furent pas desséchés par les sujets de Philippe-Auguste, mais ils durèrent jusqu'au commencement du dernier siècle. Un plan manuscrit conservé dans les archives de la ville et daté de 1705 l'atteste irrécusablement.

Ce plan parcellaire est très-précieux parce qu'il prend le quartier de la Grange-Batelière à sa naissance. En essayant de le décrire, nous donnerons une idée juste de l'état de Paris vers les dernières années du règne de Louis XIV.

La ville était encore tout à fait distincte des faubourgs qui s'y confondent aujourd'hui ; les boulevards en traçaient la limite septentrionale depuis la Porte-Saint-Honoré jusqu'à la Porte-Saint-Antoine, absorbée dans les agrandissements de la Bastille. Après les faubourgs Saint-Antoine, du Temple, Saint-Martin, Saint-Denis, Poissonnière et Montmartre, dont la dénomination subsiste, les constructions éparses entre ce dernier et la future Chaussée-d'Antin composaient le faubourg Richelieu ; de là jusqu'à la Porte-Saint-Honoré c'était la Ville-l'Evêque ; au-delà enfin, c'était le faubourg Saint-Honoré.

Voyons ce qu'était alors le faubourg Richelieu dans sa portion la plus voisine de la Grange-Batelière.

III

La rue actuelle de la Grange-Batelière, qui joint le faubourg Montmartre aux nouvelles constructions, existait très-anciennement et s'appelait rue Batelier. Elle aboutissait au fief de la Grange-Batelière, composé d'un hôtel bâti sur l'emplacement de la maison de plaisance du duc de Vendôme, et qui, par une suite de reconstructions partielles, a subsisté jusqu'à ces derniers temps. Tout le monde a pu le voir ; il est donc inutile de le décrire. Ce bâtiment qui n'avait d'ailleurs aucun mérite d'architecture, était précédé d'une vaste cour, dont la grille faisait face au boulevard, et suivi de jardins qui occupaient au nord tout l'espace compris entre l'hôtel et le grand égout découvert, devenu plus tard la rue de Provence. A l'ouest, entre la terrasse latérale des jardins et le mur de la propriété voisine, s'écoulaient, par un petit ruisseau pavé, les eaux du faubourg Richelieu, qui venaient s'accumuler au bas du boulevard. Cette rigole infecte est très-bien indiquée par le tracé de la rue Chauchat ; la propriété riveraine, quoique close de murs, n'était qu'un marais exploité par un sieur Bourgoin.

Sur ce marais s'élève aujourd'hui le joli hôtel d'Eichtal, où la mairie du 2ᵉ arrondissement fut installée pendant les premiers mois de la révolution de 1848, et qu'occupèrent aussi les bureaux de la maison de banque Leroy, Chabrol et compagnie. Devant le fief passait une ruelle fangeuse qui s'allait perdre dans les petits chemins des cultures. Enfin de la grille d'entrée on ne pouvait gagner le boulevard que par une sorte d'allée fort irrégulièrement percée à travers les marais. J'écris marais par politesse. Tout le côté gauche de ce qui est aujourd'hui la rue Drouot, entre la rue Rossini et le boulevard, correspond sur le plan de 1705 à cette double indication : cloaque, voirie.

Il résulte de ce qui précède qu'en 1705 cette région du faubourg Richelieu ne contenait encore d'autre maison que l'hôtel de la Grange-Batelière. Mais on avait pressenti l'importance que ce point central des faubourgs ne manquerait pas d'acquérir. Le gouvernement entreprit en sa faveur des améliorations indispensables.

Louis XIV venait de transformer les boulevards, qui, de remparts de guerre, parfaitement inutiles, devinrent la plus belle promenade de l'Europe. Ils dominaient de beaucoup les faubourgs, comme on en a vu longtemps la trace à la rue Basse-du-Rempart et à la rue Basse-Saint-Denis (1); toutes les eaux ménagères et pluviales s'accumulaient au pied de l'escarpement et

---

(1) Probablement aussi s'élevaient-ils, par un talus rapide, au-dessus de la ville; ainsi, avant le percement moderne de la rue Neuve-d'Antin, la rue d'Antin joignait le boulevard; mais les eaux repoussées par le talus y avaient formé un cloaque; on fut obligé de le boucher pour éviter l'infection, et cette portion de la voie publique disparut sous les constructions. Les exemples ne sont pas rares de ces rues supprimées et rétablies après un siècle ou deux. Pour en revenir au détail qui nous occupe, on peut constater encore aujourd'hui que plusieurs maisons du boulevard des Italiens, notamment en face de l'hôtel du marquis de Hertford, possèdent des cours intérieures qui ont une pente en contre-bas du sol.

devenaient une cause permanente d'insalubrité. On voulut satisfaire aux prescriptions de l'hygiène en même temps qu'aux projets favoris du grand roi, et l'on procéda au nivellement des boulevards, opération qui resta forcément incomplète sur bien des points, mais qui s'accomplit aisément quant au faubourg Richelieu.

Une ordonnance de 1698 avait prescrit également que le Cours (ainsi nommait-on fort justement les boulevards) fût planté d'arbres entre la Ville-l'Evêque et la Grange-Batelière.

Ces grands travaux étant parachevés, Louis XIV voulut qu'on élargit le chemin de la Grange-Batelière à partir de son point de rencontre avec le cours. Voici le texte de l'ordonnance :

« Le Roy estant en son conseil a ordonné et ordonne que la rue de Richelieu sera continuée, depuis le Cours, de la même largeur de six toises, jusqu'à la rencontre d'un pan coupé, qui sera formé de huit toises de face, jusqu'à distance de trois toises de la maison de la Grange-Batelière, et qu'il sera formé une rue en retour de trois toises de largeur, depuis ledit pan coupé, le long du mur de ladite maison jusqu'à la rencontre du chemin des marais.

» Fait au conseil d'Etat, séant à Fontainebleau, le 18 octobre 1704. »

La rue Neuve-Richelieu ne garda pas ce nom ; on la connut pendant tout le XVIIIe siècle sous celui de rue Neuve-Grange-Batelière. Aussitôt qu'elle fut exécutée et raccordée avec le boulevard, les terrains maraîchers qui le bordaient devinrent très-recherchés. Le site champêtre attira les hommes de finance, qui se plurent à voir, d'un côté, les beaux arbres du cours, et de l'autre, la butte Montmartre et les moulins à vent. On aimait tant la nature, en ce siècle fardé, spirituel et en réalité peu connu, que, pour jouir d'un peu de verdure sans s'éloigner de Paris, les hommes les plus riches et les plus délicats supportèrent le voisinage du grand égout découvert et de ses affluents.

Bientôt l'élite de la finance et de la robe se disputa à prix d'or ces terrains enchantés. La simple nomenclature des habitants de la Grange-Batelière ferait passer devant nos yeux la plupart des figures originales du XVIIIe siècle.

IV

Dans l'ancienne rue, c'est-à-dire vers le faubourg Montmartre, logeait M. Le Normand d'Etioles, le mari, peu content, de madame de Pompadour. Jamais époux trompé ne manifesta plus de chagrin de sa disgrâce. L'amour vengea l'hymen. La marquise avait à peine rendu le dernier soupir, que son époux volant à de nouveaux dangers, contractait un second mariage avec mademoiselle Rem, de l'Opéra. Le lendemain des noces les nouveaux mariés furent régalés de cet épithalame un peu pédant :

Pour réparer miseriam
Que Pompadour laisse à la France,
Son mari plein de conscience
Vient d'épouser Rem publicam (1).

(1) *Mémoires secrets,* 11 février 1765.

C'est ce même Normand d'Etioles qui se fâchait si fort quand de mauvais plaisants l'appelaient « monsieur le marquis de Pompadour. » On peut, sans se donner la peine de creuser très-profondément les mœurs du XVIIIe siècle, se convaincre qu'on en a fort exagéré la légèreté.

Depuis *monsieur de Pompadour* jusqu'à monsieur de la Popelinière, on peut citer nombre de maris trompés qui prirent leur aventure au tragique. Il ne faut pas perdre de vue que l'histoire du siècle dernier a été écrite dans les antichambres par des philosophes laquais et par des laquais philosophes, qui commencèrent par avilir la société qu'ils voulaient perdre.

A côté de M. Le Normand d'Etioles, l'Almanach royal nous indique M. de La Borde, banquier de la cour, qu'on a confondu, par une distraction très-concevable, avec le musicien Laborde, l'un des valets de chambre de Louis XV. Si celui-ci mérite qu'on honore sa mémoire parce qu'il fut honnête homme et cultiva les arts avec succès, le banquier de la cour a des titres plus considérables à notre reconnaissance. La ville de Paris devrait conserver le souvenir de cet homme de bien, ne fût-ce qu'en lui dédiant une rue, car elle lui doit le plus riche, le plus aimable et le plus brillant quartier de Paris (1).

Il avait acquis du célèbre Bouret d'immenses terrains compris entre le faubourg Montmartre et la Chaussée-d'Antin, et traversés par le grand égout découvert qui joignait ces deux voies. La Borde fit voûter l'égout dans toute l'étendue de son parcours, et sur le sol nouveau,

---

(1) Il existe une rue de ce nom, consacrée au souvenir de M. Delaborde, ancien préfet de la Seine.

il bâtit la rue de Provence, ainsi nommée en l'honneur d'un des petits-fils de Louis XV, qui devint le roi Louis XVIII. La rue neuve avait besoin de débouchés : La Borde la mit en communication avec le boulevard des Italiens et la rue Chantereine, en perçant à la fois la rue d'Artois (depuis rue Laffite), la rue Taitbout et la rue Chauchat (1).

Nous avons nommé Bouret : saluons au passage ! Voilà le modèle des courtisans, non pas du courtisan vain, obséquieux, avide, surtout ingrat, mais du courtisan idéal, fin, ingénieux, dévoué, enthousiaste, presque poétique, épris de son maître autant que si c'était une maîtresse, et capable d'expirer de douleur le jour où l'auguste objet de son amour loyal rendrait son âme à Dieu, comme fit ce gentilhomme qui mourut les yeux levés au ciel en apprenant la mort de Henri IV.

Une fois, au rapport de Grimm, Bouret eut l'honneur de recevoir le roi très-chrétien à la Croix-Fontaine, sa maison de campagne, dans la forêt de Sénart. Le premier objet qui frappa les yeux du roi dans le salon de Bouret, fut un livre grand in-folio. Ce livre était un manuscrit qui avait pour titre : *Le vrai Bonheur !* et sur chaque page on lisait : « Le roi est venu chez Bouret; » avec la progression des années depuis 1760 jusqu'en 1800.

Le roi fut digne de Bouret : il revint tous les ans.

---

(1) La rue Chauchat ne fut ouverte par La Borde que de la rue Chantereine à la rue de Provence. Le 29 juillet 1793, le corps municipal, sur la demande de la citoyenne Borlange, veuve Pinon, et du citoyen Thévenin, co-propriétaire d'un terrain situé entre les rues Pinon et de Provence, leur accorda l'autorisation de prolonger la rue Chauchat jusqu'à la rue Pinon ; mais ce percement ne fut définitivement exécuté qu'en vertu d'une ordonnance royale du 3 octobre 1821. (Lazare, *Dict. des rues de Paris*.)

A force de galanteries plus coûteuses que celle-là, car Bouret se mêlait d'ériger des monuments de marbre à la gloire de son maître et de doter les filles bâtardes des princes du sang royal, il arriva qu'un jour, Bouret, qui n'avait guères que deux millions de rente, se trouva très-gêné. La Borde entreprit de le tirer d'affaire, s'empara de l'administration de ses biens, le réduisit provisoirement à une pension de 15,000 livres (imaginez le héros immortel de l'aventure de la vache aux petits pois réduit à 15,000 livres de rente !) fit plusieurs opérations fructueuses, paya les créanciers, et finalement remit Bouret à la tête d'une fortune princière. Un des incidents de cette liquidation transmit à La Borde les grands terrains que Bouret possédait au nord du boulevard. Nous avons dit ce qu'ils devinrent.

La rue Neuve-Grange-Batelière, successivement peuplée de magnifiques hôtels, eut aussi ses hommes d'élite. Tous ces grands financiers se recherchaient entre eux, et vivaient en paix dans de doux et tendres loisirs, ennoblis par la culture des lettres. En butte aux dédains de la noblesse, qui les attristaient peut-être moins que la haine aveugle du peuple, ces pauvres riches tâchaient de se faire pardonner leur opulence à force de grâce, de libéralités et de bienfaits. Ils ne parvinrent pas à vaincre l'opinion, qui les a définitivement mal jugés.

Ces parias dorés sentaient vivement leur humiliation secrète, et comme les parias, ils se consolaient en s'aimant. Nous avons vu La Borde quitter ses affaires et ses plaisirs pour sauver son ami Bouret d'une ruine imminente. Dans le même temps, Gautier de Mont-d'Orge, trésorier de la chambre aux deniers, et l'un des plus vieux habitants de la Grange-Batelière, épousait *in extremis* une fille naturelle de M. Le Normand d'Etioles, pour donner un nom et une fortune indépendante à la fille de son ami. Ce Gautier de Mont-d'Orge cultivait aussi les arts; on a de lui le ballet des *Talents lyriques*, dont Rameau composa la musique, et *l'Acte de société*, qui réussit à la Comédie-Française.

Citons encore l'un des membres les plus distingués de ce cénacle, M. de Blair, conseiller au Parlement, qui jugea si bien l'*Emile*. Voir le onzième livre des *Confessions*.

M. d'Ogny, fermier-général, père du comte d'Ogny, qui fut intendant-général des postes sous Louis XVI, enrichit la Grange-Batelière de son plus beau joyau en construisant le magnifique hôtel qui abrita plus tard l'opulente existence de M. Aguado, marquis de las Marismas.

V

L'hôtel d'Ogny était immense; il y avait de petits appartements « comme chez le roi (1) », un manége couvert, des bains et jusqu'à une ferme, située vers l'extrémité des jardins, du côté du faubourg Montmartre. La moitié environ de ces dépendances a été absorbée, il y a déjà longtemps, par des constructions bourgeoises.

M. d'Ogny fut célèbre à deux titres : son hôtel, et sa maîtresse. L'hôtel, tout le monde le connaît. La maîtresse, c'était mademoiselle de Boismenard, ou plutôt la

---

(1) *Vie privée de Louis XV*, 3 vol. in-8°, 1781.

Gogo, qui, après avoir brillé à la Comédie Italienne (elle jouait à ravir dans *le Coq du village*) débuta à l'Opéra où elle ne réussit point, parce qu'elle ne chantait pas assez, puis à la Comédie-Française, où l'on trouva qu'elle ne jouait guère. Cependant, on la mit en possession de l'emploi des soubrettes, qu'elle tenait, dit un contemporain, « à faire lever le cœur. »

Voici le portrait de mademoiselle Gogo, peint par Clément dans ses *Nouvelles littéraires :*

« On lui reproche de porter une main un peu grosse au bout d'un bras assez long ; mais sa taille est déliée ; de petits yeux ronds, un nez carré, une lèvre relevée et une mine charmante : voilà ce qui fait les grandes passions. »

A de si rares attraits, mademoiselle de Boismenard joignait des mœurs très-délicates ; Clément assure, sans trop rire, que la vie peu décente des demoiselles de l'Opéra avait blessé la Gogo, et qu'elle s'attacha à la Comédie-Française, parce qu'on « y trouve des mœurs vraiment convenables, et cet air de dignité si nécessaire aux personnes bien nées qui ont du goût pour le plaisir. »

La légèreté de la forme ne détruit pas le fond de cette remarque, qui est un trait de mœurs. Le Théâtre-Français s'est toujours distingué par une certaine tradition d'honneur qui n'a guère moins contribué que le talent de ses sociétaires à le maintenir au rang élevé qui lui est acquis dans les arts. Sans rappeler l'anecdote si connue qui valut à mademoiselle Clairon, à Brizard et à Molé un emprisonnement au For-l'Evêque, pour n'avoir point voulu paraître sur la scène avec un de leurs camarades coupable d'improbité, la vie de mademoiselle de Boismenard, dite Gogo, fournit un exemple notable de ces scrupules qui nous étonnent à pareille époque et en pareil lieu.

Mademoiselle de Boismenard, enrichie par M. d'Ogny, s'était retirée du théâtre dans tout l'éclat de cette beauté si bien décrite par Clément; elle avait trente-deux ans à peine, un joli hôtel, de belles rentes, et ne demandait pas mieux, comme ce personnage de *Turcaret*, que de faire souche d'honnêtes gens. Elle allait bien encore à la Comédie-Française, mais dans sa loge à l'année; et ses rivales enrageaient. Pauvre Gogo! c'était là que l'Amour l'attendait. Elle vit le comédien Bellecourt, et reconnut son vainqueur. C'est un des plus beaux exemples que je connaisse de ce fameux coup de foudre si bien décrit par les romanciers du temps.

On jouait *Nanine ou le Préjugé vaincu*, comédie de M. de Voltaire. Bellecourt parut sous les traits du comte d'Olban, vainqueur du préjugé. Il avait l'œil vif, la taille bien prise et la jambe belle, un certain air de fatuité qui plaît, mais adouci par je ne sais quoi de tendre. Il captiva d'abord les yeux ronds de la Gogo, et lorsque, s'adressant en scène à la baronne de l'Orme, « sa parente, femme impérieuse, aigre et difficile à vivre, » à ce que dit le libretto, il lui débita ce couplet si connu et si digne de l'être :

Je vous l'ai dit, l'Amour a deux carquois;
L'un est rempli de ces traits tout de flamme
Dont la douceur porte la paix dans l'âme,
Qui rend plus purs nos goûts, nos sentiments,
Nos soins plus vifs, nos plaisirs plus touchants.
L'autre...

La Gogo ne voulut pas entendre parler de l'autre, et se contentant de ce premier carquois, elle offrit à Bellecourt son cœur, sa fortune et sa main. M. d'Ogny, d'abord désespéré, se vengea très-spirituellement en opposant l'hymen à l'hymen. Le jour où mademoiselle de Boismenard devint madame Bellecourt, mademoiselle Liancourt, de l'Opéra, devint madame d'Ogny (1).

La belle passion de mademoiselle de Boismenard pour son mari survécut de beaucoup à son mariage et se fortifia par les traverses qu'elle subit. Bellecourt était vain, coquet, jeune et dépensier ; il écorna les rentes de sa femme qui fut obligée pour soutenir son luxe de reprendre le cotillon et le tablier des soubrettes. Le premier carquois était vide ; madame de Bellecourt lut en pleurant la fin de la tirade :

L'autre n'est plein que de flèches cruelles,
Qui, répandant les soupçons, les querelles,
Rebutent l'âme, y portent la tiédeur,
Font succéder les dégoûts à l'ardeur...

Hélas ! *Nanine* lui fournit bientôt un grand nombre d'applications plus douloureuses encore. La Gogo, née au village, avait placé dans sa maison « une sienne sœur très-grossière, qui lui tenait lieu de femme de chambre. » Cette Maritorne séduisit Bellecourt. Du moins sa femme en eut le soupçon, et les deux époux, continuant la scène du comte d'Olban et de la baronne

---

(1) L'abbé Morellet, dans ses intéressants Mémoires, désigne cette dame sous le nom de mademoiselle de Liancourt, et la présente comme une personne du monde, distinguée par ses talents lyriques. C'est une erreur, mademoiselle Liancourt avait chanté à l'Opéra, dont sa mère, mademoiselle Duval, chanteuse elle-même, lui avait ouvert les portes.

de l'Orme, durent s'expliquer dans le style même de M. de Voltaire.

LA GOGO.

. . . . . Un enfant vous domine,
Une servante, une fille des champs,
Que j'élevai par mes soins imprudents...

BELLECOURT.

Si je l'aimais, apprenez donc, madame,
Que hautement je publierais ma flamme...

LA GOGO.

Vous en êtes capable...

BELLECOURT.

Assurément.

LA GOGO.

Vous oseriez. . . . .
. . . dans la honte où vos sens sont plongés,
Braver l'honneur...

BELLECOURT, d'un ton leste.

Dites les préjugés !...

Madame Bellecourt ne tarda pas à se convaincre, plus qu'elle ne l'eût voulu, de l'infâme conduite de son mari. Elle fit un éclat et se sépara de ce monstre. Le Théâtre-Français prit l'affaire à cœur; on parla d'abord de chasser Bellecourt; mais, après mûre délibération, on s'en tint à lui intimer un congé obligatoire de quatre mois, « afin, dirent les comédiens, d'accoutumer le public à voir ces deux époux séparés ; » ce qu'il n'aurait pu souffrir, si l'on n'eût pris ces précautions pour pallier le scandale. C'est au mois de juin 1769 que la Comédie-Française prononça cet arrêt qui constate, en la respectant, l'honorable sévérité dont les mœurs publiques étaient encore empreintes.

Enfin, et pour dernière moralité, les *Mémoires secrets* fournissent la note suivante :

« Molé a joué d'Olban dans *Nanine*, et a éclipsé Bellecourt ; en sorte que celui-ci perd à la fois sa femme, son opulence et sa gloire. »

VI

Cependant qu'était devenu l'hôtel de la Grange-Batelière, désormais éclipsé par les splendeurs de l'hôtel d'Ogny ? Après diverses transmissions dont il ne reste aucune trace, il s'était arrêté au commencement du xviiie siècle entre les mains de M. Pinon, conseiller au parlement, lequel tenait plus souvent séance à l'Opéra qu'à la grand'chambre, si les *Nouvelles à la main* ne mentent pas.

Devenu président en 1758, messire Pinon transporta ses dieux lares au Marais ; mais à sa mort, survenue en 1782, son fils Anne-Louis Pinon lui succéda comme président de la grand'chambre et revint habiter l'hôtel patrimonial.

Ici, la Grange-Batelière subit de nouveaux changements physiques et moraux. La finance y brille encore, représentée par Boullongne de Magnanville, trésorier-général de l'extraordinaire des guerres, par M. de Lalande-Magon, trésorier-général des Etats de Bretagne, par Grimod de la Reynière, père et fils, par les fermiers-généraux de Laage frères, qui y bâtissent un bel hôtel à l'angle du boulevard, celui-là même dont le Jockey Club a occupé longtemps la meilleure partie.

Mais voici poindre la noblesse, qui veut goûter un peu de la Grange-Batelière où les traitants se trouvent si bien. M. le comte d'Argental fournit la transition. Le *cher ange* de Voltaire représentait à la cour de France les intérêts de S. A. S. l'infant de Parme ; diplomate et magistrat, il tenait aux deux bouts de la noblesse. Bientôt deux chevaliers de l'ordre du Saint-Esprit, le marquis de Jaucourt et le marquis de Souvré, honorèrent de leur présence le faubourg Richelieu, dont l'importance s'accrut de toutes manières.

Nous avons vu le Conseil ordonner, par son arrêt du 18 octobre 1704, le percement d'une rue de trois toises de largeur, depuis la Grange-Batelière jusqu'à la rencontre du chemin des marais. Ce percement, entamé, puis interrompu, avait formé un impasse qu'on appelait diversement impasse et rue des Marais, ou tout bonnement cul-de-sac de la Grange-Batelière. La spéculation s'était dès lors emparée de ces terrains fertiles. Un certain Thévenin, entrepreneur de bâtiments, qui avait acquis la plupart des parcelles en friche, conçut le projet de terminer l'impasse en le poussant, sous le nom de rue Neuve-de-Bourbon, jusqu'à la rue d'Artois. Ce projet modifié obtint ainsi qu'il suit la sanction de l'autorité :

« Louis, etc.

» Art. 1er. Le cul-de-sac de la Grange-Batelière, ouvert seulement du côté de la rue de ce nom, sera prolongé et ouvert jusque dans la rue d'Artois, en prenant sur l'emplacement appartenant au sieur Thévenin, dans la longueur de 12 toises, l'espace nécessaire pour l'ouverture dudit cul-de-sac. Cette nouvelle rue sera nommé rue Pinon. »

L'ordonnance qu'on vient de lire est datée du 2 janvier 1784. Nous croyons qu'à cette époque le nouvel hôtel de Choiseul, où siége présentement l'administration de l'Opéra, était bâti. A ce bel édifice se rattache une anecdote assez piquante.

En 1770, le duc de Choiseul, sourdement miné dans l'esprit de Louis XV par la comtesse du Barry qu'appuyait l'influence prépondérante d'un prince du sang, voulut racheter aux yeux du roi et de la nation les hontes de sa politique passée, en organisant contre l'Angleterre un formidable projet de descente. Le roi fut séduit, mais non l'abbé Terrai, qui refusa les fonds.

La contradiction irritait Louis XV ; il malmena l'abbé, mais ne put le faire céder. Un grand financier, protégé par le duc de Choiseul, Foulon, ce même Foulon qui mourut assassiné par les vainqueurs de la Bastille, demanda la permission de mettre sa caisse et son crédit à la disposition du roi. Louis XV accepta l'offre dont il reporta le mérite au duc de Choiseul.

Il faut savoir que cet homme d'Etat avait dérangé sa fortune pendant le cours de son long ministère ; il profita de ce dernier éclair de la faveur royale pour se faire donner un *acquit au comptant* de trois millions destinés à payer ses dettes. Le roi signa l'acquit, mais oublia d'écrire *bon pour trois millions* en toutes lettres. M. de Choiseul montra l'acquit à Foulon, en sortant du conseil. Foulon lui fit apercevoir l'oubli : M. de Choiseul répondit qu'il le ferait réparer au premier travail. Ce premier travail lui fut indiqué par le roi pour le

24 décembre. Ce jour-là, M. de Choiseul reçut la lettre de cachet qui l'exilait à Chanteloup (1).

L'ex-ministre se vit à la veille d'une ruine complète ; mais c'était un homme de ressources. Il imagina de démolir son immense hôtel de la rue Richelieu et de le vendre par lots, comme avait fait la veuve du maréchal de Grammont. Ce projet, toutefois, ne fut exécuté qu'en 1781 ; sur l'emplacement de l'ancien hôtel Choiseul, on perça les rues d'Amboise, Marivaux, Favart, Grétry, et l'on construisit la nouvelle salle de la Comédie Italienne.

A la mort du ministre, sa famille vint habiter la nouvelle demeure qu'il avait fait édifier dans la rue Neuve-Grange-Batelière, et qui, bien que modeste en comparaison de l'autre, était encore digne de l'illustre famille dont il porta le nom. Derrière le corps de logis principal, régnaient de vastes jardins qui, bornés au midi par le boulevard des Italiens, et par le petit hôtel (récemment démoli) qui portait le nom de MM. Morel de Vindé, atteignaient, dans leur plus grande longueur, les nouvelles constructions du côté droit de la rue d'Artois ; mais, en 1786, l'infatigable La Borde en acquit la marge occidentale sur laquelle il ouvrit la rue Le Pelletier.

Au point où nous en sommes, la physionomie de la Grange-Batelière est complète ; la Révolution passera sur elle sans l'altérer. Seulement, tous ses hôtes, riches ou spirituels, nobles ou roturiers, jeunes ou vieux, inconnus ou illustres, la quitteront l'un après l'autre : La Borde et de Laage, pour mourir sur l'écha-

---

(1) *Mémoires du ministère du duc d'Aiguillon*, pages 50 et 51.

faud révolutionnaire, avec Lavoisier et tous les fermiers généraux ; le président Pinon et M. de Jaucourt, pour attendre sur la terre d'exil des heures plus sereines. L'hôtel de la Grange-Batelière est mis sous la main de la nation, qui le loue en garni à des conventionnels, les citoyens Christiani, député du Haut-Rhin, Ehrmann, député du Bas-Rhin, et Villar, député de la Mayenne (2).

De ces trois représentants du peuple également obscurs, un seul, le citoyen Ehrmann, mérite d'être cité, du moins pour l'excentricité de son républicanisme. Il avait accepté une mission aux armées, et c'est des bords du Rhin qu'il écrivit à la Convention la lettre suivante, textuellement extraite du *Moniteur universel*:

Ehrmann, représentant du peuple près les armées du Rhin et de la Moselle, à la Convention nationale.

Sarrebruck, le 25 nivose l'an 2ᵉ de la république une et indivisible.

« J'aimai une jeune républicaine pendant six ans ; ses vertus, son esprit et ses talents m'avaient rendu le plus heureux des mortels. Des circonstances malheureuses m'ont ravi ce trésor ; sa main appartient aujourd'hui à un autre plus heureux que moi. Nous nous aimions encore comme frère et sœur. Elle a gardé mon portrait, mais sa délicatesse ne lui a pas permis de garder une montre avec une chaîne. La montre porte son chiffre ; je la garderai, chaque minute rappellera à l'homme une époque de son bonheur, et un devoir au citoyen.

» J'offre ma chaîne d'or en présent de noces à

(1) *Almanach national*, MDCCXCIII.

l'amante la plus constante, la plus fidèle de l'univers, à la République française.

> » Ehrmann, à l'heure de mon départ pour Strasbourg. »

> » *P. S.* Je crois posséder encore à Paris quelques cadavres d'or au coin de Capet; si je les trouve, je les ferai enterrer dans le creuset national. »

Voulland se fit un devoir de traduire ce post-scriptum en faveur du public, et fit connaître que « les cadavres ci-dessus » étaient dix louis (1).

Du citoyen Ehrmann, représentant civil et militaire, républicain et troubadour, au citoyen Pache, ministre de la guerre, il n'y avait que la main : bientôt il n'y eut que le ruisseau. L'ancien commis de Roland établit sa demeure officielle dans l'hôtel de Choiseul. Avec lui s'y installèrent le cynisme et l'orgie ; c'est là qu'eurent lieu quelques-unes de ces honteuses saturnales par lesquelles les révolutionnaires ont coutume de célébrer leur avènement au pouvoir ; c'est là que des chefs de service, choisis dans les derniers rangs de la canaille jacobine, rédigeaient, la pipe à la bouche, sur du papier taché de vin, la proscription des meilleurs et des plus braves officiers de l'armée.

Depuis cette lugubre époque, l'hôtel Choiseul resta consacré à diverses dépendances de l'administration de la guerre. Sous le Directoire, l'état-major de la place y était installé, et Murat l'habita plus tard en qualité de gouverneur de Paris. La Restauration y

---

(1) Réimpression du *Moniteur*, t. XIX, p. 233.

plaça l'état-major de la garde nationale ; enfin le 20 octobre 1819, une ordonnance du roi prescrivit la mise en vente de cet hôtel, que la ville acheta pour l'Académie nationale de musique, après que l'attentat de Louvel eût déterminé la clôture de la salle Louvois. La nouvelle salle et ses dépendances occupèrent l'emplacement des jardins ; l'hôtel proprement dit fut affecté aux services administratifs de cette grande entreprise ainsi qu'au logement des principaux employés.

Un fait à noter en passant, parce qu'il montre, à propos d'un détail très-secondaire, quelles difficultés entravent les recherches historiques, même quand on les applique à des temps rapprochés, c'est que, malgré la persistance de nos investigations, secondées par la haute bienveillance de l'administration municipale, nous n'avons pu découvrir comment l'Etat, de qui la ville acquit l'hôtel Choiseul, en était lui-même devenu le possesseur.

J'avais cherché d'abord la source de cette propriété dans les confiscations révolutionnaires ; mais cette hypothèse si naturelle est contredite par un document assez singulier que renferment les dossiers des Archives de la ville : c'est une lettre autographe de madame de Choiseul, la veuve du ministre, qui supplie le ministre Bouchotte de faire réparer les écuries dégradées par les chevaux mal soignés de son état-major, particulièrement le gros mur du côté de la rue de Pinon. Madame de Choiseul ajoute que dans le cas où le ministre répugnerait à appliquer les fonds de son département à ces réparations urgentes, elle est toute disposée à les faire exécuter à ses frais.

Ainsi, sous la Terreur, l'Etat ne possédait pas encore l'immeuble qu'il occupait. Nous ignorons le reste.

L'hôtel de la Grange-Batelière suivit la destinée de l'hôtel de Choiseul; mais la transformation en est plus claire. Le 15 avril 1820, la ville acquit de M. le vicomte Antoine-Louis Pinon, ancien président à mortier au parlement de Paris, l'hôtel de la Grange-Batelière, moyennant 503,000 francs.

L'administration de l'octroi en prit immédiatement possession et construisit sur la portion subsistante des jardins une grande galerie couverte, pour l'entrepôt réel. Ce vaste hangar, posé en équerre sur la rue de Provence et la rue Chauchat, s'y terminait par deux portes cintrées d'une élévation surprenante.

De nombreux contreforts en pierre grise qui soutenaient extérieurement les arcs surbaissés de la galerie lui donnaient à distance l'aspect de quelque cloître. On en détruisit une portion il y a une douzaine d'années, pour faire place à l'église protestante; le reste a disparu dans les démolitions récentes : le prolongement de la rue Drouot aboutit à la rue de Provence dans l'axe même d'une des grandes portes dont nous avons parlé.

Au commencement du règne de Louis-Philippe, on avait voulu profiter de l'existence de cette galerie pour établir à la Grange-Batelière un marché central dont le faubourg Montmartre est dépourvu; mais ce projet fut bientôt abandonné pour un autre.

Le deuxième arrondissement, qui embrasse à lui seul la cinquième partie du sol parisien, n'avait pas de mairie digne de son importance. L'administration municipale siégeait à l'étroit dans l'hôtel Mondragon, rue d'Antin, trop exigu pour contenir la justice de paix qu'il avait fallu reléguer à l'ancien hôtel d'Egmont, alors occupé par les bureaux de la caisse hypothécaire.

L'hôtel de la Grange-Batelière, vaste, commode, placé au centre de l'arrondissement, fixa l'attention de M. de Rambuteau, préfet de la Seine ; et lorsqu'en 1834, l'octroi fut transporté sur les bords du canal Saint-Martin, une délibération du conseil municipal transféra la deuxième mairie à la Grange-Batelière.

Ce qui nous reste à dire est trop récent pour exiger de longs détails. Il fut souvent question de déplacer l'Opéra, dont la salle, aujourd'hui quadragénaire, n'est cependant que provisoire, et d'élever une salle définitive sur le terrain de la mairie : des considérations pécuniaires arrêtèrent la réalisation de ce plan. En 1847, l'hôtel de la Grange-Batelière fut démoli pour laisser passer le prolongement de la rue de Richelieu. Ainsi disparut en poussière le souvenir de Guy de Laval, du comte de Vendôme, du président Pinon et du citoyen Ehrmann !

Lors des événements de 1848, la mairie occupait, rue Chauchat, le petit hôtel d'Eichtal ; enfin, elle est fixée définitivement dans la belle demeure de ces trois grands financiers qui représentent chacun une époque si distincte : M. d'Ogny, M. Aguado et M. Ganneron.

Entre la rue Chauchat et la rue Drouot, l'hôtel des ventes mobilières grossit à vue d'œil comme un monstrueux champignon ; l'hôtel Morel de Vindé a fait place, au front du boulevard, à des maisons à six étages.

La Grange-Batelière n'existe plus que pour le chroniqueur.

FRANÇOIS SULEAU

FRANÇOIS SULEAU

—

I

Le dimanche 17 janvier 1790, dès cinq heures de l'après-midi, une foule attentive remplissait la salle d'audience du Châtelet de Paris. On allait juger un homme accusé de *lèse-nation,* crime nouveau que l'Assemblée constituante avait substitué dans le Code pénal au crime féodal de lèse-majesté. Tout intéressait au prévenu : sa jeunesse, la beauté de ses traits, une réputation d'esprit et de bravoure, son dévouement chevaleresque à la monarchie défaillante, tout jusqu'à la gravité de l'accusation que les journaux révolutionnaires s'efforçaient de relier à l'affaire de M. de Favras, et qui pouvait aboutir à une condamnation capitale. Les propos de l'auditoire étaient empreints de préoccupations pénibles ; les femmes surtout, et jamais la sombre enceinte du Châtelet n'en vit paraître de si charmantes, ne tarissaient pas en soupirs douloureux.

L'objet de ces vives sympathies n'était pourtant ni M. de Favras, ce héros sacrifié d'avance à d'éclatantes déloyautés, ni M. de Besenval, noble exemple de la fidélité militaire, élégant et spirituel soldat, qu'on ne détenait que par une violation évidente du droit des gens. C'était un simple journaliste, nommé François Suleau, écrivain par occasion, pamphlétaire par nature, un peu militaire, un peu robin, brave comme Saint-Georges, beau comme Létorières, et aussi gascon que Cyrano de Bergerac.

Son apparition sur la sellette fut le signal d'une véritable ovation, dans laquelle l'enthousiasme se confondit avec l'attendrissement. Quelques-uns de ses amis ne purent retenir leurs larmes : tous frémissaient, cherchaient à lire dans les yeux de l'accusé l'espoir incertain d'une victorieuse défense.

Leur souhait fut pleinement exaucé. Au lieu d'un prévenu courbé sous le poids d'une inculpation terrible, on vit un jeune homme calme, souriant, maître de son intelligence et de sa parole, froidement et finement railleur, maniant la plaisanterie avec une aisance qui n'évitait le cynisme qu'à force de verve et d'éclat. Bientôt, devant l'assistance éblouie, le banc des accusés se transforme en un théâtre du haut duquel l'inculpé jette le sarcasme et le ridicule à pleines mains sur la tête de ses accusateurs. L'interrogatoire devient un *scenario* de farce italienne, où le juge ne paraît que pour donner la réplique à l'insolent et beau Léandre. Le rapporteur, abasourdi, n'interroge qu'en tremblant ; et l'accusé, s'animant de sa propre audace, ivre de son triomphe, continue avec une éloquence volubile, inépuisable et sans frein, son étourdissante improvisation.

Il faut donner ici quelques extraits de cet interrogatoire, unique dans les fastes de la justice criminelle. C'est le meilleur moyen d'abréger notre tâche au bénéfice du lecteur, car tout Suleau se trouve là : talent, caractère et biographie. Nous n'aurons plus qu'à compléter les traits principaux de ce type singulier, qu'on peut expliquer à loisir, mais qu'il faut renoncer à peindre autrement qu'en lui empruntant sa brosse et ses couleurs.

Les juges de Suleau lui donnèrent d'abord lecture des imprimés, manuscrits et pièces de toute nature joints au dossier de l'accusation. Suleau avoue et reconnaît toutes ces pièces ; mais il témoigne quelque surprise de ne pas trouver les charges aussi volumineuses qu'elles pouvaient l'être et offre très-obligeamment d'y suppléer lui-même en remplissant les lacunes de sa correspondance. « D'ailleurs, ajoute-t-il, j'y vois ample matière à compliments et pas l'ombre d'un grief. Je ne puis me refuser au plaisir de croire que je n'ai été amené au pied du tribunal avec tant d'appareil que pour recevoir, avec d'autant plus de solennité, des remerciements et des éloges. »

On l'engage à choisir un conseil. « Je n'en ai pas besoin. — Le décret de l'Assemblée l'exige. — Eh bien, pour la forme, dites à un procureur de nous envoyer ici sa robe ; l'intention de l'Assemblée sera remplie. Au surplus, ma défense est dans ma conduite, et ma justification sera complète. »

L'interrogatoire commença et prit l'affaire *ab ovo*. Suleau se vit pressé de questions épisodiques et minutieuses sur sa famille, sur ses occupations, ses mœurs, etc. Mais, loin de se scandaliser de cette multiplicité de questions superflues, il s'en divertit franchement.

Je ne puis vous dire avec précision combien de fois j'ai battu ma nourrice; mais le comité des recherches doit avoir là-dessus des notes infiniment précieuses et instructives. J'ai fini mes humanités à Amiens, mon cours de philosophie au collége Louis-le-Grand; j'ai même l'honneur, si c'en est un, d'être un suppôt de la fille aînée de nos rois (maître ès arts en l'Université de Paris). J'avais alors dix-huit ans; il y a donc treize ans quatre mois dix-sept jours que je suis un grand garçon. Si vous êtes curieux de savoir ce que j'ai fait depuis tout ce temps-là, vous verrez beaucoup d'espiègleries, et même par-ci, par-là, quelques polissonneries; et si vous voulez me suivre partout où j'ai divagué, je vous ferai voir du pays.

J'ai d'abord traîné ma robe dans la poussière du Palais. Viennent ensuite mes expéditions militaires; cela fourmille d'anecdotes piquantes; mais ce récit nous consumerait trop de temps.

Un beau matin, M. le hussard (1) s'est éveillé avocat ès conseils du Roi; cette plaisanterie a duré environ quatre ans (2) et lui a valu rapidement quelques centaines de mille livres. Mais, possédé du démon de l'agiotage, j'ai un peu joué dans les eaux de Paris, les actions du doublage, etc. Toutes ces spéculations neckériennes m'ont ruiné; j'ai perdu 230,000 livres; enfin j'ai vendu ma charge pour solder plus prompte-

---

(1) Je ne puis deviner sur la foi de quels renseignements M. Quérard affirme dans *la France littéraire*, que Suleau avait été gendarme à Lunéville. D'ailleurs, le peu de lignes que ce laborieux écrivain consacre à Suleau contient presque autant d'erreurs que de mots.

(2) Suleau succéda en 1784, en qualité d'avocat aux conseils du roi, à M. Auvray de Guiraudière. L'*Almanach royal* de 1785 et 1786 indique sa demeure rue Croix-des-Petits-Champs à l'ancien hôtel de Gesvres; celui de 1787 l'indique rue du Faubourg-Poissonnière. Il vendit sa charge en cette même année, et il ne figure pas à l'*Almanach* de 1787, où apparaît pour la première fois le nom de Danton. Depuis 1786 Suleau avait pour collègue, comme avocat aux conseils du Roi, un autre personnage, Coffinhal, qui devint célèbre dans la Révolution.

ment mes créanciers. Il ne m'en reste plus que cinq ou six petits; cependant, j'en aperçois un ici. M. le Roux! approchez, Monsieur.... — Non, Monsieur, dit l'honnête créancier tout attendri, vous ne me devez rien. — Grand merci, Monsieur! reprend Suleau. Ecrivez, Monsieur le greffier, que Monsieur me donne quittance! »

Les juges, les témoins, l'auditoire, la maréchaussée rient aux larmes de cet intermède, et Suleau poursuit avec le plus grand-froid l'histoire de sa vie passée. « Enfin, j'ai visité les îles du Vent; de là, je me suis rendu à Saint-Domingue, d'où j'ai pris mon essor, le 4 avril dernier, pour l'Amérique septentrionale (1). Après avoir parcouru les différents Etats de ce continent, je me suis embarqué à la Nouvelle-York le 11 juillet, pour l'Angleterre; j'étais à Paris le 27 août. Ce voyage embrasse un espace de trois années, qui ont été parsemées d'aventures assez drôles, mais tout à fait étrangères à mon aristocracisme.

» Chemin faisant, j'avais recueilli la démission du sénéchal de la Guadeloupe; mais je ne pus le remplacer dans son office de judicature sans en avoir l'agrément du Roi, et c'est là très-exclusivement l'objet de mon retour en France. C'est alors que j'ai eu lieu de me convaincre que le monarque avait bien d'autres affaires à penser que les miennes : des comités, des districts, une assemblée nationale... Bref, j'espère que tout cela finira bientôt, et je prends patience. »

(1) Suleau avait été frappé du spectacle que présentait déjà l'Amérique du Nord. Nous citerons seulement les lignes suivantes, où l'annexion de Cuba est prédite : « Un jour viendra (je demande acte de ce pronostic) où l'Amérique continentale revendiquera comme des émanations de son propre sol cette chaîne d'îles que des convulsions de la nature détachèrent de ses rivages, mais alors elle aura atteint ce haut degré de splendeur où sa situation et ses destinées l'appellent. »

Après ce violent coup de boutoir contre le nouvel ordre de choses, l'accusé demande à se rafraîchir ; un de messieurs les gens du roi fait venir deux carafes de limonade qu'ils boivent ensemble, dit une brochure du temps, « comme en jouant une partie de dominos. »

Suleau a repris haleine, il continue. A-t-il demandé la parole ou s'en est-il emparé de son plein gré ? Je ne sais ; mais le lieutenant-criminel est muet, le rapporteur a brouillé les feuillets de l'acte d'accusation ; Suleau préside, et dirige les débats sans aucune contradiction. « Revenons à ma famille ; j'ai eu une mère, et la bonne femme se connaissait bien en hommes, car elle m'a toujours prédit que je ne serais qu'un franc vaurien, c'est-à-dire un *aristocrate*. J'ai encore tout au moins un père ; c'est un brave et respectable négociant ; au surplus, il vit, comme bien d'autres, de ce qu'il mange. Je vous accuse sept frères ; ne me demandez pas ce que j'en ai fait ; on en avait fourré dans tous les coins des séminaires et monastères : mais depuis qu'on a fait impitoyablement la chasse aux moines, tout cela s'est éparpillé, je ne sais trop où. Je ne vous parle point de mes sœurs ; car elles ne sont pas jolies ; mais elles ont, en compensation, un bon caractère. Des oncles, des tantes, des cousins, j'ai de tout cela à foison dans cette Picardie ; des amis ? vous en parlez, Monsieur, bien à votre aise ! *rara avis in terris*. Le catalogue de mes liaisons ? comment l'entendez-vous ? J'ai toujours été lié, et le suis encore, avec de très-jolies femmes. Quant au Palais-Royal, j'y ai promené quelquefois mon désœuvrement ; mais j'y ai toujours trouvé si mauvaise compagnie que cela m'en a dégoûté pour longtemps. »

La séance levée, Suleau demande avec instance à connaître le nom de ses dénonciateurs. « Vous n'en avez pas d'autres, lui répondit-on, que le comité des recherches (1). — Puisqu'il faut, reprend-il, que j'aie toujours affaire à des comités, que n'est-ce, du moins, à celui des subsistances ! je ne serais pas exposé à mourir d'inanition. M. le rapporteur, on ne s'occupe pas de mes besoins : on croit donc qu'un *aristocrate* est un chérubin, que cela ne mange pas ? Cependant, sous tous les rapports, mes besoins physiques sont très-étendus. Je prie M. le rapporteur d'examiner à loisir si c'est au roi ou à la nation d'y pourvoir. Cela est vraiment problématique ; dans tous les cas, je demande une provision alimentaire, aux dépens de qui il appartiendra. J'observe aussi que l'on ne m'a pas mieux fait les honneurs de l'hospitalité sur l'article du logement. Nous sommes trois dans une chambre, entassés comme des harengs en caque ; et si l'on ne prend pas le parti de chasser plusieurs de nos messieurs, il faut, par convenance, se presser d'en faire pendre quelques-uns pour balayer la place. — Ce petit accident pourrait arriver plus tôt que vous ne l'imaginez ! dit le rapporteur, pris à son tour d'un accès de gaîté. — Je vous jure, Monsieur, repart l'accusé, que je ne négligerai rien pour mériter la préférence. »

Ce dernier trait ne semble plus qu'une bravade ; car la présence d'esprit et l'intrépidité de l'accusé ont déconcerté la sévérité du tribunal, surpris que ce procès criminel se change en cause grasse. Néanmoins tout n'était pas fini, et l'on voit pourquoi nous avons

---

(1) Le comité des recherches de la commune de Paris avait été établi le 23 octobre 1789.

entamé cette étude *in medias res ;* la rigueur de l'histoire s'accommoderait mal d'une telle méthode ; mais le portrait y gagne en sincérité comme en éclat. Maintenant, il nous faut retourner en arrière.

II

Suleau, ainsi qu'on l'a vu, revenait en France prendre l'agrément du roi pour une place de sénéchal à la Guadeloupe ; son séjour à Paris ne devait être que momentané, en sorte qu'il n'était pourvu que de l'argent strictement nécessaire aux frais du voyage. « On se doute bien, nous apprend-il (1), que je ne tardai pas à me mêler dans la bagarre et à prendre une part active à leurs sanglantes *polissonneries.* » Ce mot, que je souligne, parce qu'il effarouche la pruderie moderne et qu'il revient souvent sous la plume de Suleau, je ne pouvais le négliger ni le laisser passer sans un court commentaire. La « polissonnerie », puisqu'il le faut répéter, est un des traits du caractère national par lequel la Révolution française se lie au libertinage littéraire du XVIIIe siècle. Il caractérise les enfants de Voltaire par opposition à la sensiblerie puritaine dont se parent les disciples de Rousseau. Suleau et Camille Desmoulins (un polisson de génie, a dit M. Michelet), tous deux camarades de collège, étaient tous deux voltairiens. Les écrits de ces deux adversaires, qui ne purent jamais se haïr, comme on le verra par la suite de ce récit, portent la même empreinte d'indiscipline

(1) *Journal de M. Suleau.*

morale ; on y trouve le même scepticisme, la même intempérance, le même dédain des convenances du langage ; mais quelle différence dans le fond des idées, comme dans les procédés de l'écrivain !

Si le style de Camille dépasse de beaucoup en force, en science, en clarté celui de son condisciple, Suleau compense cette infériorité par l'élévation des vues, la chaleur des sentiments et la noblesse de l'âme. Combien la cruauté frivole de Camille paraît plus odieuse et méprisable encore, quand on lui oppose les élans chevaleresques de Suleau, tout brillant de ce courage personnel dont Camille était dépourvu ! Faut-il le dire ? dans les crudités de leur muse peu chaste, l'avantage reste encore à Suleau, dont les écarts sont ceux, non d'un esprit grossièrement impudique, mais de la fougueuse imagination d'un jeune homme gâté par l'inépuisable abondance de ses bonnes fortunes, et qui laisse percer dans ses écrits la fatuité ingénue de Faublas, assaisonnée du sel de Beaumarchais.

Placez une pareille organisation dans le cadre que l'histoire lui donne, c'est-à-dire au milieu d'événements prodigieux, en pleine effervescence sociale, que deviendra cet homme dont la tête est une bouteille de vin de Champagne ? Il éclatera, il tonnera, il pétillera, se dissipera en gaz dans l'atmosphère jusqu'à ce que le vin soit tari ou que la bouteille soit brisée. Telle fut la vie de Suleau.

Revenu à Paris au mois d'août 1789, il prit à peine le temps d'étudier la trame croisée des intrigues politiques, et se jeta, tête baissée, dans l'arène. Il dirigea d'abord une brochure contre la tyrannie que s'arrogeaient les districts (1). Un mois après, il publia un opuscule de plus haute portée sous le titre de *Un petit mot à Louis XVI sur les crimes de ses vertus*. Suleau n'était inconnu ni à la cour, ni à la ville. Paris et Versailles avaient retenti de ses amours, de ses prodigalités et de ses duels. Fils de bourgeois et comptant (il s'en vante quelque part) seize quartiers de roture, il appartenait par ses talents, par ses goûts, par le charme de sa personne, à l'aristocratie de fait, qui, bien avant l'explosion de 1789, se substituait naturellement à l'aristocratie de race (2). Il y avait en lui quelque chose des raffinés d'honneur du temps de Louis XIII. Il le savait et cultivait soigneusement ses instincts de bravoure et de galanterie. Il se fût volontiers modelé sur Lauzun. Et pourquoi pas ? Le fils d'un bourgeois pouvait être Lauzun dans un temps où le fils de Lauzun abdiquait démocratiquement ce nom difficile à porter. Mais en ce dix-huitième siècle, affolé de littérature et de philosophie, Lauzun eût joint à la gloire d'aller à la Bastille pour les beaux yeux de la grande Mademoiselle celle d'y retourner pour quelque bon pamphlet contre le roi, si tout le monde eût été pour le roi ; contre le peuple, si tout le monde eût été pour le peuple. Suleau le sentit et compléta son idéal en accouplant à la brette du « freluquet » la plume du pamphlétaire. Il eut un grand succès. Son royalisme ne se montra pas d'abord inconciliable avec les idées

---

(1) *Lettre d'un citoyen à MM. les présidents et commissaires de son district.*

(2) Ceci n'est pas une induction, mais un fait. Sur 164 officiers promus au grade de maréchal de camp le 1er janvier 1784, on comptait environ 60 roturiers, plus du tiers de la promotion. (Voir l'*Almanach royal* de 1785 et années suivantes.)

nouvellement reçues. Il médit agréablement des
« chaînes de la féodalité » et déploie envers la cour
une sévérité voisine de la rudesse. Il sacrifie les ministres en général, j'entends ceux qui ont servi la monarchie dans le passé, aux ministres du jour, M. Necker, M. de Saint-Priest, M. de Montmorin. S'agit-il des
premiers, « ineptes ou fripons, automates ou brouillons, passifs ou intrigants, voilà, à peu d'exceptions
près, les ministres, depuis l'invention des sociétés et
l'établissement des bastilles. » S'agit-il de leurs successeurs populaires : « Nous ne devons que des éloges
et des sentiments de gratitude à ceux qui nous régissent aujourd'hui. » Rien n'égale son admiration pour
M. de Lafayette.

Il avait déjà brisé les fers d'un grand peuple, à l'âge où le
commun des hommes est encore esclave des préjugés de l'enfance et de l'éducation scolastique. Il semble n'avoir été combattre la tyrannie sous l'autre hémisphère que pour s'essayer
à cette lutte héroïque et préparer la liberté de sa patrie.
Brave et sublime Lafayette ! homme qui fais honneur à
l'homme, tu ne dédaigneras pas ce tribut de la vénération et
de la reconnaissance du dernier de tes concitoyens ! Qu'importe son obscurité, si son hommage est pur et religieux, et
n'est-ce pas en quelque sorte s'associer à tes talents et à tes
vertus que d'en sentir tout le prix ?

Quelque banal qu'il soit, enregistrons avec soin cet
éloge, dont le souvenir fournira un contraste piquant
à l'esprit du lecteur alors que Suleau lui démontrera
comme quoi M. de Lafayette ne peut pas, dans les
décrets de la divine Providence, manquer d'être
pendu.

Entre la *Lettre d'un citoyen* et le *Petit mot à Louis XVI sur les crimes de ses vertus,* il se fit une révolution dans les idées de Suleau, comme il s'en était fait une dans la rue. Les journées d'octobre l'éloignèrent des idées nouvelles et le ramenèrent à l'autorité royale, qui dès lors n'aura pas de plus chaud défenseur. Suleau explique assez bien cette transformation nécessaire.

Tout ce que je pus démêler au premier coup d'œil, c'est que les opprimés étaient devenus des oppresseurs, et qu'ils abusaient de leurs prospérités avec toute l'insolence de nouveaux parvenus : je prévis aussitôt que leurs comités de recherches feraient regretter la chute de la Bastille.... Je débutai sur la scène politique par quelques écrits chauds et forts de raison, mais rédigés d'ailleurs dans un esprit assez modéré. Avant d'adopter une allure décidée, je voulais sonder le terrain sur lequel j'avais à faire route. On vint à moi, et bientôt je fus initié à tous les mystères. La scélératesse des agents et l'atrocité de leurs moyens ne m'inspirèrent qu'horreur et dégoût, et me firent présager que le dénoûment de la catastrophe serait également honteux et funeste, si l'on se contentait de parler modestement le langage des principes à des forcenés qui avaient l'hypocrisie de les afficher tous sans en avoir aucun. C'est alors que je pris une physionomie prononcée et que je conseillai hardiment à tous les honnêtes gens de résister avec une grande énergie....

Energie ! voilà la devise de Suleau ; il y sera fidèle jusqu'à la mort. Il en demande au Roi, il en demande aux princes, il en demande au peuple ; il en demandera plus tard à ses bourreaux. Nous ne pouvons nous dispenser de citer un passage du *Petit mot à Louis XVI,* aussi enthousiaste de l'autorité royale qu'irrespectueux pour la personne du roi. Ce double trait marque de page en page toutes les productions de Suleau.

Si tu connais, s'écrie-t-il, les devoirs sacrés de la royauté, tu t'enseveliras glorieusement sous les ruines de ton trône, plutôt que de rester éternellement chancelant et isolé sur ses débris. La crainte de voir renaître les anciens et longs abus du pouvoir, fait qu'on te dépouille du tien avec acharnement, au lieu de le circonscrire dans de sages et justes limites. Cependant, il te reste encore de loyaux et fidèles sujets, des patriotes judicieux et éclairés, qui sont prêts à prodiguer leur sang pour la défense de tes droits et la conservation de tes prérogatives. Mais toi, abreuvé d'amertume et d'humiliations, tu ne te contentes pas de dévorer en silence les affronts du mépris, les insultes de la pitié, les lâches attentats de l'audace; on te voit encore sourire à tes ennemis, caresser tes persécuteurs, et dans l'indigne et sacrilége oubli de ta majesté, baiser en tremblant les mains impies qui brisent ton diadème. Sors, sors, il en est temps, de cet état d'abattement et d'abjection; ose te secourir toi-même, et cet essai de vigueur et de magnanimité t'enfantera des légions.

Ce n'est point par de vaines et ridicules métamorphoses de panaches, ce n'est point par des élans d'ivresse, ce n'est point par des saillies d'étourderie que tu rallieras sous l'étendard de l'honneur français les braves amis de la monarchie; ces honteux et méprisables tâtonnements ne servent qu'à nourrir le dédain pour ta personne, et encourager le mépris de ton pouvoir, en décelant ta faiblesse et ton irrésolution. Tu as senti je ne sais quelle envie malade et éphémère de secouer tes chaînes, et cette velléité, aussi impuissante qu'instantanée, n'a servi qu'à les resserrer et à faire de ce palais olympique, monument immortel de la puissance et de la splendeur de tes ancêtres, le théâtre scandaleux de ta captivité et de ton ignominie.

Ton conseil est tombé en quenouille; tes entours sont alternativement, et toujours à contre-temps, insolents et bas, audacieux et rampants. Depuis six mois, leurs folles agitations et leur stupide quiétisme n'ont prouvé, tantôt que le délire impertinent de leurs étroits cerveaux, tantôt que la timidité et la poltronnerie de leurs petites âmes. N'oseras-tu donc jamais vouloir et agir par toi-même? Descends majestueusement au milieu de ton peuple, non plus pour confondre humblement tes pleurs avec le sang des victimes de sa vengeance, mais pour lui signifier avec vigueur que tu es fermement décidé à vivre ou mourir en Roi. Fais retentir dans tout l'empire cette noble et généreuse résolution, et je te promets douze cent mille Thessaliens qui ont de l'énergie dans leurs volontés et du sang à verser pour les faire respecter. Ne sois pas lâchement avare du tien, et tout le mien est à toi. N'abdique pas ignominieusement ton autorité, et reçois le serment que je fais de ne pas lui survivre. C'est encore un assez beau triomphe que d'être le premier martyr de la gloire de son Roi, quand elle se trouve inséparable du salut et du bonheur de la patrie. Place-toi sur la limite de tes droits, dans une attitude fière et inébranlable, et que Dieu m'abandonne si j'abandonne mon Roi !

Ce langage véhément émut l'opinion ; mais Suleau, sans attendre les fruits de son succès, s'était rendu en Picardie, pour embrasser son père qu'il n'avait pas vu depuis trois ans. Dès qu'il eut épuisé la chaleur des premiers embrassements, son naturel guerroyeur reparut, et non content de répandre à flots son *Petit mot à Louis XVI* et une autre brochure dans le même sens, intitulée *Fidelissimæ Picardorum genti,* il entreprit de convertir à ses idées la municipalité d'Amiens par le procédé qui lui était le plus familier, c'est-à-dire en se moquant d'elle. Il lui soumit un projet d'adresse à l'Assemblée nationale (1), tendant à faire demander par la commune d'Amiens que le roi fût reconduit dans son château de Versailles ; qu'il choisit lui-même ses gardes, ou du moins que l'on substituât à la garde parisienne une garde nationale des provinces, et principalement une garde de Picards. Selon ce projet, les circonstances qui avaient provoqué, accompagné et suivi le déplacement du Roi,

(1) Nous ne connaissons la teneur de ce projet d'adresse que grâce à l'analyse qu'en fit Loustalot dans les *Révolutions de Paris,* n° 42, p. 228, et d'après quelques passages de l'interrogatoire de Suleau. Cette pièce curieuse a dû être imprimée dans le temps à Amiens, mais aujourd'hui elle est introuvable

avaient produit des impressions fâcheuses, qui rendaient impraticable et infructueuse l'œuvre de la régénération politique de la France. Comme à son ordinaire, Suleau avait revêtu de formes plaisantes un fonds d'idées extrêmement sérieux. Ce qu'il proposait n'était rien moins qu'une protestation vigoureuse contre les attentats du 5 et du 6 octobre 1789. Aussi le comité permanent de la municipalité d'Amiens n'y vit point matière à raillerie ; il invita Suleau à s'éloigner ; Suleau s'en garda bien ; on le cita ; on exigea qu'il signât son projet d'adresse ; ce qu'il fit, en demandant itérativement que ce projet fût communiqué à l'Assemblée nationale. Aussitôt il fut arrêté et enfermé à la citadelle d'Amiens. Le bruit de cette affaire parvint jusqu'à Paris ; et comme il était généralement admis que le plan du marquis de Favras consistait à emmener Louis XVI dans une ville du nord, Péronne, par exemple, les feuilles démocrates affectèrent de considérer Suleau comme l'émissaire chargé de soulever la Picardie pour la préparer à recevoir le roi fugitif (1). Ces bruits, plus ou moins fondés, prirent une telle consistance, que le Châtelet de Paris évoqua l'affaire de Suleau, ce qui valut à celui-ci la disgrâce d'un emprisonnement au secret dans les cachots de la Conciergerie, et une accusation capitale.

(1) C'était pour disposer nos frères de Picardie à laisser établir dans leur province le foyer d'une guerre civile et d'une conjuration non moins désastreuse, qu'un émissaire y répandait, au commencement de décembre, deux pamphlets si injurieux aux Parisiens, si séditieux contre l'Assemblée nationale. » (*Rév. de Paris,* n° 42, p. 228). « Cependant, ajoute Loustalot, il est constant que M. Suleau n'avait pas vu son père depuis trois ans, et certes, c'était un motif suffisant d'aller dans sa province. »

III

Ces détails nous permettent d'aborder maintenant la seconde partie de son interrogatoire. L'accusé avoue avec fierté les écrits qui lui sont imputés, ajoutant qu'il n'a d'autre regret que d'avoir eu la faiblesse d'y mettre par-ci, par-là un excès de déférence qui tient de la pusillanimité, mais qu'il promettait bien de s'en corriger à l'avenir. Tout à coup des voix s'élèvent dans l'auditoire : — « Nous avons lu ces productions, elles sentent l'aristocratie ! — Je souhaite bien sincèrement, s'écrie Suleau en se tournant vers les interrupteurs, que cette lecture vous ait profité ; vous avez grand besoin d'instruction ! » A une foule de questions qui tendaient à mettre en cause des imprimeurs et beaucoup d'autres honnêtes gens, Suleau répond gravement que toutes ces perquisitions sont inutiles, puisque ses écrits sont signés, qu'il reconnaît sa signature avec orgueil, et pour couper court à ces interrogations oiseuses, il déclare qu'il a l'honneur d'être seul de sa bande. On lui demande à quel district il appartient : « J'ai le malheur de n'être affilié à aucun district ; j'exige que cette assertion soit littéralement consignée au procès-verbal, parce qu'il serait trop pénible pour ma modestie qu'il restât la moindre incertitude sur ce point. — Mais dans votre *Lettre d'un citoyen*, vous affectez cependant de vous plaindre d'un certain district que vous ne nommez pas. — Dans l'écrit dont il est question, je n'ai fait que venir au secours d'un M. Lesage ; comme ce M. Lesage (qui est d'ailleurs le meilleur enfant du monde, et même garde national) est naturellement un peu timide, et pas extrêmement délié, et par conséquent ne brillerait pas dans un *interrogatoire à mort* où il faut intéresser les honnêtes gens, persiffler les fanatiques et encore amuser les neutres, je déclare que c'est sans aucune participation dudit Lesage qu'on l'a vengé de l'avanie qu'il avait essuyée; j'entends être exclusivement responsable de cet attentat sacrilége à la majesté des districts. — Comment avez-vous pu vous persuader que l'ouvrage par vous composé, intitulé *Projet d'adresse à l'Assemblée nationale*, avec cette épigraphe: *Barbarus hic ego sum, quia non intelligor illis*, pourrait être adopté par la municipalité d'Amiens? — Ce projet est plein de vues très-sages; elles y sont amplement motivées; il ne présente d'ailleurs aucun inconvénient; et j'aurais cru alors faire injure à la municipalité d'Amiens que de prévoir l'accueil qu'elle y a fait. — Comment concilier cette déclaration avec le ton de sarcasme et d'ironie qui règne dans cet écrit? — Je persiste absolument dans les opinions politiques que j'y ai consignées, et ce n'est pas ma faute si la matière ne comporte qu'une certaine dose de ménagement et de respect. Au surplus, si les sarcasmes, les ironies et les calembourgs sont dans votre nouveau traité des délits des crimes de lèse-nation, je confesse en toute humilité, et pour l'acquit de ma conscience, que je ne me sens aucune vocation à devenir jamais un patriote édifiant. — Est-il vrai que vous n'ayez proposé, tant à la municipalité de Beauvais qu'au comité permanent de la ville d'Amiens, le projet dont il s'agit, que dans le dessein de leur attirer de la part de l'Assemblée nationale une réponse mortifiante qui aurait favorisé vos vues ultérieures ? — J'étais et je reste intimement convaincu de l'heureux succès de la tentative que je proposais. Mon plan est extraordinairement sage, profondément réfléchi, et il n'y a pas de doute qu'aussitôt que les fortes têtes des municipalités seront susceptibles de l'examiner sans prévention, mon buste ne soit appelé à orner les salles de toutes les communes. »

Jusque là, Suleau est parvenu à donner à tout le débat une tournure plaisante ; mais le rapporteur se pique et veut avoir raison de l'accusé. Il s'efforce de l'entraîner sur le terrain brûlant de la politique du jour ; n'est-il pas vrai, par exemple, que, dans sa persuasion intime, le séjour du roi dans sa capitale soit une véritable captivité et l'effet d'un acte de violence exercé contre sa personne ? C'était la révolution du 6 octobre qui, par la bouche du rapporteur, demandait à Suleau d'affirmer ou de nier sa légitimité. « Monsieur le rapporteur, répond-il laconiquement, je ne dois aucun compte de mes opinions secrètes, mais tout au plus des explications par forme de commentaire sur celles que j'ai publiées. »

Tout le procès gisait dans ce point délicat ; aussi le rapporteur revient-il trois fois à la charge ; et Suleau impatienté met un terme au débat par la réponse suivante :

Pour ne pas errer éternellement dans le cercle indéfini des présomptions, dans la sphère illimitée des conjectures, je déclare hautement que je n'ai pas une foi bien robuste à la liberté même individuelle du roi ; mais personne n'a le droit de m'interroger sur les motifs de cette opinion, tant que je ne jugerai pas à propos de lui faire publiquement des prosélytes. D'ailleurs je suis à peu près convaincu qu'il serait souverainement impolitique et même désastreux de corriger aujourd'hui cette grande irrégularité, puisqu'il faudrait puiser le remède dans des moyens brusques et violents qui répugnent à ma douce aristocratie. La position du roi est devenue un mal nécessaire; c'est le triste résultat d'une infinité de combinaisons, les unes fortuites, les autres préméditées, mais toutes si impératives que les vrais patriotes n'ont pu les prévoir, ni les prévenir. Voilà ma profession de foi politique, que je fais non pas à ce public, à qui je ne dois compte que de mes actions, mais à vous, monsieur le rapporteur, à l'estime et au suffrage de qui j'attache une grande importance

Ainsi, tantôt sérieux, tantôt enjoué, impertinent et insinuant tour à tour, spirituel toujours, éloquent par éclairs, Suleau soutint pendant huit jours le fardeau de cette longue et pénible défense, sans qu'on lui arrachât aucun aveu sur un point auquel l'accusation attachait un grand intérêt, je veux parler de la brochure anonyme *Fidelissimœ Picardorum genti*. Suleau affirma qu'il ne l'avait point faite, qu'il en connaissait l'auteur et qu'il ne le nommerait pas. Le rapporteur, désappointé, obtint du tribunal qu'une commission rogatoire fût envoyée à Amiens dans le but d'établir par témoins que Suleau était le véritable auteur de la terrible brochure. La commission ne mit pas moins de deux mois à accomplir sa mission.

Pendant ce temps, Suleau, toujours détenu, lançait du fond de sa prison une foule de plaisanteries sur ses adversaires. C'est d'abord son interrogatoire qu'il publie précédé de ce curieux avertissement : « *Avis à la belle jeunesse. M. Suleau a ouvert, au Châtelet, un cours complet d'aristocratie.* IL ENSEIGNE : l'art d'émoustiller une province, en esquivant le soubresaut à la Favras; — la manière d'escamoter une armée si adroitement, qu'un comité des recherches n'en trouve pas même la piste. (Suleau prétend que le rapporteur avait manifesté son étonnement de ne pas trouver les douze cent mille Thessaliens dont il est question dans le *Petit mot à Louis XVI,* parmi les pièces de conviction) ; — une multitude d'expédients pour violer impunément un inviolable brigand ; — la recette d'une poudre sternutatoire qui a la propriété de perfectionner l'odorat à tel point, qu'on évente à toutes distances un *jacobiste* (1) à son fumet ; — le moyen de papillonner autour de toutes les lanternes de la capitale et des provinces, sans être jamais fixé par leur vertu attractive, qui donne une esquinancie jugulatoire à tous ceux qui se trouvent forcés de faire une station dans leur atmosphère apoplectique ; — le traité méthodique d'une bonne contre-révolution ; — enfin, nombre d'autres secrets tout aussi précieux, et qui doivent composer désormais l'éducation d'un paladin français. — Toutes les épreuves qui ne demandent que de la patience et de la flexibilité se feront dans l'appartement de M. de Bezenval, qui n'a été concédé à M. Suleau que pour ses opérations sourdes et paisibles ; c'est pourquoi il vient de prendre à bail les deux chambres de M. de Favras pour tous les exercices qui exigent des évolutions compliquées, bruyantes et des coups de théâtre. On n'entre que par billets ; mais les *banquiers,* et spécialement les *recruteurs,* ne sont pas reçus, même en payant. (2) »

C'est dans le même temps qu'il composa sa *Lettre à M. l'évêque d'Autun et compagnie, auteurs de l'Adresse aux provinces,* véritable modèle du pamphlet politique, où le sarcasme s'aiguise par la retenue, où l'esprit,

---

(1) On disait également *jacobiste* et *jacobin.*
(2) Ceci est une allusion aux divers personnages sur le témoignage desquels M. de Favras fut accusé et condamné.

contenu par une politesse âcre et fine, brille de mille feux. Suleau n'a rien fait de si achevé ; et de fait, il ne retrouva pas d'occasion aussi favorable que trois mois de détention au Châtelet de Paris, pour polir son style, affiler le tranchant de ses épigrammes et mettre un mors à sa verve trop souvent effrénée.

C'est vous, Monseigneur, dit-il à M. de Talleyrand, qui avez délié les députés du serment qu'ils avaient prêté à leurs commettants, et qui retardait la marche de l'auguste Assemblée qui nous régénère comme Médée régénérait Æson. En vain des hommes légers ont osé dire que vous aviez pris cette promesse solennelle pour le vœu de chasteté ; les sages, les vrais patriotes ont senti qu'il n'y avait que la voix d'un ministre des autels, d'un prélat tel que vous, qui pût rassurer les consciences timides, et leur apprendre à mépriser la religion du serment ; qu'il ne fallait rien moins qu'un apôtre infidèle à son maître pour lever les scrupules de faibles Israélites. Ce coup d'essai annonçait un grand homme, et vous avez soutenu cette réputation naissante en proposant de vendre les biens ecclésiastiques ; vous avez préféré, avec raison, les intérêts des créanciers de l'Etat aux intérêts de l'Eglise même. En trahissant ainsi la cause que vous aviez promis de défendre, vous avez donné aux Français l'exemple d'abjurer cet esprit de corps, dont nos imbéciles ancêtres avaient fait une vertu.

On vous vit bientôt après reparaître à la tribune avec de nouvelles maximes, ne regardant plus les capitalistes que comme de méprisables agioteurs : vous proposâtes ce sublime projet (1) qui nous conduisait directement à la banqueroute ; vous essuyâtes, il est vrai, les huées si communes dans l'Assemblée nationale ; mais vous écoutâtes avec mépris ces vaines clameurs ; fidèle au traité que vous aviez fait avec votre associé, les applaudissements devaient être pour lui ; vous les lui ménageâtes en vous dévouant aux sifflets ; mais le profit devait être partagé en commun, et votre modestie n'en exigeait pas davantage.

(1) Dans la séance du 5 décembre 1789, l'évêque d'Autun avait réfuté une partie du plan de finances conçu par M. Necker et proposé une série de mesures qui ne furent point adoptées.

..... On dit qu'une assemblée nationale qui fait imprimer une justification de sa conduite ressemble à un paladin qui jette le gant ; tout chevalier a droit de le relever. On ajoute qu'il est trop aisé de vous combattre pour que vingt athlètes ne s'élancent pas dans la carrière. Toute votre finesse consiste, dit-on, à passer sous silence les principales accusations qu'on porte contre l'assemblée que vous défendez. Et réellement la liste des reproches qu'on ose lui faire est effrayante. Des hommes, mal intentionnés sans doute, assurent qu'il est odieux que les représentants de la nation française souffrent, avec indifférence, que le meilleur des rois, qu'un prince adoré de ses sujets, soit prisonnier sous leurs yeux. Je ne sais pourquoi vous n'avez pas répondu à cette imputation ; il était si aisé de vous en justifier ! Comment peut-on dire que Louis XVI est en prison, quand on le voit tous les jours se promener dans son jardin? N'est-il pas certain que M. Bailly a été lui dire, avec son éloquence ordinaire, qu'il y avait beaucoup de choses curieuses dans Paris, et qu'il devrait s'amuser à aller les voir ?

Il est vrai qu'on pourrait répliquer qu'un roi est en captivité quand il est gardé par des troupes dont il n'a pas nommé les officiers ; par des soldats qui ont été l'enlever de son château ; quand ses gardes ne sont pas à ses ordres, mais à ceux de ses geôliers. On vous dirait encore que toute l'Europe est convaincue que le roi n'est pas libre, que c'est ainsi qu'on en a parlé au parlement d'Angleterre ; mais quelque fortes que fussent ces objections, vous ou votre faiseur d'adresses avez trop d'esprit pour n'y pas répondre sans peine ; ne suffit-il pas que le roi ait dit qu'il était libre pour qu'on doive l'en croire sur parole?

Suit l'énumération d'une énorme quantité de griefs contre l'Assemblée nationale, après quoi Suleau reprend ainsi le cours de son apostrophe :

Tels sont les reproches qu'on vous a faits publiquement et dont vous n'avez seulement pas essayé de vous justifier. Pourquoi cette négligence, Monseigneur? Pourquoi du moins ne pas opposer à ces reproches l'énumération de véritables services que vous avez rendus? Ne vous êtes-vous pas acquitté de tout ce que vous deviez au roi en le nommant *Restaurateur?* Les habitants de Paris ne sont-ils pas assez dédommagés des pertes qu'ils essuieront par le plaisir de porter des cocardes, par l'instruction et l'amusement que vous procurez aux galeries? Vos assidus spectateurs, formés à la plus savante école de l'univers, seront tous capables d'être administrateurs. Paris n'envoyait autrefois chez l'étranger que des cuisiniers et des coiffeurs ; nous exporterons désormais des ministres d'Etat, et qui plus est, des régénérateurs ; nous en fournirons, grâce à vous, l'univers entier.

Si vous avez ruiné les provinces maritimes, quel service ne leur avez-vous pas rendu en détruisant cette vieille rouille des préjugés dont elles étaient encroûtées, en déclarant enfin qu'un Montmorency, un comédien, un juif, un bourreau, sont tous citoyens actifs, et par conséquent égaux en droits?

Et d'ailleurs, si notre commerce est anéanti, celui de nos voisins s'accroîtra d'autant, et dans le système de la philosophie moderne, dans les principes philanthropiques, tout cela se compense ; il n'y a point de bonheur perdu pour l'humanité ; il n'y a que du bonheur déplacé.

Tâchez donc, Monseigneur, de nous donner un supplément à votre adresse, et commandez-le au même faiseur, afin de soutenir le style académique qui fait infiniment d'honneur à votre assemblée.

IV

On voit que Suleau avait la prison gaie ; s'il faut en croire les bruits contemporains, les hôtes du Châtelet menaient joyeuse vie ; la bonne chère, les vins exquis ne leur manquaient pas plus que les mystérieuses consolations de l'amour. En trois mois de captivité, Suleau se lia intimement avec le baron de Bezenval, à qui la protection avouée de la cour, non moins que ses brillantes qualités personnelles, méritait de charmantes et fréquentes visites. Indépendamment de ces pèlerinages inspirés par les plus tendres amitiés, nos prisonniers

n'avaient point à redouter les ennuis de la solitude.
Grâce au comité de recherches et aux municipalités, le
Châtelet était littéralement encombré. Que la compagnie fût choisie, je ne sais; mais elle était nombreuse. Les honnêtes gens, tels que M. de Comeiras ;
M. Augeard, fermier général et secrétaire des commandements de la reine ; M. de Launay, gentilhomme breton, etc, coudoyaient, de par l'égalité forcée
d'une maison d'arrêt, des intrigants tels que l'abbé
Douglas, le recruteur Delcrot, et des criminels de bas
étage, tels que les frères Agasse, qui avaient fabriqué
de fausses actions de la Compagnie des Indes. Suleau
était la joie, la consolation, la gaîté vivante de tous ces
détenus à qui l'avenir n'offrait que des teintes rembrunies. Il avait pris le titre pompeusement ironique
de Prévôt de l'Hôtel, et tout nouveau venu lui faisait
demander la faveur de lui rendre visite. Un jour (27 février 1790) on amena sous bonne garde un certain
chevalier de Laizer, capitaine aux ci-devant gardes
françaises, qui ne pouvant se consoler d'être arrivé
trop tard pour contribuer à prendre la Bastille, aurait
eu le tort, prétendaient ses accusateurs, d'exhaler les
regrets de sa démocratie déçue dans un pamphlet intitulé : *Protestation de MM. de Lafayette, Malouet et
Clermont-Tonnerre*. Le chevalier demanda par écrit à
Suleau l'honneur d'être admis à lui faire sa cour. Par
malheur le style et l'orthographe du placet étaient fort
négligés. Suleau voyant entrer le prétendu libelliste,
se mit à rire et lui dit : « On vous impute donc, Monsieur, une brochure bien tapée? Hélas ! vous êtes, de
tout point, et j'en ai la preuve à la main, le plus grand
innocent que je connaisse. Tenez, reprenez votre billet,

faites-en tirer une copie littéralement fidèle ; allez la déposer au greffe, bien et dûment collationnée, c'est le plus fort argument que je puisse vous suggérer contre l'accusation dont on vous honore. Au demeurant, Monsieur, prenez un siége et répondez-moi. D'où venez-vous? qui êtes-vous ? — Mais je suis le cousin de M. de Lafayette. — Ah ! Monsieur, que me dites-vous là ! Vous êtes perdu (je remplace un mot plus énergique)... Votre parent n'a plus besoin, pour devenir connétable, que d'avoir un pendu dans sa famille ! »

La haine de Suleau contre M. de Lafayette s'est donc allumée bien subitement? A l'en croire, il aurait reçu à plusieurs reprises, de la part du commandant général, des ouvertures qui choquèrent vivement ses sentiments ardents de royalisme. M. de Lafayette ne cachait pas avec beaucoup de soin son peu d'attachement aux institutions monarchiques (1) ; et Suleau, dans son zèle effervescent, put s'y tromper et prendre pour une hostilité active l'expression d'un sentiment personnel que Lafayette accommodait tant bien que mal aux devoirs que lui créait la constitution nouvellement établie. Je m'imagine aussi que les rapports qui s'établirent, j'allais dire qui se continuèrent, entre Suleau et le marquis de Favras dans leur commune prison contribuèrent sensiblement à affaiblir les sentiments d'estime qu'il avait

(1) *Mémoires de M. de Lafayette*, t. III, p. 205, 212 et *passim*. « D'après les inclinations républicaines que vous me connaissez, disait-il souvent à ses amis, je ne suis pas suspect pour la royauté. — S'il faut choisir entre le peuple et le roi, disait-il à Louis XVI, vous savez bien que je serai contre vous. — Vous savez, lui disait-il encore, que je suis naturellement républicain. — Une autre fois, parlant à la reine : « Vous devoir avoir, madame, dit-il, d'autant plus de confiance en moi que je n'ai aucune superstition royaliste; si je croyais que la destruction de la royauté fût utile à mon pays, je ne balancerais pas, car ce qu'on appelle les droits d'une famille au trône n'existe pas pour moi. »

3.

voués jusqu'alors au commandant général. Il y avait un mois déjà que Suleau était enfermé au Châtelet, lorsque le malheureux Favras subit le dernier supplice. Ainsi, il fut en situation de suivre jour par jour les douloureuses péripéties de cette tragédie énigmatique, et de là sans doute date la répugnance secrète dont il ne put désormais se défendre envers M. de Lafayette, qui joua dans cette affaire un rôle qui n'a jamais été bien défini. Il est même certain qu'au moment où le bourreau vint dans la prison se saisir de sa proie, Suleau serra la main de M. de Favras, et lui dit : « Mourez en paix, je vous vengerai (1) ! »

L'exécution des frères Agasse, qui furent pendus en Grève, avait précédé de six jours celle du marquis de Favras.

Ces incidents tragiques troublaient à peine l'étonnante bonne humeur de Suleau, dont les facultés éminentes tendaient à l'action plutôt qu'à la rêverie. Le jour de Pâques (4 avril 1790) était arrivé ; il le célèbre à sa manière, et témoigne avec une ardeur qui pourrait bien n'être qu'une irrévérencieuse grimace, le désir de remplir ses devoirs religieux. « Où est le réglement, s'écrie-t-il, qui défende aux prisonniers de faire leurs Pâques ? Le roi de France vient bien de faire les siennes ! » Et là-dessus, l'infatigable railleur invoque l'assistance spirituelle de M. le curé de Saint-Germain-l'Auxerrois.

---

(1) On lit dans l'*Histoire de la Révolution*, par deux *Amis de la Liberté* : « Le 19 février, M. de Favras fut mené à la chambre de la question où le bourreau et ses valets se jetèrent sur lui pour le garrotter. A cette vue son courage parut l'abandonner un instant. M. Suleau, alors prisonnier au Châtelet, le soutint dans ses bras. » (T. IV, p. 399.)

Oui, Monsieur, écrit-il à cet ecclésiastique, il y a tout à l'heure cinq mois que je suis sevré de toutes les consolations de la religion. Pas le plus petit devoir de piété, pas la moindre pratique de dévotion. Quelle affreuse position! quel raffinement de barbarie! Comme si ce n'était pas assez d'être *lanterné* dans ce monde-ci, sans être encore damné dans l'autre! Hélas! je n'ai pas même la ressource de me sanctifier en rachetant mes fredaines par des jeûnes et des macérations. Tous les jours, sans en excepter ceux même de vigiles, je suis forcé, par autorité de justice, à me restaurer d'une livre et demie d'un pain solide et savoureux (de ce beau pain que M. Necker a fait venir à grands frais des pays étrangers) et à m'enivrer d'une grande pinte d'eau, mesure de Saint-Denis, où souvent, pour mettre le comble à cette voluptueuse abondance, l'on trouve tout à la fois à boire et encore à manger. C'est ainsi que l'on m'envie jusqu'aux expiations salutaires d'une bonne pénitence : et comme si ce n'était pas assez pour assurer ma damnation éternelle que de me faire couler le jour dans toutes les délices d'un fieffé épicurien, il faut encore que je goûte le soir, dans mon lit, la jouissance du sybarite le plus recherché; je veux dire que jamais mes matelas n'ont fait un pli.

Le lecteur ne prendra pas ces plaintes au pied de la lettre ; on pense bien que ce fieffé épicurien laissait aux plus pauvres diables le régime ordinaire de la prison, toujours complaisante pour un aristocrate qui jetait l'or par les fenêtres.

Mais pourquoi cette longue épître au curé de Saint-Germain-l'Auxerrois ? On devine que ce n'est qu'un prétexte à moqueries : Suleau, dans sa thèse burlesque, prétend que M. l'abbé Fauchet lui a refusé son ministère, parce que « *ce sont les aristocrates qui ont crucifié Jésus-Christ ;* » que M. l'abbé Mulot a décliné l'honneur de diriger sa conscience, parce que, « depuis qu'il avait en poche un bon brevet d'aumônier en chef de la milice parisienne, il s'était, par reconnaissance et aussi par politique, imposé la loi de refuser les secours de son ministère à tout ce qui ne serait point affublé d'un uniforme national. » Enfin, il requiert les soins de Mgr l'évêque d'Autun, dont la réponse, par trop gaillarde, ne saurait être reproduite ici. Les curieux qui liront *les Pâques de M. Suleau*, l'y trouveront tout entière ; d'ailleurs, l'épître fût-elle écrite en termes plus honnêtes, nous l'écarterions encore par respect pour une femme célèbre, dont le génie littéraire a fait oublier les égarements.

Pourquoi me refuseriez-vous, M. le curé ? s'écrie-t-il en terminant ; vous ne pourriez excuser votre bienveillance par une seule autorité. Et, en effet, si je consulte le grimoire, je ne vois que les condamnés au dernier supplice à qui la loi refuse le corps sacré de notre commun rédempteur ; or, je n'en suis pas encore au fatal dénoûment.

..... Je n'y suis pas encore,
Et qui m'y conduira pourra bien s'égarer.

En vain l'auguste comité des recherches a-t-il remué à grands frais toute la Picardie pour y réveiller le patriotisme ; on ne trouve point partout des Morel et des Turcati (1) ; les gens de ce mérite ne vont point s'ensevelir dans la province, et leur magnanimité y a fait plus d'admirateurs que d'émules. Au reste, quel que soit le résultat de cette magnifique information, ce ne sera pas le dernier acte de ma tragédie ; car les juges de Favras ont promis à leur honneur et à leur conscience *de ne plus refuser d'entendre les témoins justificatifs*, quelque violence qu'on leur fasse, et dussent-ils être jugés à leur tour par les magistrats du faubourg Saint-Antoine. D'après cette courageuse résolution, je suis en mesure de leur disputer ma tête ; et encore une fois, tant qu'elle ne sera pas légalement proscrite, je conserve mes droits à tous les trésors spirituels de l'Eglise.

(1) C'est le nom des espions qui trahirent M. de Favras.

Enfin, la commission rogatoire revint d'Amiens ; elle ne parvint à produire qu'une information de dix-sept témoins, dont aucun n'établit que Suleau eût écrit la brochure incriminée ; et pour donner à leur compatriote une preuve frappante de leur estime, les Picards l'élurent maire de Grandvilliers ; mais il refusa (1). Le Châtelet, ne se tenant pas pour battu, prononça seulement l'élargissement provisoire de Suleau, à la charge de se présenter quand il en serait requis. C'était ce qu'on appelait mettre un citoyen en état d'ajournement personnel, et jusqu'à la solution définitive de l'affaire, l'inculpé demeurait frappé d'une sorte de suspension de tous ses droits équivalant à une mort civile temporaire. En dédaignant l'écharpe municipale que lui offraient les Picards, Suleau avait suffisamment témoigné de son indifférence pour les droits civiques ; il goûta donc sans amertume toutes les joies de la délivrance.

Sa captivité lui avait donné mille amis nouveaux ; et le voilà plus applaudi, plus fêté que jamais, plus batailleur aussi, plus prêt à la rodomontade, et presque illustre.

Mis en liberté le 7 avril, Suleau respire à pleins poumons ; il va donc mener plus vivement sa guerre contre les institutions constitutionnelles et contre les ennemis du trône. Sa verve qui déborde s'épanche dans tous les journaux où l'aristocratie se défend avec la seule arme privilégiée qu'on n'ait pu lui enlever : le courage et l'esprit. En feuilletant les principaux écrits satiriques que vit éclore l'année 1790, *l'Apoca-*

---

(1) Il paraît que M. Suleau père fut élu à sa place.

lypse, *le Martyrologe national*, etc., on reconnaît facilement, à sa marche alerte et vigoureuse, la plume de Suleau. C'est surtout dans le volumineux recueil des *Actes des Apôtres*, que sa collaboration désintéressée a laissé les traces les plus durables. L'espèce de journal qui porte ce titre célèbre, avait été fondé, au mois de novembre 1789, par un négociant appelé Peltier, connu par quelques brochures politiques très-médiocres et très-persécutées. Les plus spirituels d'entre les royalistes, le vicomte de Mirabeau, Champcenetz, Rivarol, le marquis de Bonnay, le comte de Tilly, Servan, etc., travaillèrent assidûment à cette satire quotidienne, qui obtint un immense succès. De plus amples détails sur ce sujet ne pourraient trouver place que dans une étude particulière, mais il en fallait dire un mot ici, à cause des relations suivies qui s'établirent entre Peltier et Suleau, et qui firent bientôt du jeune publiciste un des rédacteurs les plus assidus de la feuille royaliste.

C'est dans le n° 102 des *Actes des Apôtres* que le nom de Suleau paraît pour la première fois : voici à quelle occasion.

Telle était la sympathie que Suleau, par son caractère éminemment français, inspirait même à ses adversaires, que Loustalot le félicita de sa délivrance dans *les Révolutions de Paris* (1) en termes courtois et presque affectueux. Suleau se sentit blessé des compliments d'un écrivain qu'il n'estimait pas (2) et les lui

(1) N° 42.
(2) Suleau, frappé des talents véritablement remarquables de Loustalot et le supposant de bonne foi, le présenta au garde des sceaux comme un sujet de quelque mérite « qui n'avait besoin que d'être catéchisé pour devenir orthodoxe. « L'écrivain royaliste espérait que le grand esprit et les manières

renvoya très-durement par une lettre (*Actes des Apôtres* n° 102) qui se termine ainsi :

Cette digression me conduit tout naturellement à vous apprendre que je mets au nombre de mes sensualités la lecture de votre journal, et ce goût-là ne m'est pas particulier, car il est de par le monde beaucoup d'honnêtes gens qui trouvent vos productions très-piquantes. Ce n'est pas que, si quelque jour je devenais affamé d'argent et de célébrité, je puisse jamais être tenté de me procurer ces choses-là au même prix et par les mêmes moyens; mais je sens bien que votre manière de dire est bien plus une affaire de spéculation qu'une conviction de principes; c'est pourquoi l'antipathie que l'on me connaît pour les opinions que vous affichez n'empêche pas que je ne puisse faire profession d'être avec une considération tout à fait distinguée et une sorte d'admiration, Monsieur, votre très-humble et très-obéissant serviteur

SULEAU.

Il va donner bien d'autres preuves de son humeur goguenarde et de ce courage pratique, bien rare chez ceux-là même qui dans leurs écrits poussent la hardiesse jusqu'à la plus aveugle témérité. Les factions inondaient Paris de libelles où la famille royale, et particulièrement la reine, se voyait en butte aux plus atroces calomnies. Suleau s'imagina qu'il ne suffisait pas de protester avec sa plume; mais, suivant l'exemple de l'abbé Maury, qui plus d'une fois avait corrigé de sa main pastorale les insolents qui le diffamaient, il entre-

---

séduisantes de l'archevêque de Bordeaux produiraient sur Loustalot une impression profonde. Mais au sortir de la chancellerie, le rédacteur des *Révolutions* prit Suleau par le bras et lui dit naïvement : « Monsieur Suleau, il n'y a que de l'eau à boire avec tous ces gens-là : au fait, si la cour ne vous a pas assuré mille louis de pension, vous faites un métier de dupe; alors c'est à moi, à qui vous voulez du bien, à être votre patron. Venez aux Jacobins, et je vous réponds que vous serez accueilli avec bien de la joie par notre directoire. » (*Réveil de M. Suleau*, p. 47 et suiv.)

prit de faire la chasse à tous les pamphlets offensants pour la majesté royale. C'est ainsi qu'il eut maille à partir avec le district des Feuillants, sur la plainte d'un petit colporteur entre les mains duquel il avait saisi plusieurs exemplaires d'une brochure infâme : *la Correspondance de la reine avec plusieurs illustres personnages*. A ce premier délit, Suleau en avait ajouté un plus grand, celui d'avoir lacéré ces brochures et de les avoir jetées au vent (1). Suleau alla au devant de la justice municipale : « Le plaignant, écrit-il au président du district, réclame un petit écu, sauf les conclusions de qui il appartiendra pour la vindicte publique ; de mon côté, je lui ai fait très-cordialement des offres réelles d'une centaine de coups de bâton, sans préjudice de son incarcération que j'exige impérieusement et que je demanderai jusqu'à l'extinction de mes forces. Voilà l'état des choses. » Ce procédé sommaire étonna le président du district ; il n'osa rejeter ni accueillir la demande de Suleau. Sur ces entrefaites, les jacobins et les *enragés* (un mot du temps qui a son prix) mirent à sac la boutique où Gattey, libraire du Palais-Royal, exposait en vente les *Actes des Apôtres*, la *Gazette de Paris* de Du Rozoy et toutes les principales brochures du moment. Les *Actes des Apôtres* furent particulièrement maltraités ; une édition tout entière, transportée sur la place du parvis Notre-Dame, y fut solennellement brûlée au chant d'un *Te Deum* dérisoire (21 mai 1790). Suleau mit habilement à profit ce divertissement populaire. « Assurément, écrit-il le len-

---

(1) Suleau a perdu ses peines. De notre temps, cette immonde correspondance n'est pas même devenue rare. La prétendue *Correspondance de la reine* est un sale petit volume qu'on peut se procurer pour une vingtaine de sous.

demain 22 mai au président du district, si l'on a pu brûler hier les *Actes des Apôtres* et saccager le magasin du libraire, moi j'ai bien pu déchirer *la Correspondance de la reine* et en rudoyer les colporteurs. Mais ce n'est pas de ma justification dont il s'agit ici, je veux obstinément un jugement positif... » Le président, terriblement inquiet, se rejette sur le commissaire qui était ce jour-là de service au district : « Probablement, écrit-il à Suleau, ce commissaire aura pensé qu'il suffisait de faire une injonction verbale au porteur de l'imprimé dont vous me parlez, sous peine de punition en cas de récidive... » Suleau va droit au commissaire désigné et obtient enfin une réponse catégorique :

L'enfant auquel vous avez sagement enlevé les feuilles qu'il débitait, Monsieur, a reçu la leçon proportionnée à l'ignorance et à la faiblesse de son âge ; on a dû vous en donner connaissance. Lorsque vous êtes revenu au comité, j'en étais absent pour le moment, et j'ai regretté de n'avoir pas eu l'honneur de vous recevoir, parce que tout en vous faisant part du parti que j'avais pris vis-à-vis du petit colporteur et en vous félicitant sur le patriotisme de votre conduite, je ne vous aurais cependant pas dissimulé que vous étant livré avec un peu trop de zèle à l'enlèvement des feuilles d'entre les mains de ce petit bonhomme, vous avez oublié que vous n'aviez pas le droit de les lacérer, et encore que vous pouviez, par cet acte de rigueur, occasionner quelque rixe, ce qui est bien essentiel et ce que nous tâchons de tout notre pouvoir d'empêcher, et notamment aux environs de l'Assemblée nationale. Je désire, Monsieur, que ma réponse vous suffise ; la satisfaction que vous désirez doit être remplie par l'injonction que j'ai faite à cet enfant de ne plus vendre de pareilles feuilles, et les menaces d'être sévèrement puni s'il y était repris.

Signé MARÉCHAL.

Cet incident, puéril en apparence, méritait d'être rapporté, parce qu'il amena la publication d'une dernière réponse à M. Maréchal, essentielle à l'appréciation du caractère et des opinions de Suleau, en même temps qu'elle témoigne d'une de ces prévisions singulières dont furent doués la plupart de ceux qui moururent de mort violente.

Non, Monsieur, *la satisfaction que je désirais n'est pas remplie par l'injonction et les menaces faites au colporteur*, parce que l'espèce d'irrégularité que j'ai hasardée dans un mouvement de sainte indignation, avait un arrière but beaucoup plus important que le châtiment de quelques malheureux, incapables de discerner les exécrables manœuvres dont ils sont les instruments aveugles. Ces mercenaires, qui distribuent innocemment les poisons *régicides* de la calomnie, méritent plus de pitié que de courroux; mais il faudrait inventer de nouveaux supplices pour les scélérats qui font tourner au profit de leurs horribles desseins la misère et le vertige d'un peuple qu'ils n'ont jamais alimenté que pour avoir plus de facilité à l'enivrer de leurs fureurs. Je les connais, ces ennemis de toute autorité légitime; ils n'ont jamais été masqués pour moi, ces traîtres ambitieux qu'une trop longue impunité enhardit à consommer leurs forfaits! ils règnent sur les bons par la terreur, ils s'associent les méchants par le partage de leurs brigandages; ils s'asservissent les sots (et s'en font couronner) à la faveur du prestige d'une basse et perfide popularité... Mais qu'ils sachent donc, ces misérables, qu'ils ont lassé ma patience, et que celui qui a toujours vu sans pâlir et la hache du fanatisme et les poignards des assassins, est capable de les braver jusque sur leur char de triomphe! Oui, je jure sur mon sabre que si la justice ne se hâte de purger mon malheureux pays de cette engeance infernale, j'aurai le courage d'anticiper sur la vengeance des lois...

On a tout lieu de croire que ces menaces positives s'adressaient au duc d'Orléans; sa haine pour ce prince, qu'il regardait comme le principal auteur des infortunes de la famille royale, ne connaissait pas de mesure et fit explosion peu de temps après.

« Serai-je ensuite, reprend-il avec une ferme résignation qui devient très-touchante quand on compare quelle fut sa vie et quelle fut sa mort, serai-je ensuite tumultuairemement torturé par la rage d'une multitude engouée de ses véritables fléaux ; ou serai-je froidement sacrifié à des considérations légitimes ? Eh bien ! Favras n'aura pas eu seul l'honneur d'avoir su rendre sa mort utile à sa patrie. » (*Actes des Apôtres*, n° 114.)

Un peu plus loin, il revient sur cette idée funèbre avec une insistance prophétique : « S'il faut en croire tout ce qui se dit et se machine autour de moi, je n'ai pas besoin de me marier pour avoir bientôt *la corde au col*. Autant et mieux valait donc laisser faire le Châtelet ; car la nation vous pend ses sujets d'une manière tout à fait gauche et désagréable, et quand je pense à cet exercice de sa liberté, *bis videor mori*. »

Au surplus, il est rare que Suleau s'abandonne à de tels accès d'humeur noire ; sans illusion sur l'avenir (le mot *régicide* prouve qu'il voyait juste) (1), il veut succomber vaillamment à l'ombre de son drapeau. Tous les moyens lui sont bons : il ne ménage ni son encre, ni sa parole, ni sa fortune, ni sa personne. Le libraire Gattey, terrifié par les voies de fait auxquelles

---

(1) Ce n'est pas au hasard que Suleau a écrit ce mot. Un peu plus tard, il s'écriait dans son journal : « Français, le jour où vous aurez versé le sang de votre monarque, et ce jour n'est peut-être que retardé, vous vous serez couverts d'une souillure éternelle ! (N° 11, mai 1791.) Ce qui explique la résistance opiniâtre et violente du parti royaliste, c'est son étonnante prévision de l'attentat qui termina les jours du roi. Dès 1789, on établit des parallèles entre Louis XVI et Charles Ier, et peu de royalistes mirent en doute que la destinée de ces deux rois ne dût être semblable.

on s'est livré contre sa boutique, a promis aux patriotes de ne plus vendre de brochures aristocrates. La feuille des *Apôtres* n'a plus de bureau de souscription ; ce coup peut la tuer ; mais Suleau n'hésite pas à se charger de cette responsabilité périlleuse, et dès le lendemain du jour où les motionnaires du Palais-Royal avaient donné une si étrange idée de leur respect pour la liberté de la presse, le numéro nouveau de la feuille royaliste publiait un petit avis ainsi conçu :

On ne souscrit plus chez Gattey, ce poltron apostat ;
Mais, au contraire, chez M. SULEAU,
A son domicile accoutumé, le Palais de la Nation (dit vulgairement le Châtelet) ;
Et accidentellement hôtel d'Espagne, rue de Richelieu.

Ainsi Suleau attirait sur lui comme à plaisir les vengeances de la populace qui avait massacré de Launay, de Losmes, Flesselles, Foulon, Bertier, Varicourt, Deshuttes et le boulanger François. En butte à la haine des démocrates qui ne lui pardonnent pas l'acrimonie de son persifflage, sur chaque pavé il trouve une querelle ; il la trouve surtout parce qu'il la cherche. Il provoque l'un après l'autre les députés du côté gauche, qui dédaignent ses cartels ; le seul Barnave paraît un instant vouloir accepter la partie, puis il se ravise. Suleau, qui se surnommait lui-même *le brave des braves*, se donne un soir le passe-temps de rosser six « patriotes, » qui l'avaient attaqué à minuit sous l'arcade Colbert. « Ces messieurs se disaient altérés de mon sang. Eh ! qu'en veulent-ils faire, bon Dieu ! le veulent-ils boire ? » Telle est la réflexion que lui inspire ce guet-apens ; car Suleau publie les exploits de son bras comme Moncade ses bonnes fortunes. On connaît le souhait de Cyrano de Bergerac : « Si les coups de bâton s'écrivaient... » Suleau va plus loin : il les imprime. Il répand son adresse dans tout Paris, en ces termes textuels : « M. Suleau, hôtel d'Espagne, rue de Richelieu ; en cas d'absence, à l'hôtel de la Nation, ci-devant le Châtelet, où il a toujours son domicile de droit et souvent de fait. On assure qu'il s'arrange pour y passer toute la belle saison. » Et pour n'en pas avoir le démenti, il se fait arrêter une fois la semaine, riant au nez du fameux comité des recherches toujours berné par l'imperturbable mystificateur. Quelle volupté pour lui quand il entend crier par les rues : « *Nouvelle conspiration de M. Suleau, arrêté avec tous ses instruments de contre-révolution !* à savoir : une demi-douzaine de mortiers, autant de bombes, quatorze canons dont les affûts se sont brisés au pont de Sèvres, au retour de l'expédition du général La Pique (nouvel affront à M. de Lafayette) ; un très-petit assortiment de grils à rougir les boulets ; *item*, en forces actives, trois bataillons incomplets d'*Apôtres* à demi-brûlés ; *item* une poignée de troupes légères détachées du corps de l'*Apocalypse* ; et enfin, tout au plus huit à dix escadrons de Thessaliens, casernés dans une boîte à poudre. « Et là-dessus d'attaquer tout le monde, et le duc d'Orléans, et Brissot, et le duc de Biron, et Camille Desmoulins, et Gorsas. « Que de révélations à faire au public sur la duperie de sa reconnaissance et sur l'injustice, j'ai presque dit l'ingratitude de ses haines ! Je suis gros de terribles vérités ; mais, hélas ! je me trouve dans le même embarras que Latone avant qu'elle eût rencontré l'île hospitalière de Délos ; dans les quatre-vingt-trois départements, je n'ai pas un seul petit coin où je puisse paisiblement faire mes couches. »

Tour à tour s'indignant contre les défunts parlements qui ont abandonné le Roi, contre l'Assemblée qui a abandonné les parlements, contre la noblesse qui a abandonné le clergé, et contre le Roi qui s'est abandonné lui-même, il essaya de faire passer dans l'âme de ses concitoyens sa brûlante énergie. Un gentilhomme pleurait sur les débris de son écusson; Suleau le surprend dans cette attitude. Au lieu de le plaindre, il lui dit avec rudesse : « Lâche, que ne le défendais-tu ? » Voilà en deux mots toute sa *Lettre à M. Necker* sur le décret qui abolit les titres de noblesse (juin 1790).

Nous l'avons vu menacer de son sabre les auteurs présumés des calomnies répandues contre la reine ; le retour imprévu du duc d'Orléans lui inspira des mecaces encore plus directes. On sait quel étrange empire M. de Lafayette avait pris sur le premier prince du sang, lorsqu'après les journées des 5 et 6 octobre 1789, il lui intima l'ordre de quitter la France et la défense d'y rentrer sans son consentement (1). Le duc d'Orléans, que sa condescendance à ces deux injonctions avait achevé de perdre dans l'opinion publique, voulut, après six mois d'exil, sortir d'une situation qui le compromettait irrémédiablement; il résolut de quitter l'Angleterre malgré les menaces d'un émissaire que M. de Lafayette avait attaché à ses pas, et écrivit à l'Assem-

(1) *Mémoires de Lafayette*, t. II, *passim*.

blée nationale qu'il comptait assister à la cérémonie de la première fédération. A cette nouvelle Suleau exhala sa haine avec une violence inouïe. Il inonda Paris de *nouvelles Philippiques*, où il jurait au duc d'Orléans « de verser son sang impur sur l'autel de la patrie, à la face de tout Israël. » Cependant le duc revint à Paris et Suleau se prépara sérieusement à exécuter ses menaces. Voici deux billets, dont il accompagna la publication de ses lettres au duc d'Orléans :

PREMIER BILLET DOUX.

Nous verrons qui de nous emporte la balance
Ou de tes artifices ou de ma vigilance.
Je ne te parle plus ici de repentir ;
Je parle de supplice et veux t'en avertir.
Avec les assassins, sur qui tu te reposes,
Descends au Châtelet, et suis-moi, si tu l'oses.

VOLTAIRE. *Rome sauvée.*

Lundi 12, à une heure du matin.

J'ai passé la journée d'hier à la campagne. C'est à neuf heures du soir que j'ai été informé de l'arrivée du duc d'Orléans ; je me précipite au Palais-Royal ; j'apprends qu'il se propose de me poursuivre à outrance : Providence divine ! je te rends grâce ! Mais puisque c'est une vengeance légale qu'il ambitionne, je lui porte un autre défi : qu'il se constitue sur-le-champ prisonnier avec moi, et ensuite, sa tête ou la mienne.

SULEAU.

Lundi, midi.

Je viens de porter moi-même à la chancellerie mon dernier cartel. On me promet réponse à ce soir ; Dieu soit loué ! Je compte toutes les minutes. *Paraissez, Navarrois, Maures et Chaldéens !*

PREMIÈRE LETTRE.

Mardi 13, onze heures du soir.

Puisque.... puisque.... puisque.... etc., c'est sur l'autel de la fédération, à la face de toutes les tribus d'Israël, que je veux répandre ton sang impur, etc.

Il vous plaît, Monsieur, d'entrevoir dans cette généreuse agression l'odieuse menace d'un vil guet-apens; mon caractère connu semblait devoir me préserver d'une si injurieuse interprétation. Sans doute il est des conjectures où les lois générales de l'honneur et les devoirs ordinaires de la loyauté peuvent et doivent être sacrifiés au salut de la patrie; Scœvola s'est dispensé de provoquer en champ clos le roi d'Etrurie, et l'on admire encore cette sublime irrégularité; mais vous n'êtes point redoutable à la manière de Porsenna, et maintenant que vos moyens sont avortés et connus, il n'est plus en votre pouvoir de remettre Rome en danger. Ainsi, puisqu'il n'y a que la peur d'une attaque insidieuse qui vous détermine à paraître demain au Champ-de-Mars personnellement en état de défense, et par surcroît de précaution, escorté de quatre champions armés de pied en cap, laissez-moi tout cet attirail, qui ne vous est point du tout familier, et aurait tout au moins l'inconvénient de vous être incommode.

Assurément on m'y verra, même à quinze pas de vous; mais je m'y présenterai sans armes, conduit par la seule curiosité d'y considérer à mon aise votre contenance patriotique. Vaquez donc tranquillement à toutes vos fonctions civiques; vous êtes enfin résolu à ne ferrailler contre moi qu'avec le glaive de la loi : à la bonne heure! Je saurai vous prouver, en temps et lieu, que je suis propre à plus d'un genre d'escrime.

J'ai l'honneur d'être, rancune tenante, c'est-à-dire avec tous les sentiments que me commande la conviction de votre scélératesse, Monsieur, votre, etc.

SULEAU.

Nous ne connaissons pas le texte précis de la réponse du duc d'Orléans ; en voici seulement le sens, autant que nous l'ayons pu saisir dans une seconde lettre de Suleau, où le message du duc est analysé.

« Le duc commence par admirer la générosité du caractère de Suleau et rendre hommage à la loyauté de sa conduite ; il reconnaît que l'agression dont il se défend est inspirée non par un sentiment de haine personnelle, mais par la conviction politique de sa participation à des attentats commis contre la monarchie ; mais Son Altesse ne juge pas convenable de faire dépendre son honneur civique de la direction capricieuse d'un pistolet, parce qu'indépendamment de l'irrégularité de ces sortes de décisions, elle ne tuerait pas avec M. Suleau tous les soupçons qui l'accusent. Il importe au duc que M. Suleau vive pour être un jour l'instrument de sa justification. Le duc promet subsidiairement de se présenter dans l'arène judiciaire aussitôt que les grands jurés seront institués. En résumé, Son Altesse n'accepterait de rencontre avec M. Suleau qu'en cas d'une éruption soudaine et violente qui la mettrait dans la nécessité de défendre sa vie attaquée contrairement aux lois de l'honneur. »

Le ton de modération affectée qui règne dans la réponse du duc d'Orléans fit perdre à Suleau tout prétexte « de verser son sang impur. » Le duc ne laissa pas de se présenter à la cérémonie, environné MM. de Laclos, de la Touche, de Sillery et de Biron ; ces quatre personnages, et le duc lui-même, portaient des pistolets chargés dans les poches de leurs habits. Ils craignaient d'avoir à repousser des agressions simultanées ; car plusieurs officiers attachés à la cour, entre autres M. de Goguelat (qui a joué un rôle d'honorable dévouement dans la fuite de Varennes), avaient adressé au duc d'Orléans la plus insultante provocation. Mais tout se passa bien. Suleau, mis en demeure de renoncer à son dessein belliqueux ou de se porter sur la personne du duc à l'un de ces outrages qu'un homme de cœur craint autant de commettre que de recevoir, ne troubla pas l'harmonie de la fête. Cette curieuse affaire fut close par une dernière épître de Suleau résumée en ces quelques lignes : « Vous vous êtes obstiné, bon prince, à avoir la paix avec moi ; eh bien ! vous l'aurez ; car, après tout, votre résignation et votre générosité me désarment. »

V

Il est remarquable que depuis ce moment jusqu'au commencement de l'année 1791, Suleau se renferma dans un silence presque complet. En neuf mois, son nom ne paraît que deux fois dans les *Actes des Apôtres*. Le fait est qu'il s'était créé plus d'adversaires que d'amis. Personne ne marchait de conserve avec un pareil casse-cou, que madame de Coigny avait surnommé le *chevalier de la difficulté*. « On admirait de loin ma hardiesse et mon dévouement ; mais je trouvais plus de censeurs que d'imitateurs. J'étais *une tête exaltée* dont il était prudent de se garer pour n'être pas entraîné dans ma chute. » Suleau boudait. Tantôt il quitte Paris et se réfugie à Oncy, près d'Etampes ; tantôt il délibère s'il ne se retirera pas en Amérique. Mais les derniers troubles de Paris, l'émeute dont le duel de MM. de Castries et de Lameth fut le prétexte et qui renversa le ministère, la sédition de Vincennes et le traitement indigne infligé à quelques fidèles serviteurs du roi qu'on flétrit du surnom de « chevaliers du poignard, » réveillèrent son ancienne ardeur. D'ailleurs on commençait, c'est lui qui nous l'apprend, à remarquer ses fréquentes entrevues avec Mirabeau et le nouveau garde de sceaux, Duport du Tertre ; on le vit même chez M. de Lafayette. L'ingratitude de ses amis le soupçonna de faiblesse ou de perfidie. Bientôt on alla jusqu'à insinuer que le duc d'Orléans pourrait bien avoir acheté son silence. C'en était trop : Suleau ne se contint plus. Il rentra dans la lice et publia coup sur coup le *Réveil de M. Suleau* et le *Voyage en l'air, second Réveil*. La première de ces brochures était suivie du prospectus d'un journal politique qu'il se proposait de lancer le 1ᵉʳ avril. Le cadre de ces publications préparatoires est ingénieusement tourné selon la tradition littéraire du XVIIIᵉ siècle. Mᵐᵉ la marquise de*** écrit à « son bel ami » et lui demande compte de son silence :

> Je me doute bien qu'en général vous boudez l'aristocratie; mais cette idée ne me donne pas encore la clef de votre conduite, et ne m'explique pas nettement la monstruosité de certaines relations. Dans mes conjectures particulières, votre désertion ne ressemble pas mal à la colère d'Achille ; mais quel insigne outrage avez-vous donc reçu de ces malheureux aristocrates, dont les infortunes ne sauraient plus vous émouvoir? Agamemnon-Maury vous aurait-il ravi quelque Briséis?... Persifflez-moi, si cela vous amuse ; riez, tant qu'il vous plaira, de mes folles imaginations ; mais je vous somme de me répondre gravement sur quelques questions qui mettent jour et nuit ma pauvre tête à la torture, et qui n'ont jamais été si problématiques que depuis que tout le monde se mêle de les résoudre. Qu'est-ce que M. de Lafayette? que veut-il? comment finira-t-il? Et ce Mirabeau, qui est le plastron de toutes les invectives, comment se fait-il qu'il soit encore redoutable? quelle est sa politique et que pensez-vous de ses moyens?

Ces interrogations étaient faites pour piquer la curiosité publique, car elles intéressent encore. Suleau remplit avec beaucoup de bonheur le plan qu'il s'est lui-même tracé.

Depuis que je suis convaincu, dit-il, que toutes les digues qu'on tenterait d'opposer au torrent de la démagogie ne serviraient qu'à accroître son impétuosité et multiplier ses ravages, je ne m'épuise pas en efforts superflus : j'attends, je prêche la patience et la force d'inertie. Il m'est démontré que le corps politique ne peut se rétablir qu'après avoir parcouru toutes les périodes de la maladie. J'observe donc en silence le progrès du mal, et quand les circonstances le requièrent, je visite le foyer de la contagion ; dès-lors, voilà qu'un troupeau de myopes décident que je suis un pestiféré qui, par faiblesse ou cupidité, s'est laissé inoculer le virus épidémique.

Il sied bien à des lâches d'épiloguer mes motifs et de juger ma conduite ! N'est-il pas très-plaisant que moi, je sois harcelé par un tas de hobereaux, aussi poltrons que mal avisés, qui, également incapables d'agir et de prévoir, n'ont eu ni le courage de se secourir, ni le bon sens de se prêter aux moyens de salut qu'on leur offrait ! Est-ce ma faute à moi si, lorsque je leur criais de s'armer et de faire bonne contenance, ils n'ont su que gémir et protester ? Il me reste du moins la triste consolation de leur avoir prédit toutes les suites de leur aveuglement et de leur couardise. Tout me persuade que cette caste là était depuis longtemps pourrie ; et cela m'explique comment une assemblée qui recule devant tous les obstacles s'est fait un jeu de les fouler aux pieds : elle a senti qu'elle s'attaquait à un cadavre.

Viennent ensuite les portraits demandés par la marquise de *** et dont la touche fine n'est pas indigne de la gravité de l'histoire.

Il faut donc vous parler de M. de Lafayette. On sait assez que ce n'est pas un héros, et cela parce que, dans les circonstances qui demandaient du courage et de la vigueur, il ne s'est jamais mis au niveau de son rôle. Ses partisans ne tarissent pas sur l'éloge de son sang-froid et de sa prudence : je ne prendrais pas d'autre texte si je voulais faire une satire amère des principaux traits de sa conduite depuis qu'il a l'air de commander la milice parisienne ; car sa sagesse si vantée n'est autre chose que cette espèce de réserve contemplative qui accompagne toujours la nullité des moyens. D'un autre côté, il y a dans sa démocratie un fonds de probité qui ne permettra jamais de le haïr. Je suis donc à son égard dans la situation d'esprit et de cœur la plus convenable pour le juger sainement. Les uns en font un scélérat battu à froid, pour qui rien n'est sacré ; un fourbe profondément ambitieux, digne de tous les supplices, pour avoir préparé sourdement tous les malheurs de la famille royale et favorisé de toute son influence le progrès de l'anarchie, en préconisant hautement les fureurs d'un peuple égaré ; et pendant que ceux-ci le vouent à toutes les malédictions et dressent son échafaud, les autres le bénissent et lui élèvent des autels comme à un génie bienfaisant, qui fera le bonheur de la France, qui lui doit déjà son salut..... Vous voyez que, soit en bien, soit en mal, on s'accorde à lui donner des proportions gigantesques. Eh bien ! ce n'est rien de tout cela ; M. de Lafayette n'est rien moins qu'un être colossal. C'est tout bonnement un excellent citoyen qui veut sincèrement le bonheur de son pays ; et il en serait le plus ferme soutien, si la hauteur de ses conceptions politiques et la vigueur de ses moyens d'exécution répondaient à la pureté de ses intentions. Malheureusement ses vues sont étroites, et il n'a pas d'élan pour l'action. Son énergie ne passe pas un certain courage d'idées, qui, dans les grandes occasions, ne saurait suppléer la vigueur de l'âme. Il est quelquefois mâle dans ses dispositions, mais ses actions sont toujours d'un châtré.

Vous me demandez ce qu'il veut... Un jour qu'il m'écoutait avec bonté, je pris la liberté de lui faire la même question. Il veut une *monarchie populaire*. Je ne pus m'empêcher de lui répliquer que c'était la démocratie royale des *Actes des Apôtres*. La répartie était caustique : il m'écoutait ; mais ce n'est pas à dire qu'il m'ait entendu. Je me suis bientôt reproché cette petite méchanceté ; car, dans le cours de la même conversation, je fus convaincu qu'il n'était point entiché du républicanisme des factieux, et qu'il était même sincèrement attaché à la personne du roi ; je serais sa caution sur ce point. Vous voilà bien embarrassée pour concilier cela avec la captivité, la geôle et tous les accessoires, etc., etc. Je n'aurai point pitié de votre impatience ; je vous ai dit qu'il n'était pas encore temps de le définir ; contentez-vous aujourd'hui de savoir comment il doit finir. Il finira par être pendu (j'ai parié qu'il le serait encore avant moi, et je suis prêt à doubler la gageure) ; oui, madame, pendu, et ce qui vous paraîtra encore plus paradoxal, c'est qu'il sera pendu par ce bon peuple dans lequel il semble avoir concentré toutes ses affections.

La prédiction était juste puisque la fuite a pu seule sauver Lafayette de l'échafaud.

Au fait, continue Suleau, M. de Lafayette était l'homme le moins propre à diriger la force publique dans un temps de troubles et de discordes. Il faut à un chef de parti un grand caractère, de vastes mesures, une fermeté imposante et quelquefois même de l'audace ; et M. de Lafayette, loin d'être un homme fortement trempé, n'est qu'un agnelet, d'un génie très-circonscrit, timide dans ses résolutions et petit dans ses moyens. Il est incapable de se prêter sciemment à des atrocités ; mais comment se justifiera-t-il d'avoir toujours été spectateur indolent des exécutions populaires? Il semble n'y assister que pour les consacrer par sa présence. Il arrive là très-froidement lorsque tout est fini ; alors il engage respectueusement les acteurs et les spectateurs (*ses frères*) à regagner paisiblement leurs foyers. S'il ne s'était créé ce petit bout de rôle, il ne figurerait dans toutes ces tragédies que comme un valet de théâtre, qui ne paraît sur la scène que pour emporter les cadavres lorsque la pièce est jouée. On l'a justement comparé à l'arc-en-ciel, qui ne se montre qu'après l'orage.

Le portrait de Mirabeau n'est pas moins piquant, quoique d'un dessin plus vague. Suleau qui ne se montre jamais prude et qui prisait les gens d'esprit, s'était lié, plus intimement qu'il ne veut l'avouer à la marquise, avec le grand orateur. Il voudrait le déprimer, et malgré lui, voilà qu'il entame son éloge. « Au fait, ce Mirabeau n'est pas aussi monstrueux qu'on le suppose ; à part son esprit, ses connaissances et ses talents, il a encore des qualités attrayantes. C'est sans contredit un homme profondément immoral ; mais il met dans toute sa turpitude une franchise si originale que sa scélératesse même a quelque chose de séduisant. Il y a dans sa laideur morale je ne sais quel profil qui n'est pas tout à fait aussi hideux que celui de sa figure. Il faut croire que sa dépravation est contagieuse, car j'ai peine à me défendre d'un certain intérêt de bienveillance à son sort. »

Cette réflexion fort juste peut en suggérer d'autres, dont le lecteur nous pardonnera la hardiesse tout à fait hypothétique. Mirabeau ne cherche-t-il pas effectivement à inoculer sa dépravation au franc et loyal Suleau ; ne travaille-t-il pas à l'engager dans quelque transaction fâcheuse pour l'indépendance de ses opinions? Il n'y réussit pas, sans doute ; car l'intégrité de Suleau ne peut être l'objet d'un soupçon ; mais qu'il l'eût tenté, voilà qui est indubitable. « Il le gourmandait un matin, dit une note du numéro 162 des *Actes des Apôtres*, sur sa répugnance enfantine à de certaines complaisances. Eh! mais, nigaud, lui dit le père conscrit, *mets donc ta conscience à l'ordre du jour.* »

Ce qui ne doit pas être perdu pour l'histoire, c'est le rôle que remplit Suleau dans les négociations de Mirabeau avec la cour. Persuadé que l'appui de ce grand orateur sauverait la monarchie, Suleau s'employa d'un côté à persuader au gouvernement du roi qu'il fallait satisfaire sans marchander la déplorable avidité du

« père conscrit, » de l'autre à inculquer à Mirabeau les plans qu'il croyait les plus propres à rétablir l'ordre dans l'Etat.

Si la France, écrivait-il, prend à sa solde quelques régiments suisses, ce n'est pas qu'elle ait besoin d'étrangers pour compléter son armée ; mais c'est qu'il est nécessaire à un Suisse de se vendre, parce qu'il ne vit que de trafic ; or, si vous ne l'achetez pas, il fera avec vos ennemis le marché dont il vous a offert la préférence ; s'il n'est pas pour vous, il est contre vous. Tout n'indiquait-il pas que, par le même calcul politique, il fallait stipendier le Suisse de Provence ? Etait-il permis de lésiner sur les conditions de son traitement, quand il était évident que vos ennemis enchériraient sur le traité dont il vous faisait l'hommage de très-bonne foi (1) ?

Mirabeau qui recevait temporairement du roi sept mille livres par mois, trouvait ce subside mesquin. C'est ce que Suleau déclare nettement. (*Réveil*, p. 29.)

Mirabeau joue un jeu forcé, car il est monarchiste par goût et par principes ; qu'attendez-vous donc pour le mettre en mesure de réparer le mal que vous l'avez condamné à vous faire ? Ce n'est pas le moment d'écouter certaines répugnances : il faut aux grands maux des remèdes violents. La langue de ce serpent a la même propriété que la lance d'Achille, qui guérissait les blessures qu'elle avait faites. Le corps politique est agonisant : que celui-là qui connaît le secret de sa maladie en soit le médecin ; la cure est infaillible, mais retenez bien que lui seul peut l'opérer.

Les lettres et les plans de Suleau faisaient partie des papiers que Mirabeau mourant confia au comte de Lamarck, et n'ont pas été publiés. Tout ce que nous pouvons en savoir, c'est qu'ils étaient d'accord sur la né-

---

(1) Mirabeau lui disait un jour : « Monsieur Suleau, Lafayette a une armée ; mais croyez-moi, ma tête est aussi une puissance ! » (*Réveil*, p. 28.)

cessité, le cas échéant, de prévenir les coups des jacobins et de commencer la guerre civile dans les départements du Midi. Mirabeau destinait le commandement des gardes nationales de Provence à Suleau, qui refusa, parce que, « les conditions lui déplurent. » Au surplus, il est certain que Louis XVI eût repoussé ce plan.

Il est toutefois bien remarquable que Suleau n'ait publié son journal que le lendemain des funérailles de Mirabeau, et que le premier numéro de cette feuille soit aussi cruellement injurieux pour la mémoire de l'orateur que les confidences du prospectus sont admiratives et en quelque sorte affectueuses.

Au nom de la probité politique, on doit blâmer Suleau de s'être entremis dans des marchés de cette espèce, avec une sévérité d'autant plus grande que, personnellement incorruptible, il conseillait systématiquement la corruption des députés ; il avait calculé qu'avec moins de deux millions de livres, on enlèverait cent dix voix au côté gauche, de manière à assurer au gouvernement une énorme majorité. Les ministres d'alors écartèrent ce plan, et Suleau considéra leur répugnance comme la preuve flagrante de leur impéritie. Plus tard, le ministre Bertrand de Molleville tenta d'exécuter une combinaison de ce genre, et l'issue de ses négociations avec Danton et avec les Girondins, bien qu'elles aient réussi à l'égard du premier et échoué avec les autres (1), prouvèrent, malheureuse-

(1) On sait que Vergniaud et ses amis ne refusèrent le subside qui leur était offert sur les fonds de la liste civile que parce qu'ils le trouvèrent insuffisant. Mais le roi n'avait plus d'argent, et le marché fut rompu. (*Mémoires de Bertrand de Molleville*, t. 1er.)

ment pour la nature humaine, que Suleau avait bien calculé.

Le *Journal de M. Suleau* ne répondit pas à l'attente générale. Chose étrange, et naturelle cependant, Suleau doutait ! Il arrivait à cette période de la vie où l'homme qui pense interroge à la fois le passé et l'avenir. Suleau vit clairement que le naufrage du passé était irréparable, mais l'avenir lui fit horreur.

Dès le début de son entreprise, Suleau se raidit contre le sentiment secret de l'inutilité de ses efforts.

Il sent qu'il est dans une route périlleuse, que le terrain va fléchir sous ses pas ; il a peur de tout et de tous : peur de l'assemblée, dont l'existence est un outrage à l'inviolable autorité du roi ; peur des nobles qu'il a trouvés découragés et désunis ; peur de l'étranger, dont il soupçonne les arrière-pensées ; peur des princes, parce qu'ils compromettent le roi dans des vues particulières qu'il voudrait déjouer ; peur de la reine, parce qu'elle se défie du désintéressement des princes. Chacune de ses publications mensuelles porte l'empreinte de ces terribles irrésolutions, qui nous touchent profondément, parce qu'en les surprenant à nu dans cette âme qui ne sut pas feindre, on a le secret de toutes les erreurs, de toutes les illusions, de toutes les fautes et aussi de tous les malheurs du parti royaliste qui fut broyé par les vagues révolutionnaires entre ces deux grandes croyances, la Royauté et la Patrie.

VI

Le journal de Suleau est devenu, comme la plupart des documents de ce temps, d'une telle rareté, qu'on nous permettra d'en extraire avec soin des renseignements précieux sur la cour de Coblentz et les plans de l'émigration. Louis XVI, alors qu'il était captif dans son simulacre de royauté, avait accrédité M. de Breteuil auprès des puissances en qualité de plénipotentiaire secret; non, comme les adversaires passionnés de cet infortuné monarque ont affecté de le croire, pour nouer avec l'étranger des intrigues contraires à la sûreté de la France, mais dans le but de déjouer la prétention qu'affichaient le comte de Provence d'agir comme régent du royaume et le comte d'Artois comme lieutenant-général. Aux yeux du roi, cette double prétention offensait la majesté du trône et en menaçait la sécurité, en justifiant tous les doutes que la malveillance s'efforçait de répandre sur la loyauté du souverain. Les princes, de leur côté, persistaient dans leur vue de considérer la volonté du roi comme enchaînée; ils ne reconnurent point les pouvoirs de M. de Breteuil et lui opposèrent M. de Calonne. Une lutte très-singulière s'établit entre ces deux agents. Au mois de juin 1791, Suleau, quoique dévoué de cœur aux émigrés, appartenait encore au parti de M. de Breteuil. Aussi, bien qu'il approuve dans une certaine mesure les intentions des princes, émet-il de prudentes réserves contre l'usage qu'ils feront de la force qu'ils ont dans les mains. Le concours des armées étrangères lui répugne et l'effraye : là il est éloquent, parce qu'ils pressent avec justesse tous les périls d'une situation si délicate.

Dieu veuille que le manifeste qui précédera leurs premiers actes mette dans une parfaite évidence la loyauté des puissances auxiliaires, et ne renferme d'ailleurs aucune prétention offensante pour tant de braves Français qui se sentent dignes d'une véritable liberté ! car enfin, si ceux-ci n'ont à combattre que pour le choix de leurs tyrans, leur résolution ne sera pas douteuse : ils redouteront bien moins la brutalité des Appius que les caresses des Porsenna. Ici, je vois M. le comte d'Artois et M. le prince de Condé s'avançant à la tête des légions formidables qui leur sont confiées par des puissances étrangères dont il est permis de suspecter le désintéressement. Je ne ferai point à des Bourbons fidèles au devoir de leur naissance l'injure d'examiner ce qu'ils veulent. Certes, ils n'ont pas la folle et criminelle prétention de ne nous délivrer de la turbulence éphémère, de l'oppression momentanée de quelques tribuns intrigants, que pour mieux river les chaînes féodales que nous avons voulu briser sans retour. Soit que je considère le roi dans la bourgeoisie de son ambition et l'humilité de ses goûts, soit que par une supposition complaisante et gratuite, mais chère à mon cœur, je lui prête la noble impatience de se dépêtrer des chaînes dont il s'est garrotté, je conclus que, loin de soulever hardiment sur ses libérateurs ses bras flétris de meurtrissures, il n'aura de voix que pour les exorciser, et s'il lui reste la force de s'agiter dans ses fers, ce sera pour célébrer les bienfaits et la vertu de ses geôliers et de ses bourreaux. Je ne dois pas examiner aujourd'hui si cette étrange combinaison d'imprécations et de vœux sera bien politique ; je ne dirai pas encore si ce contresens d'hommages prouvera d'autre sincérité que celle de sa peur. A quelque système que cette conduite appartienne, qu'elle soit, ou le conseil naturel de sa faiblesse, ou l'effet nécessaire de ses malheureuses circonstances, ou le résultat spontané de son impéritie, toujours est-il vrai qu'à l'exemple de Henri III, il se précipitera d'abord dans les bras des ligueurs, qui seront fiers d'opposer son mannequin aux guerriers armés pour sa défense. Dans cette monstrueuse confusion, à quel panache se rallieront les vrais amis de la patrie, qui, détestant également et le despotisme plébéien, et la tyrannie des grands, également effrayés et des horreurs de l'anarchie et du danger de la conquête, ne veulent combattre que pour le salut de la monarchie ?

C'est au moment même où Suleau définissait avec cette éloquente précision la situation intolérable dans laquelle l'intervention des princes allait placer la couronne, qu'il apprit la fuite et l'arrestation de Varennes, « ignomineuse et déplorable aventure, » s'écrie-t-il. Il n'est touché que d'une chose, non des malheurs de la famille royale, bien qu'il donne une larme sincère à l'incomparable héroïsme de la reine, mais de l'humiliation infligée à la royauté. Au surplus, il n'eut pas le temps de s'appesantir sur ce triste sujet ; les tracasseries personnelles qu'on lui suscita le forcèrent à prendre quelque souci de sa propre destinée. La municipalité cherchait à l'impliquer dans la fuite du roi. Il en était bien innocent, car il regardait cette fuite comme un piége tendu à la famille royale, d'après un ancien plan de Mirabeau, conçu dans l'intérêt, soit de M. d'Orléans, soit du comte de Provence, et que M. de Lafayette aurait favorisé pour en tirer un avantage ultérieur en le déjouant à temps. Bien que nous ayons pris à tâche, dans le cours de cette étude, de ne nous point immiscer dans la solution des problèmes historiques que présente l'histoire de la Révolution française, nous pouvons assurer que les soupçons de Suleau, surtout en ce qui concerne M. de Lafayette, ne méritent historiquement qu'une médiocre confiance. C'est là une de ces mille et une calomnies que les partis en querelle se jettent à la tête et qu'un examen sérieux dissipe sans retour.

Les jacobins et les meneurs populaires, tels que ce Rotondo que l'histoire a pris en flagrant délit dans les flammes de l'hôtel de Castries et plus tard dans le sang de la princesse de Lamballe, avaient juré une haine mortelle à Suleau, dont ils menacèrent vingt fois le domicile. Dès lors, le courageux écrivain mit ses meubles et ses papiers à l'abri « des jurés-brûleurs » et ce fut dans une chambre nue, meublée seulement d'un lit, d'une table et d'une chaise, qu'il continua sa guerre de sarcasmes et d'invectives.

Le démocrate, dit-il, est de la nature des castors. Celui-ci abat sans cesse, celui-là détruit sans cesse. Le premier n'a qu'une manière de construire, le second n'a qu'un système en politique. Le castor est amphibie, le démocrate s'accommode également de l'élément républicain et monarchique. Tous les deux enfin, ils passent leur vie à bâtir : le castor dans l'eau, le démocrate sur le sable, ayant à craindre, l'un la rapidité du fleuve, l'autre l'impétuosité des vents. En général, le démocrate a les inclinations tempérées. Tardif dans ses combinaisons, peu prévoyant, naturellement sobre, il consomme peu et vit au jour le jour. Qu'on le laisse niveler, maçonner, édifier, démolir, c'est tout ce qu'il demande. Ces animaux sont enclins à s'isoler ; mais, nés craintifs et timides, ils marchent rarement seuls ; aussi est-il très-ordinaire de les voir se réunir en troupeaux. Alors, il est prudent de les éviter et de s'éloigner des endroits où ils paissent ; car autant ils sont timides dans la solitude, autant ils deviennent hardis et entreprenants lorsqu'ils se trouvent en certain nombre. On les a vus quelquefois se jeter sur des voyageurs et les dévorer. Le bruit d'une arme à feu prévient ces accidents, et suffit pour les mettre en fuite.

Suit le portrait du jacobin :

Le jacobin participe de la nature du tigre et de l'ours blanc. Ses formes sont brutes et grossières, son maintien est lourd. Il a l'air taciturne, l'encolure hideuse, le poil ras. Féroce et carnassier, il égorge pour le plaisir d'égorger, aime passionnément la chair humaine, et vit dans un état de guerre perpétuelle avec tout ce qui n'est pas de son espèce, à l'exception du démocrate avec lequel il se plaît quelquefois et plutôt par caprice que par inclination. Fouiller la terre, déraciner les arbres à fruit, telles sont les occupations de l'ours jacobin, qui n'est par lui-même susceptible d'aucune espèce d'éducation, et dont on ne peut se servir qu'après l'avoir muselé.

Ces amères moqueries n'avaient pas encore vu le jour, que Suleau était, pour la dixième fois peut-être, incarcéré par ordre du comité des recherches, sous l'inculpation d'avoir publié des libelles « soudoyés par l'aristocratie. » Des placards affichés dans Paris l'accolaient à Marat, avec qui des badauds lui prêtèrent nous ne savons quelle ridicule complicité.

Depuis le retour de Varennes, il nourrissait le généreux dessein de défendre devant les tribunaux les trois gardes-du-corps arrêtés pour avoir coopéré à l'évasion du roi; il n'eut que la consolation de les retrouver à l'Abbaye.

Cette dernière aventure mit les affaires de Suleau dans le plus pitoyable désordre ; ses créanciers l'accablent de papiers timbrés qui franchissent les grilles de la prison, inexorablement fermée à ses amis. Ses abonnés surtout font rage. Suleau coupe court à leurs réclamations par un double trait d'audacieuse folie : il établit un bureau de distribution au greffe de la prison de l'Abbaye et un bureau d'abonnement au comité des recherches. « Ces honnêtes gens, dit-il, sont singulièrement officieux, et je ne dois plus douter que mes abonnés ne soient servis désormais avec la plus scrupuleuse ponctualité. »

Cependant il est une accusation qu'il n'accepte pas avec sa philosophie ordinaire : celle d'être « *soudoyé par l'aristocratie.* » On sent que le rouge doit lui monter au visage. Alors il rappelle, avec une indignation vraie, qu'il a refusé les secours immenses qui lui furent offerts pendant sa détention de 1790, et qu'il n'a jamais tiré de sa plume que les 40,000 livres produites par les souscriptions de son journal. « Cependant, ajoute-t-il avec plus de gaîté, j'ai usé librement de la bourse d'un quidam qui à ce prix m'absolvait d'avance de tous mes péchés d'aristocratie. Cet homme m'avait déjà prêté cent mille francs dans d'autres circonstances ; sous beaucoup de rapports, il avait auprès de moi le droit de représentation ; il ne pouvait ni ne devait encourager ce qu'il appelle une hérésie politique, mais il ne s'est jamais permis d'en contrarier l'essor que par des considérations de prudence. Sûr de ma probité jusque dans mes erreurs, il ne pouvait que me plaindre, mais il se serait fait un crime de me blâmer d'obéir à l'impulsion de ma conscience. La seule condition qu'il attache à cette sorte de condescendance, c'est que je lui laisserai le privilége exclusif de pourvoir à tous les frais de mes armements contre le système révolutionnaire. Peut-être les jansénistes de l'aristocratie me pardonneront-ils cette espèce de transaction avec un profane, quand ils sauront que ce profane, c'est mon père. »

Jamais, sans doute, la justice politique n'avait rencontré une proie si glissante ; elle lui échappa encore cette fois ; mais l'âme de Suleau s'est ulcérée. Ne lui parlez plus de modération, c'est lâcheté ; ni de conciliation, c'est duperie. Les moyens doux ne sont plus de saison ; plus de pacte avec l'anarchie : c'est par la force ouverte que la contre-révolution doit s'opérer. Suleau part pour Coblentz, et comme sa nature est toute extrême, il ne se contente pas d'embrasser les projets de l'émigration, dont il se défiait tout à l'heure : il abandonne M. de Breteuil et s'élance d'un bond vers M. de Calonne. Il va donc combattre loyalement pour la monarchie, vaincre ou périr pour son roi. Porte-il son regard sur les partis qui divisent la France? aux jacobins son mépris muet et presque son indulgence ; mais haine, haine vigoureuse à ces infâmes « monarchiens, royalistes constitutionnels et partisans des « deux chambres, intrigants, frénétiques, charlatans, infâmes, orgueilleux, imbéciles, coquins, ambitieux, » je passe la meilleure partie de la litanie. Voilà ceux qu'il dénonce à l'Europe monarchique, ceux qu'il accuse d'avoir circonvenu le monarque. « Ah ! s'écrie-t-il, Louis XVI et Marie-Antoinette servent bien mal LE ROI ! » Mais quelle est donc la cause de cet emportement contre les partisans de la monarchie constitutionnelle ? Suleau va nous l'apprendre ! « C'est que depuis six mois ils ont retardé le bienfait de la contre-révolution. » Si l'on réfléchit aux accusations imprudentes dont la loyauté de Louis XVI fut l'objet, on conviendra que cette véhémente sortie d'un écrivain non suspect d'attachement à la cause révolutionnaire est la justification la plus complète des intentions de ce malheureux prince, et une honte de plus pour ses bourreaux.

VII

Suleau se trouvait à Neuwied-sur-le-Rhin (1) vers la fin du mois de novembre ; le comte d'Artois l'accueillit assez gracieusement pour le consoler de la réception plus froide que lui avait faite à Coblentz le comte de Provence ; mais il avait beau feindre l'enthousiasme et s'exalter à froid pour une cause qu'il sentait irrévocablement perdue ; vainement se plaisait-il à retrouver dans le comte d'Artois « la grâce chevaleresque et le courage impétueux de Henri IV ; » vainement prêchait-il la légitimité du despotisme au nom du dogme aveugle de la nécessité ; il pouvait étouffer sa conscience, mais non pas son intelligence qui prenait en pitié les petits calculs des puissances étrangères, et les folles illusions de l'armée de Condé. C'est le cas ou jamais de prêcher l'énergie. Ainsi fait Suleau : il adjure l'empereur Léopold, il adjure l'impératrice Catherine. Pourquoi tant de lenteur? pourquoi tant de braves gentilshommes se consument-ils sur les bords du Rhin en une déshonorante oisiveté? Que veut dire cela? Et quelles sont ces intrigues qui s'agitent dans Coblentz divisé ? Ces questions, faites avec la liberté dont Suleau, quoiqu'en eût son aristocratie, avait pris l'habitude dans les luttes de la presse, devaient déplaire aux princes ; elles déplurent. « C'était, dit un contemporain, le tonnerre tombant au milieu

---

(1) Les renseignements que, dans ses *Mémoires secrets*, M. d'Allonville donne sur le séjour de Suleau à Coblentz, manquent d'exactitude dans le détail.

des délices de Capoue. » Toute cette partie du journal de Suleau (de novembre 1791 à février 1792) a l'importance d'un document. La situation respective de la cour de Paris et de celle de Coblentz, les querelles de M. de Calonne avec M. de Breteuil, y sont analysées de main de maître ; l'histoire peut même y puiser quelques notions nouvelles ou la confirmation de quelques points douteux. Ainsi, il demeure avéré 1° que le roi Louis XVI intima très-sérieusement aux princes ses frères de dissoudre l'armée du Rhin, qu'il fut très-sensible à leur résistance, et que loin de l'encourager sous main, il la regarda comme un manque de respect et un acte formel de désobéissance ; 2° que le baron de Breteuil avait la mission, non pas de négocier avec les puissances le rétablissement de l'autorité absolue, mais au contraire de leur faire comprendre l'impossibilité d'une tentative de ce genre, et la nécessité dans laquelle se trouvait le roi de donner pleine satisfaction aux idées nouvelles par l'établissement d'une monarchie constitutionnelle, qu'on s'efforcerait de modeler sur les institutions anglaises ; M. de Breteuil devait s'employer spécialement à négocier avec les princes de leur adhésion à cette combinaison ; il ne put y parvenir ; 3° que l'émigration était divisée en deux camps, l'un aux ordres de M. le comte d'Artois et du prince de Condé, fidèle aux traditions de la monarchie pure ; l'autre discipliné sous la main discrète du comte de Provence et enclin à composer avec la Révolution, pour peu que son chef en tirât quelque avantage réel.

C'est à celui-ci que Suleau s'attaqua sans ménagement dans la personne de la comtesse de Balbi et d'un certain M. de Jaucourt qui paraît avoir joué un rôle fort équivoque entre les jacobins de Paris et les modérés de Coblentz.

Comme Suleau s'étonnait beaucoup de la présence de madame de Balbi au milieu d'une armée, quelqu'un ne manqua pas de répliquer par l'exemple de Henri IV. « Henri IV ! Henri IV ! répétait vivement Suleau, je ne sais si le Béarnais transportait les délices d'Anet dans les plaines d'Ivry ; mais il avait coutume de dire qu'en campagne il se pardonnerait dix gourgandines plutôt qu'une comtesse intrigante. » Le mot fut redit et valut à Suleau une disgrâce complète. Bravant les dangers qui l'attendaient à Paris, il y revint en poste, « persuadé de son inaptitude à réussir auprès des princes, et convaincu qu'avec une telle âpreté de caractère c'était forcer sa vocation que de transporter ses tréteaux dans le foyer des tracasseries et du commérage. » Il s'en faut cependant qu'il regrette son pèlerinage à Coblentz. « Il y a des choses qu'il ne faut pas se contenter de voir en perspective, si l'on veut s'en faire une idée juste ; mais, ajoute-t-il, c'est trop parler de moi. Quand on a l'honneur d'être disgrâcié à la cour de madame Balbi, il y aurait de l'immodestie à divulguer les détails de sa bonne fortune.»

Dès lors, profondément affligé de tout ce qu'il a vu, Suleau désespère de la contre-révolution ; il étudie la situation et voit clairement que la Révolution est indestructible, parce qu'elle a créé des intérêts nouveaux au profit des classes très-nombreuses qui n'en avaient aucun dans l'ancien ordre de choses. Après cet examen de conscience fait avec la plus rare clairvoyance et la plus haute impartialité, Suleau n'hésite plus : il abjure ses théories agressives et cherche le salut de la

France dans l'établissement d'une monarchie représentative. Le contre-révolutionnaire, l'aristocrate Suleau veut fonder un ordre durable sur l'accord pacifique et le juste équilibre de tous les intérêts.

Il lui fallut un grand courage et une résolution magnanime pour planter si fièrement sa nouvelle bannière au milieu d'un feu croisé d'injures et de malédictions. Beaucoup de ses anciens amis s'éloignèrent de lui comme d'un traître ; il se défendit de leurs attaques en homme que sa conscience met à l'abri d'injustices passagères. La transformation est complète : sa parole devient aussi mesurée qu'elle était ardente, elle semble l'expression d'une pensée mûrie par l'expérience et revenue de toutes les illusions. Il paraît comprendre ses nouveaux devoirs, et combien sa renommée, pleine de bruit et d'aventures, va souffrir aux yeux du vulgaire.

Je n'ignore pas, dit-il, que le langage froid et empesé de la modération ne prête point aux mouvements oratoires. Je ne me dissimule point qu'en substituant aux élans de ma frénésie contre-révolutionnaire le ton calme et didactique de la sagesse et de la raison, non-seulement je sacrifie toute ma coquetterie littéraire, mais j'indispose mes plus chauds partisans, j'ameute contre moi tous les bruyants admirateurs de mes folies ; mais si je puis répandre à petit bruit le germe de quelques vérités utiles et féconder imperceptiblement ces semences salutaires, je ne regretterai point de vains applaudissements qu'on paye toujours de la considération des gens sensés, et qu'on achète quelquefois de sa propre estime ; en un mot, je ne prends plus pour de la célébrité les scandales de ma donquichoterie, et je veux être enfin un homme. Après tout, cette métamorphose est peut-être un idée assez piquante pour que mon amour-propre y trouve encore son compte.

VIII

Mais quoique Suleau essaye encore le ton de la gaîté, ses idées se sont singulièrement assombries. Il n'y a pas à douter de la sincérité momentanée de sa conversion, seulement, elle pourrait bien n'être que l'effet du désespoir, et quand il invoque la constitution, on croirait voir un naufragé s'attachant à la dernière épave que l'Océan n'ait pas encore engloutie. Toujours impétueux et toujours batailleur, ce Curtius fantasque se précipite dans tous les gouffres. Il lui plut un jour, c'était en 1792, de convertir Danton et Robespierre à la constitution anglaise, et pour se ménager une entrevue avec les deux tribuns, il pria son ancien condisciple, Camille Desmoulins, de les réunir à sa table.

Je t'envoie, mon brave Camille, lui écrivait-il, un petit canevas de vues utiles, assaisonnées de réflexions sages et de conseils modérés; tout cela est pourtant de mon crû, et c'est à toi que je le dédie; voilà, certes, deux grandes singularités! Quoiqu'il en soit, j'ai souvent regretté que, placés aux deux extrémités de l'axe politique, nous fussions séparés de tout le diamètre de l'horizon. Nous nous sommes perchés à l'opposite, sur les deux pôles de la Révolution, et de là, nous nous sommes vigoureusement gourmés. Maintenant je vais habiter le centre de la sphère, et je t'y donne rendez-vous.... Si l'axiome *in medio stat virtus* est aussi vrai en politique qu'en morale, hâte-toi de déménager à mon exemple : viens à ma rencontre et nous n'aurons plus qu'à nous féliciter mutuellement.

J'ai bien eu quelques petits combats à soutenir contre moi-même avant d'abjurer mes folies. En tout, c'est l'exagération qui fait du bruit et qui séduit la multitude; à cet égard, ce n'est donc pas sans effort que ma raison a surmonté les répugnances de mon amour-propre. Ensuite, on n'est que trop enclin à juger sévèrement celui qui ne craint pas de se démentir ; le public interprète toujours peu favorablement ses motifs : la voix impérieuse de ma conscience a fait taire tous les scrupules du respect humain, mais il m'a fallu batailler longtemps avec ma véracité. Il est certain pourtant qu'il y a quelque courage, et peut-être un mérite réel à rétracter hautement ses erreurs quand on prend ce cruel parti aux dépens de sa vanité, par respect pour sa conviction particulière et de stériles considérations d'utilité générale ; car le public a l'injustice de ne tenir aucun compte de ces sortes de sacrifices. Le malheureux qui se dévoue par un sentiment de moralité est donc réduit à se consoler de cette ingratitude avec sa conscience, ce qui est une assez triste ressource.

Au reste, je n'ai point à me reprocher d'avoir jamais extravagué sciemment, et bien moins encore d'avoir prostitué ma plume à ma cupidité. J'ai toujours obéi servilement à l'impulsion de ma conscience, et non seulement je ne me suis jamais vendu à mon intérêt personnel, mais, ce qu'il y a de plaisant ou de ridicule, c'est que depuis trois ans, je suis en possession de payer de ma bourse la permission de compromettre mes oreilles pour faire triompher un parti dans le succès duquel il n'y aurait évidemment pour moi que des coups à gagner. Quand je hurlais sur tous les toits de l'aristocratie, quand je faisais rage contre les entreprises les plus modérées de la Révolution, quand je me faisais le don Quichote de toutes ses victimes, quand je m'escrimais intrépidement envers et contre tous pour faire surnager ces pauvres émigrés, quand je harcelais avec tant d'importunité toutes les puissances du ciel et que j'évoquais à grands cris tous les dieux infernaux pour qu'ils eussent à protéger la sainte contre-révolution de Coblentz, je la croyais sincèrement désirable et même nécessaire. Je suis convaincu que tu délirais aussi de bien bonne foi quand tu prêchais dans tous les carrefours la Saint-Barthélemy de tout ce qui était suspect de ne pas avoir autant d'admiration que le tendre Garat pour les *beautés de la Révolution*, et qu'en ta qualité de PROCUREUR GÉNÉRAL DE LA LANTERNE, tu lançais à tort et à travers des conclusions à mort contre quiconque était atteint du crime capital de posséder une paire de culottes. Aujourd'hui, je remarque que tu n'as plus de confiance dans tes idées républicaines ; je soupçonne même que tu es à peu près dégoûté de ton gouvernement fédératif, et je te vois presque réconcilié avec la famille Capet.

De mon côté, je ne suis plus engoué du panache blanc : je compatis de toute mon âme au sort de ces malheureux émigrés ; en général, je les aime, je les estime et je respecte leurs infortunes ; j'opine qu'il faut faire beaucoup pour eux, mais rien absolument par eux.

Il résulte de tout cela que nous avons fait une terrible enjambée l'un vers l'autre, et je te prédis que bientôt nous ne ferons qu'un attelage. J'ai rengaîné mon sabre, brise ta pique ; essayons de devenir tous deux honnêtes gens.

Au fait, nous avons jetté notre gourme, et il ne tient plus qu'à nous d'être maintenant des animaux utiles.

La liberté ne se trouve pas plus aux Jacobins qu'à Coblentz ; jusqu'à ce jour, qu'avons-nous fait autre chose que de servir, à notre insu, les passions de ses ennemis ? Je ne sais trop lequel de nous l'a le plus rudoyée et effarouchée ; mais je suis très-persuadé qu'avec des manières plus caressantes, il serait encore possible de la fixer. Unissons-nous pour prêcher sa véritable doctrine : je t'assure que nous trouverons honneur et profit dans cet apostolat, au lieu que jusqu'à présent nous n'avons été que les Séides des Mahomets de chaque parti ; à l'exemple de ces prêtres du paganisme qui donnèrent à leurs idoles l'empreinte de toutes leurs passions, nous avons étrangement défiguré la liberté : pendant que tu cherchais ses avantages dans les emportements de la licence, moi je plaçais ses faveurs dans le repos de la servitude.

Si tu veux m'en croire, mon cher Camille, nous allons restituer à cette divinité son image et son culte : c'est à des néophytes de notre espèce que sont réservées ses plus précieuses influences.

Nos vertiges n'ont été que trop contagieux ; nous avons fait tourbillonner toutes les têtes avec la folie de nos paradoxes : hâtons-nous de remanier l'opinion publique ; nous l'avons égarée à qui mieux mieux, en la travaillant en sens inverse ; il s'agit de la travailler de concert dans le sens de la raison et de l'équité.

Adieu, mon antipode ; j'irai souper samedi prochain à ta campagne ; je te somme d'y réunir Robespierre et Danton. Je prends l'engagement de leur faire confesser qu'à force de convoitise ils ont raté la liberté ; tu verras comme je prouve que, hors d'une bonne chambre des communes, il n'y a point de salut pour les tribuns !

J'avais préparé le plan de la *ligue du salut public ;* mais un citoyen très-actif profita, l'autre jour, à l'Opéra, de la *liberté de la presse* pour me brissoter mon portefeuille.

Je vous porterai le canevas d'une vigoureuse pétition à l'Assemblée. On accuse mon style de n'être pas assez chaste ; c'est pourquoi j'ai eu la précaution de rompre toutes mes expressions, de peur d'effaroucher la pudeur de nos prélats constitutionnels.

Je couve aussi le projet d'une adresse à tous les départements. J'approuve fort qu'on se partage le soin de les catéchiser, mais pour les rallier tous (sous la bannière du roi) à un système de démocratie supportable. Il est à nous, le roi : soyez sûrs qu'il entend parfaitement son affaire, et qu'il n'a pas la moindre fantaisie de contre-révolution. Je vous le garantis sur ma tête. C'est une absurdité de croire qu'il ait dans le cœur des desseins violents ; *il est meilleur patriote que vous autres ;* fiez-vous en à son intérêt qu'il sait très-bien être intimement lié à l'intérêt général. Tant qu'il sera à votre tête, les menaces d'outre-Rhin ne seront que des feux de paille ; mais si vous le poussez à bout, si vous ne cessez de l'effrayer, en vous hérissant de piques, il vous échappera un beau matin, il émigrera, et il aura toute raison.

Quelle est donc aussi cette frénésie de relancer sans cesse ses ministres comme des bêtes fauves? Insensés! quel est celui d'entre eux qui peut douter qu'il ne trouvât son tombeau dans le berceau de la contre-révolution? Misérables ! si le roi la désirait, cette contre-révolution, elle est à ses ordres ; il n'a qu'à confier à des jacobins les rênes de l'administration. Apprenez, fous enragés, que s'il est des ministres coupables dans le sens de la révolution, ce sont ceux qui ont la faiblesse de déférer à votre stupide aveuglement. Si je te contais ce qu'a valu à M. de Lessart la dernière ruade du Fauchet, je te ferais frissonner. Cet hypocrite énergumène, qui dénoncerait le Père éternel pour peu qu'on voulût l'entendre, si j'entreprends jamais de le démasquer, je veux que son patriotisme passe en proverbe comme la probité de ton Brissot.

Laissez en paix les ministres, et surtout gardez-vous de violer le sanctuaire de la diplomatie. Tout est perdu, l'abomination est dans le lieu saint, quand des profanes portent la main au tabernacle. Si vous voulez à toute force être initiés dans les secrets d'Etat, et vous former à l'étude de la politique, courez à une représentation de Brissot, lorsque du fond de son grenier il passe en revue toutes les puissances, les mande à sa barre, déjoue leurs complots et anéantit leurs ressources. Quand il aura débité ses oracles sur les desseins de tous les cabinets, il vous tracera par-dessus le marché des plans neufs d'opérations militaires.

Mon cher Camille, *ne sutor ultra crepidam*. Pendant que Brissot, après avoir immolé d'un trait de plume la forteresse du Luxembourg, envahit d'un coup de main l'Electorat de Trèves, et de là s'avance fièrement à la tête de ses trois colonnes pour conquérir l'Allemagne à la liberté, occupons-nous modestement d'en donner la définition à nos compatriotes, et de leur en faire naître le goût. Si cette expédition n'est pas aussi brillante, je t'assure qu'elle est beaucoup plus utile; et ne serait-il pas fort drôle qu'on finît par dire de nous que nous avons retrouvé le bon sens que tant d'autres ont perdu!

SULEAU.

Il y a un post-scriptum :

P. S. Mille choses gracieuses à la femme; elle est vraiment jolie et très-intéressante; ne serait-ce pas dommage que l'un de ces quatre matins elle devînt la veuve d'un pendu et la proie d'un pandour (1)?

Par son contenu, comme par son désagréable post-scriptum, cette lettre produit une impression douloureuse; il y a quelque chose d'égaré dans cette affectation de franchise triviale ; cette gaîté grimace, elle est

---

(1) Cette triste plaisanterie, tout à fait dans le goût du temps, poursuivit quelque temps Lucile Desmoulins. Il arriva qu'elle fut suivie à la promenade par des jeunes gens qui disaient : « Quel dommage qu'une si jolie femme soit la femme d'un pendu ! » (*Camille Desmoulins*, par Ed. Fleury, t. II.)

feinte. Déjà les abonnés du journal de Suleau se plaignent de son humeur farouche.

Pour moi, dit-il en réponse à ces plaintes, j'avoue que je ne saurais pas mettre en vaudevilles le désastre de Lisbonne, ni chanter sur un flageolet la culbute de la Calabre. Il n'était pas très-difficile d'écrire en vers burlesques la guerre de la Fronde ; mais il me semble que ceci devient un peu plus sérieux. Au reste, pour contenter tous les goûts, je réserverai dans chaque cahier un petit coin à la jacobinaille.

La réponse de Camille Desmoulins vint accroître son insurmontable tristesse.

Suleau avait écrit une seconde lettre à Camille. La voici :

28 février 1792.

Je donne ordre à mon imprimeur de te porter, mon cher maître, la première épreuve des réflexions que je t'adresse dans mon numéro XI, ainsi que la lettre qui les accompagne. Il convient que tu répondes à cette lettre avec un mélange de sagesse et de coquetterie, et que tu me donnes la permission d'imprimer tes observations.

J'entrevois des avantages immenses dans la publication de cette correspondance, et pas l'ombre d'un inconvénient.

Nous tenons la liberté, et il faut maintenant plus d'adresse que de force pour la conserver. Tout est perdu si on a le malheur de s'opiniâtrer à des résolutions extrêmes. Je ne demande pas deux heures pour en convaincre Robespierre et Danton, dont je considère les talents et respecte la bonne foi qu'ils ont manifestée dans toutes les circonstances.

Un borgne peut conduire un aveugle : laisse-toi donc diriger par un étourdi qui connaît mieux que toi et la véritable situation des affaires publiques, et même les intérêts de ta position particulière. Tu me remercieras quelque jour d'avoir eu la hardiesse de prendre les rênes ; mais c'est dans la chambre des communes que je veux recevoir tes congratulations. Lis-moi sans prévention, et ne perds pas de vue que, dans cette indigeste rapsodie, il n'y a pas une seule ligne qui n'ait été dictée par le sentiment d'une conviction parfaite : je te commenterai tout cela de vive voix, et tu seras content.

Notre tour est venu de paraître sur la scène, et je t'assure que notre rôle sera brillant si nous avons le bon esprit de ne chercher qu'à le rendre utile.

Je me suis recueilli longtemps avant de prendre mon parti ; l'événement prouvera que je me suis déterminé en connaissance de cause. Au reste, je serais bien moins pressant s'il ne s'agissait que de mes oreilles ; mais il y va du salut public, et je connais ton patriotisme. Penses-y bien. *Vale atque ama tuissimum* S.

Voici la réponse de Camille, aussi gourmée que la lettre de Suleau était abandonnée et familière :

Mon ingénieux antipode n'attendra pas longtemps ma réponse.

J'aurais cru que Suleau se respecterait davantage ; le temps n'est plus où les écrivains se ravalaient eux-mêmes pour amuser le public, en lui donnant le spectacle inverse de ceux de l'amphithéâtre, où c'étaient du moins *les bêtes* qui combattaient pour amuser *les hommes;* et quand je ne respecterais pas en moi l'homme de lettres et le philosophe, je ne dois pas laisser avilir le magistrat du peuple, le membre du conseil général de la commune de Paris.

CAMILLE DESMOULINS.

Recevoir de Camille Desmoulins une leçon de dignité ! Le coup fut rude, bien que Camille eût pris à tâche de l'amortir par la familiarité calculée d'un billet joint à sa lettre ostensible. Desmoulins se défend d'une rupture. On dîne si bien avec Suleau, et Camille eut toujours un faible pour les gens dont l'estomac est aussi délicat que l'esprit (1).

(1) La lettre de Camille, qui n'est imprimée que dans le *Journal de M. Suleau,* est pour ainsi dire inédite. Nous la reproduisons en entier.

P. S. Adieu, mon cher Suleau ; je puis appeler ainsi, dans une lettre familière, l'homme qui a été mon camarade de collège et qui m'a prévenu, par des témoignages d'amitié non équivoques ; mais il y a si peu de personnes faites pour croire qu'on peut aimer et estimer un des chefs les plus ardents du parti opposé, et malgré l'amitié de collège, soutenir son opinion contre lui dans une bataille rangée, le pistolet à la main, comme on l'avait soutenu de la plume dans la société ; les patriotes sont si soupçonneux, et j'ai tant d'ennemis dans tous les partis, parce que j'ai dit la vérité à tant de gens, qu'il me semble que votre amitié pour moi devait vous défendre de la proclamer au balcon de l'Opéra, dans toutes les sociétés, dans tous les journaux, et d'armer ainsi contre moi la calomnie, la haine et la défiance. J'aime beaucoup à m'entretenir avec vous, mais... quand je pourrais excuser cette affectation en faveur de ce qu'elle a d'obligeant et de flatteur pour moi, suis-je le maître de la réputation de mes amis ? Cependant ils ont beau me presser de rompre tout pacte avec l'aristocratie, j'ai un faible pour les gens d'esprit, eussent-ils émigré ; je les recherche comme ce saint, fondateur de je ne sais quel ordre, qui couchait entre deux charmantes religieuses pour exercer sa vertu et offrir à Dieu ses sacrifices. Quand je dîne avec Suleau, je me lève de table, comme ce saint du lit, en disant : *Dieu soit loué ! je l'ai fait sans péché !* Mais en me regardant comme invulnérable, après la preuve d'incorruptibilité que j'ai rapportée dans mon dernier écrit à Brissot, je ne puis improuver mon ami Robetspierre (*sic*) quand il me déclare qu'il se sauverait de chez moi en voyant entrer un notable de Coblentz. Je crois presque que le patriotisme est comme cette divinité (que les Romains appelaient *fides* et que nous avons appelée l'*honneur*), qu'ils peignaient enveloppée d'un voile si blanc, que l'haleine, pour peu qu'elle ne fût pas très-pure, le souillait. *Alboque fides velata penno.*

Excusez mon griffonnage : je vous écris en hâte sur le bureau de votre imprimeur.

Camille et Robespierre suivaient en cette circonstance le système qu'ils avaient adopté pour leur stratégie politique : profiter de toutes les concessions que la peur ou la faiblesse arrachent à l'ennemi, ne lui en faire aucune. De cette politique implacable naîtra la journée du 20 juin, puis celle du 10 août, si fatale à Suleau. C'est ce qu'il commence à comprendre, mais trop tard. Il a donné dans son propre piége. « Au fait, se dit-il, Camille mourra jacobin, et il est intimement persuadé que le roi n'a rien de mieux à faire que de prendre le bonnet rouge. Cette singularité n'est pas insoutenable. Le roi n'a pas été chaudement protégé par le clergé ; le roi n'a pas été vigoureusement épaulé par la noblesse ; si le roi n'est pas du moins secouru par les propriétaires, Camille aura parfaitement raison, et moi je n'aurai été constamment qu'un nigaud. »

Cette idée le possède, s'insinue jusqu'à son cœur et le torture ; il considère ce qui se passe et ce qui se prépare : la France est couverte de ruines ; Jourdan coupe-tête règne à Avignon sur des monceaux de cadavres ; les jacobins sont au ministère ; on dresse l'échafaud des meilleurs serviteurs du roi ; les comités insurrectionnels préparent dans l'ombre la chute de la monarchie ; les honnêtes gens se taisent épouvantés et cherchent leur salut dans la fuite. « Ah ! s'écrie Suleau, l'événement prouve que je ne suis qu'un sot d'avoir calculé qu'on pourrait inoculer du jugement aux jacobins et du courage aux honnêtes gens. » Puis tout à coup, saisi de je ne sais quel délire, il renverse du pied sa nouvelle idole ; il a perdu l'espérance d'introduire actuellement en France un gouvernement libre. Dès lors, ce sont ses expressions, il ne taillera plus sa plume qu'avec son sabre, et ne la trempera plus que dans le sang. Sans doute, il est affreux d'être réduit à opter entre la servitude étrangère ou l'esclavage domestique, « mais ces fers-là ne sont encore que des chaînes de fleurs si on les compare aux horreurs de l'ochlocratie de vingt-deux millions de tigres démuselés qui déchirent pour le seul plaisir de déchirer, et n'ont pas même l'instinct d'être personnels dans leur férocité. Il est encore un moyen de sauver la France ; ce moyen, je le connais parfaitement, je l'ai fortement médité. Le remède n'est pas doux, mais il est infaillible. La nécessité justifie tout ; il ne s'agit donc que de savoir s'il est strictement indispensable. Quand je serai bien convaincu qu'il n'y en a plus d'autre, j'aurai le courage, je ne dis pas de l'enseigner théoriquement, mais de le prêcher d'exemple à tous les preux, s'il en est encore. Mais qu'ai-je dit ! quel blasphème !

J'en connais jusqu'à trois que je pourrais nommer. »

Quand Suleau fit, au milieu de la tempête, cette évolution extraordinaire, la souscription de son journal était épuisée. (Le mode d'abonnement alors usité n'a pas d'analogue dans la presse d'aujourd'hui : on souscrivait pour un certain nombre de feuilles que l'auteur faisait paraître à son gré, sans condition de durée ni de périodicité régulière.) Il fait appel à ses amis politiques pour la publication d'une seconde série. Nous ne pouvons éviter de transcrire l'Avis qu'il adresse au public :

Le début du nouveau journal se fera le jeudi 12 avril. Cet intervalle est suffisant pour recueillir les adresses de ceux qui désireront recevoir cet ouvrage épouvantable, que le malheur de nos circonstances va teindre de sang et joncher de cadavres. Ce sera, d'un bout à l'autre, le cri de ralliement contre les vautours qui, après avoir rongé les entrailles de leur patrie, ont puisé dans cette horrible pâture de nouvelles forces pour s'en disputer les lambeaux.

La maison brûle et Coblentz délibère! Coblentz! tu marcheras, ou je te vouerai au mépris et à l'indignation de tout ce qui porte encore un cœur français.

Est-ce l'oraison funèbre de la France que j'entreprends? Est-ce le manifeste de son salut? Dans l'une et l'autre hypothèse, je ne peux plus faire entendre qu'une voix terrible, ou des accents lugubres, ou des éclats foudroyants.

Que ceux qui ne se sentent pas la fermeté d'envisager face à face le danger de la tempête, et qui aiment mieux chercher dans le sommeil un abri contre les retentissements du tonnerre, que ceux-là se gardent bien de me lire, je troublerais leur sécurité sans aucun avantage pour le salut commun. Quand le vaisseau s'entrouvre et menace de céder à la fureur des flots, le malheureux qui s'étonne et pâlit à la présence de la mort n'a plus de force pour la repousser; qu'il aille se coucher, car il ne ferait qu'embarrasser la manœuvre....

..... Mes feuilles ne seront expédiées qu'aux souscripteurs qui se seront fait enregistrer chez mon imprimeur, et encore faut-il qu'ils s'empressent d'envoyer leur soumission, car la souscription sera fermée au 1er mai. J'aimerais mieux me borner à deux mille souscripteurs (1) que de me rendre l'esclave des traîneurs, et d'essuyer la peine rebutante de bouleverser continuellement mes dimensions mécaniques pour satisfaire les lubies de tous ces tracassiers irrésolus.

IX

Nous avons essayé de faire partager au lecteur l'intérêt que nous inspire ce personnage extraordinaire; il nous reste à expliquer notre sympathie manifeste pour un homme doué d'un talent qui ne l'élève pas au rang des grands publicistes, et d'un caractère qui man-

---

(1) La première série du journal de Suleau avait réuni quatre mille abonnés.

qua de cette constance, de cette unité de vues, de cette simplicité morale qui marquent les grands citoyens. Suleau ne fut ni un grand homme ni un homme de génie ; mais ce fut « un homme » au milieu d'une époque fertile en abstractions vivantes. Il est mobile, impressionnable, prompt à passer de l'exaltation à l'abattement et de l'atonie à la fièvre ; il ne s'accomplit pas un événement dans la rue qui ne laisse sa trace dans son esprit ; toutes les fluctuations de l'opinion publique, il les a senties et traduites en son langage plus passionné que correct, plus spirituel que mesuré. Par cela même, son œuvre est instructive. D'abord libéral, comme la majorité de la nation, et dévoué à la cause du progrès, il s'alarme des coups portés à l'autorité royale ; les premiers actes de violence l'effrayent et l'indignent ; comme la majorité de la nation, il se laisse entraîner au courant réacteur que déterminent les attentats des factieux ; les excès se multipliant, il est prêt à sacrifier temporairement toute liberté au rétablissement de l'ordre, comme à la plus impérieuse des nécessités sociales ; le pouvoir exécutif ne peut pas suffire à sa tâche : Suleau fait alors un appel à la force ; puis, comme épouvanté du combat que se livrent dans son for intérieur la Patrie et la Royauté, il brise tout à coup sa plus chère croyance, et revient tout à la Patrie pour la défendre contre l'invasion étrangère. C'est alors qu'il écrit cette phrase étrange et profonde : « Entre un Bourbon et un Robespierre, je n'hésiterai pas à ramasser dans la fange le sauveur de mon pays. » N'est-ce pas le mouvement de 1792 expliqué en deux lignes ? Comme la majorité de la nation, il désire la guerre, parcequ'elle doit terminer les dissentiments intérieurs et unir tous les partis en un patriotique faisceau. Son espoir est trompé ; les partis implacables ne cachent plus leurs desseins odieux contre la monarchie. Alors il n'y a plus en France que deux camps : les honnêtes gens d'un côté, de l'autre les jacobins. Mais les honnêtes gens sont timides, irrésolus et ne connaissent pas leur force ; les jacobins l'emportent ; la France succombe et Suleau avec elle.

Tout ce que la nation a voulu, Suleau l'a voulu comme elle ; toutes ses fautes, Suleau les a partagées. Toute cette vive jeunesse qui voulait vivre libre sous l'empire des lois, mais non pas courber le front sous l'ignoble joug des démagogues, Suleau la représente au naturel, pleine d'ardeur et de sève, de courage et de générosité, parfois inconséquente, et expiant chèrement ses légèretés, dans un temps où l'erreur trouvait moins de grâce que le crime. Si le mot n'était compromis par l'abus qu'on en a fait, je dirais avec vérité que Suleau est un type ; et comme l'histoire d'un homme peut éclairer celle de l'humanité, on apercevra dans la vie de Suleau des traits assez caractéristiques pour compléter en quelque manière la physionomie si souvent esquissée de la Révolution française.

Maintenant, terminons.

X

Le nouveau journal que Suleau avait annoncé sous des auspices si terribles fut étouffé en naissant. Il n'en parut qu'un numéro, qu'on peut dater, selon toute vraisemblance, du 15 avril 1792. Dans ce dernier écrit échappé de sa plume Suleau se montre accablé par des appréhensions funèbres. Il voit venir la mort; il la décrit : c'est plus qu'un pressentiment; c'est une vision prophétique :

Je ne porte la vue qu'en frémissant sur une carrière qui bientôt sera inondée de fleuves de sang et d'un déluge de calamités. Peut-être mes premiers pas sur cette arène de carnage et de malheurs seront-ils marqués par ma catastrophe? Une sinistre inquiétude et je ne sais quelles noires anxiétés m'avertissent d'une destinée cruelle... Sous tel horrible aspect que se présente le sort qui m'est réservé, j'emporterai du moins la gloire de l'avoir subi sans pâlir. Inaccessible par une fermeté innée, par la trempe de mon instinct, à toute considération de dangers personnels, c'est pour la destinée publique que je tremble, et jamais aucun retour sur moi-même, aucun symptôme de faiblesse, ne viendra dégrader ces pieuses terreurs d'humanité universelle.
Quels que soient les périls attachés à ma franchise, je dirai donc la vérité, et toute la vérité; je la prêcherai avec audace, car ce n'est qu'en présentant sa poitrine aux coups des furieux qui s'entr'égorgent qu'on réussit à étonner leur rage et à ralentir les transports de leur frénésie.

Le malheureux connaissait toute sa destinée ; cependant, par un de ces contrastes qui ne peuvent nous surprendre chez un homme de son caractère, ce fut au milieu de ces cruelles angoisses qu'il épousa une jeune et charmante fille, mademoiselle Adèle Hall, fille du célèbre peintre de ce nom et dont le talent gracieux n'était pas indigne de celui de son père. On suppose que les douces préoccupations d'un pareil événement ne permirent pas au journaliste de faire paraître le second numéro de sa feuille; ensuite, la honteuse journée du 20 juin, en lui démontrant que la monarchie ne pouvait plus être sauvée, brisa sa plume entre ses doigts. Jusqu'au 10 août, Suleau nous échappe. Cependant nous avons lieu de croire qu'il soumit au roi Louis XVI, quelques jours avant la révolution qui renversa le trône, un plan d'évasion qui fut écarté.

La catastrophe était prévue ; Barbaroux, Santerre, Camille Desmoulins, Chabot, Momoro, Pétion, Robespierre, Marat, Danton, Westerman, Lajouski, Carra avaient organisé l'insurrection, qui fut terrible. Ce n'est pas que le roi fût tout à fait abandonné ; il comptait avec raison sur une partie de la garde nationale. Un grand nombre de gentilshommes et de jeunes gens royalistes étaient spontanément venus grossir le nombre de ses défenseurs. Ces volontaires s'étaient donné rendez-vous aux Champs-Elysées. Le 10 août, à deux heures du matin, onze d'entre eux furent arrêtés par les premières bandes insurgées et menés au corps de garde du passage des Feuillants, à peu près à l'endroit où la rue du Mont-Thabor traverse aujourd'hui la rue de Castiglione. Le corps de garde était séparé par une petite cour de l'église des Feuillants, qui servait aux assemblées de la section de ce nom. Les arrestations continuant, bientôt le corps de garde fut encombré ; la garde nationale avait été chargée de veiller sur les prisonniers jusqu'à ce que la section eût procédé à leur interrogatoire.

Vers huit heures et demie du matin, Suleau, que la perspective du danger n'avait pu retenir dans les bras de sa jeune femme, se rendit au château en uniforme de garde national. Il avait reçu du département de Paris la mission de vérifier l'état des choses et d'en faire son rapport au procureur général syndic. Sa haute taille, sa beauté, l'éclat de son uniforme et de ses armes attirèrent l'attention de la foule ; il fut reconnu, arrêté et mené au corps de garde. Il exhiba l'ordre dont il était porteur ; on essaya d'en nier l'authenticité. Les municipaux, qui se trouvaient aux Tuileries, confirmèrent leur signature ; mais on le retint encore, sous le prétexte qu'on ne pouvait mettre en liberté aucun individu avant que le président du district ne l'eût interrogé.

Cependant la populace s'amassait dans la cour. Un officier municipal, craignant quelque scène terrible, monta sur un tréteau pour la haranguer ; on le hua ; il fut obligé de descendre. Théroigne de Méricourt le remplaça à cette tribune bien digne d'une pareille assemblée. L'héroïne des journées d'octobre portait le costume des « amazones françaises ; » elle était armée d'un sabre qu'elle brandissait en parlant. Elle exhorta le peuple au massacre des prisonniers ; mais la garde nationale était là qui les protégeait. Théroigne choisit dans la foule quelques scélérats, à la tête desquels elle se rendit en députation à la section pour demander qu'on lui livrât ses victimes. Le président de la section n'était plus ce magistrat débonnaire qui donnait de si paternelles leçons aux petits colporteurs ; c'était un nommé Bonjour, qui avait occupé un emploi assez relevé dans les bureaux de la marine, et qui s'en était fait chasser honteusement (1). Ce misérable défendit à la garde nationale « de résister aux volontés du peuple, » et lui ordonna même de déposer les armes (2). Le bataillon tout entier fut assez lâche pour exécuter cet ordre.

---

(1) *Mémoires de Bertrand de Molleville*, t. i.
(2) *Histoire de la Révolution du 10 août*, par Peltier, t. i.

Pendant ce temps, une scène dramatique se passait dans le corps de garde où se trouvaient renfermés Suleau, un pauvre auteur dramatique nommé l'abbé Bouyou, deux anciens gardes du corps, M. de Solminiac et M. du Vigier. Suleau n'eut pas un instant d'incertitude sur le sort qui l'attendait; mais il avait fait le sacrifice de sa vie. Tout à coup, sa physionomie jusqu'alors calme et même riante, prit un caractère plus grave; on put voir qu'il venait de prendre une soudaine résolution. « Mes camarades, dit-il alors à la garde nationale, je vois bien qu'aujourd'hui le peuple veut du sang; mais peut-être une victime leur suffira-t-elle; laissez-moi aller au-devant d'eux; je payerai pour tout le monde. » Disant ces mots, il allait escalader la fenêtre. La garde nationale le retint. Au même instant le peuple entra.

L'abbé Bouyou fut saisi le premier, entraîné dans la cour et massacré. Un nommé d'Aubigny, membre de la municipalité insurrectionnelle, tout en accablant Suleau d'injures, le fit dépouiller par ses compagnons de son uniforme et de ses armes. Suleau se débattait et protestait. Théroigne parcourait la foule, et dans son ivresse sanguinaire, elle demandait qu'on lui livrât « l'abbé Suleau. » Elle ne connaissait même pas sa victime! Une femme la lui indique; le peuple l'investit. Théroigne prend Suleau par le collet et aide à l'entraîner. Il se débat comme un furieux, pendant que la sanglante prostituée lui reproche, avec une amertume qui déborde, les sarcasmes dont il l'a frappée. « Ah! je suis vieille? ah! je suis laide? ah! je suis la maîtresse de Populus? (1) » Elle veut le percer de son

---

(1) Voir les *Actes des Apôtres*. M. Michelet a commis là-dessus une assez

sabre ; Suleau, redoutable encore, le lui arrache, frappe tout ce qui se rencontre ; il se fait un passage ; Théroigne se jette encore une fois sur lui ; il va la percer... Deux cents bras le saisissent, il est mis hors d'état de se défendre, foulé aux pieds et haché à coups de sabres et de piques. Le cadavre fut jeté sur la place Vendôme avec celui de l'abbé Bouyou, de Solminiac, de du Vigier et de cinq autres victimes. Le lendemain, Peltier sortant de sa maison de la rue Neuve-des-Petits-Champs, rencontra une troupe de cannibales qui portaient deux têtes au bout de leurs piques. La première tête qu'il aperçut fut celle de son ami, de son ami mort pour lui peut-être, car Suleau n'avait pas écrit les diatribes dont Théroigne de Méricourt s'était si cruellement vengée (1). Le soir même, un serviteur de Suleau racheta

plaisante méprise : « Le député Populus ne la connaissait même pas ! » s'écrie-t-il dans son enthousiasme pour cette Jeanne d'Arc du ruisseau. (*Les Femmes de la Révolution*, p. 113.) Mais si l'on mariait Théroigne à Populus, c'était pour exprimer la collectivité de ses amours.

(1) On sait que cette misérable Théroigne, publiquement fustigée après la journée du 31 mai 1793, devint folle furieuse et fut enfermée à la Salpêtrière, où elle mourut après un supplice de trente ans. Dans son délire, elle faisait des motions à un peuple imaginaire et demandait le sang de Suleau. Le lecteur ne sera pas fâché de savoir ce que M. Michelet pense de ce meurtre abominable. Nous copions le morceau :

« Un des hommes qu'elle haïssait le plus était le journaliste Suleau, l'un des plus furieux agents de la contre-révolution. Elle lui en voulait non-seulement pour les plaisanteries dont il l'avait criblée, mais pour avoir publié à Bruxelles, chez les Autrichiens, un des journaux qui écrasèrent la révolution à Liége : *Le Tocsin des Rois* (1). Suleau était dangereux, non par sa plume seulement, mais par son courage, par ses relations infiniment étendues dans sa province et ailleurs. Montlosier conte que Suleau, dans un danger, lui disait : « J'enverrai, au besoin, toute ma Picardie à votre secours. » Suleau, prodigieusement actif, se multipliait ; on le rencontrait souvent déguisé. Lafayette, dès 1790, dit qu'on le trouva ainsi, sortant le soir de chez l'archevêque de Bordeaux (2). Déguisé, cette fois encore, armé, le matin même du 10 août, au moment de la plus violente fureur populaire, quand la foule, ivre d'avance du

(1) En voilà la première nouvelle. Il est probable que c'est du journal publié à Neuwied qu'il s'agit. Mais M. Michelet ne l'a pas lu.
(2) Lafayette le dit en effet. (*Mémoires*, t. II, p. 397.)

à prix d'or cette tête des mains de l'un des assassins, qui en avait fait un trophée.

Madame Suleau était enceinte lorsque son mari périt ainsi assassiné. Elle mit au jour, en 1793, un fils en qui furent récompensés le courage et les talents de son malheureux époux. Par ordonnance du 20 mai 1816, le roi Louis XVIII conféra à M. Elysée Suleau, alors âgé de vingt-trois ans, sous-préfet de Gannat, chevalier de la Légion d'honneur et de Saint-Louis, le titre de vicomte, « en considération de ses services personnels et de la mémoire de son père, mort glorieusement le 10 août 1792, en combattant pour la défense des Tuileries. » Le 10 février de l'année suivante, Louis XVIII signa le contrat de mariage de M. de Suleau avec mademoiselle de Morans. M. le vicomte de Suleau, administrateur éminent dont Marseille a gardé le souvenir, est aujourd'hui sénateur (1).

combat qu'elle allait livrer, ne cherchait qu'un ennemi, Suleau pris dès lors était mort. On l'arrêta dans une fausse patrouille de royalistes, armés d'espingoles, qui faisaient une reconnaissance autour des Tuileries (1).

» Théroigne se promenait avec un garde française sur la terrasse des Feuillants quand on arrêta Suleau. S'il périssait, ce n'était pas elle, du moins, qui pouvait le mettre à mort. Les plaisanteries même qu'il avait lancées contre elle auraient dû le protéger. *Au point de vue chevaleresque,* elle devait le défendre; au point de vue qui dominait alors, l'imitation farouche des républicains de l'antiquité, *elle devait frapper l'ennemi public,* quoiqu'il fût son ennemi. » (*Les Femmes de la Révolution,* p. 115-116.)

En vérité, M. Michelet fait une remarque bien superflue. Il est trop évident que le point de vue des combattants du 10 août, qui furent les égorgeurs de Septembre, n'était pas le point de vue chevaleresque.

(1) Suleau avait des frères qui furent dénoncés aux Jacobins, dans la séance du 23 fructidor an II, comme accaparant des farines et *faisant incarcérer les patriotes!* Je lis dans un recueil curieux et rare (*Martyrologe littéraire,* Paris, 1816), les lignes suivantes sur un de ces messieurs : « Frère du mal-

(1) La fausse patrouille et les espingoles sont des détails pittoresques et dramatiques, mais faux. Qu'on n'oublie pas que cette fausse patrouille, que ces porteurs d'espingoles, c'est la garde nationale armée pour la défense du roi et de la constitution contre les Marseillais et les assassins ameutés.

APPENDICE

Nous croyons devoir compléter cette étude par une notice complète des écrits de Suleau. La bibliographiie de la Révolution est encore dans le chaos, et ne peut s'éclaircir qu'à force de recherches spéciales. Comme nous avons eu déjà l'occasion de le remarquer, le travail inséré sur François Suleau, dans *la France littéraire*, est à la fois inexact et incomplet.

1. *Lettre d'un citoyen à MM. les présidents et commissaires de son district.* — Paris, septembre 1789.

2. *Un petit mot à Louis XVI sur les crimes de ses vertus, par un ami des Trois Ordres.* — Paris, octobre 1789.

3. *Projet d'adresse à l'Assemblée nationale.* — Amiens, novembre 1789.

4. *Fidelissimæ Picardorum genti*, ou *Tu dors, Picard, et Louis est dans les fers.* — Amiens, décembre 1789. C'est la brochure incriminée par le Châtelet; malgré les dénégations très-concevables de Suleau, on peut hardiment la lui attribuer.

5. *Premiers interrogatoires de M. Suleau.* — Paris, janvier 1790.

6. *Suite de l'interrogatoire de M. Suleau.* — Même date.

7. *Lettre à M. l'évêque d'A...* (Autun) *et compagnie, auteur de l'adresse aux provinces.* — Mars 1790.

8. *Les Pâques de M. Suleau.* — Avril 1790. — Cette brochure n'est qu'une réimpression du n° v de *l'Apocalypse*, publication analogue aux *Actes des Apôtres*, mais beaucoup moins répandue. Les auteurs de *l'Apocalypse* ont publié (n° vi) une note assez curieuse au sujet de cette réimpression, faite

---

heureux Suleau, qui rédigea *l'Ami du Roi* et fut assassiné le 10 août; M. Suleau semble avoir hérité d'une partie de ses talents, et son recueil de poésies légères offre une lecture très-agréable. » Il est possible que Suleau ait concouru, avec l'abbé Royou, à la rédaction de *l'Ami du Roi*; mais je n'ai pu vérifier le fait. Celui de ses frères dont il vient d'être question a travaillé, m'assure-t-on, au journal *le Drapeau blanc*, fondé par le spirituel Martainville.

par des colporteurs du Palais-Royal, nommés les époux Webert. « Ce qui, disent ces pamphlétaires, navre notre cœur de la douleur la plus amère, n'est pas tant la contrefaçon que la manière dont elle s'est faite. M. S..... (Suleau), que nous avions rencontré dans les prisons du Châtelet, lorsque, guidés par la charité la plus pure, nous allions offrir des consolations aux malheureux qui y étaient détenus, nous pria d'insérer dans nos feuilles la lettre que la nation a pu voir dans le numéro précédent. Nous accédâmes généreusement à sa demande ; mais quelle fut notre surprise lorsque nous apprîmes indirectement du brigand Webert que c'était d'après les insinuations de M. S..... qu'il s'était permis la contrefaçon dont nous avons à nous plaindre, et que c'était M. S..... lui-même, qui lui avait donné le titre de *Pâques de M. S.....* Nous ne ferons aucune réflexion sur le procédé d'une personne que nous tenons (comme il le dit lui-même) pour *un homme d'honneur et doué de qualités* SUBLIMES. C'est sans doute pour donner plus de publicité à sa lettre religieuse, que M. S..... a fait paraître une seconde édition de notre numéro au détriment de la première. Quelque pur que soit ce motif, nous ignorons si le respect qu'on doit aux propriétés n'aurait pas dû le faire évanouir.

» Si M. S..... n'est pas content de la rédaction de cet article, il est prié de faire parvenir en notre bureau (aux caves de l'Observatoire (sa réclamation) ; il doit être persuadé que nous y aurons sûrement égard. »

Cette note ne serait-elle qu'une plaisanterie de Suleau ?

9. *Lettre à M. Loustallerau* (sic), *rédacteur des* Révolutions de Paris. — Mai 1790. — (*Actes des Apôtres*, n° 102.)

10. *Supplément à la feuille intitulée* l'Indicateur des Mariages. — Mai 1790. — (*Actes des Apôtres*, n° 108.)

11. *Lettres de M. Suleau à M. le président du district des Feuillants et à M. Maréchal, commissaire de ce district.* — 21, 22 et 23 mai 1790. — (*Actes des Apôtres*, n°s 113 et 114.)

12. *Nouvelle conspiration de M. Suleau.* — Mai 1790.

13. *Lettre impartiale de M. Suleau à M. Necker.* — Fin juin 1790. — (*Actes des Apôtres*, n° 126.)

14. *Nouvelles philippiques.* — Juillet 1790.

15. *Lettres de M. Suleau au duc d'Orléans et à M. Le Vas-*

seur, *ci-devant comte de la Touche, homme d'affaires de Philippe Capet.* — Juillet 1790. (*Actes des Apôtres*, n° 140.)

16. *Philippe d'Orléans traité comme il le mérite.* — Août 1790. (*Actes des Apôtres*, n° 155.) (Cet article de deux pages n'a de commun que le titre avec la fameuse brochure de Ferrier.).

17. *Avis aux vrais Français.* — (*Actes des Apôtres*, n° 156.)

18. *Le Réveil de M. Suleau, suivi du prospectus du journal politique que le public lui demande.* — 1ᵉʳ mars 1791 — de l'imprimerie de l'homme sans peur. (Annexé au n° 237 des *Actes des Apôtres.*)

19. *Voyage en l'air*, par M. Suleau. — *Second Réveil.* — A Ballomanie, 15 mars 1791. (*Rarissime.*)

20. *Journal de M. Suleau.* — 12 numéros du 26 avril 1791 au mois de mars 1792.

21. *Journal de M. Suleau.* — (Deuxième abonnement.) — N° 1ᵉʳ. — Avril 1792.

LE CHATEAU DE TOURNOEL

LE CHATEAU DE TOURNOEL

I

De Clermont à Montferrand règne une avenue d'ormes et de châtaigniers, d'où l'on jouit d'une vue magnifique. A gauche, la noble chaîne des monts Dôme se dessine dans sa haute majesté ; à droite, la Limagne d'Auvergne déroule ses riants tableaux, interrompus par quelques buttes isolées, boursouflements partiels, où se passent, comme dans des matras, d'étranges phénomènes ; le plus curieux est celui du Puy-de-la-Poix, dont la source fournit, en moyenne, quinze kilogrammes de bitume par jour.

Cette promenade agreste est animée par des soldats qui oublient les ennuis de la garnison en buvant dans les cabarets voisins ce bon petit vin d'Auvergne, si épais qu'on pourrait le boire à la cuillère, comme des confitures. Les cultivateurs de la Limagne conduisent tout doucement leurs longs chariots inclinés, dont la forme est évidemment traditionnelle depuis leurs ancêtres gaulois. Ils ont, pour la plupart, conservé le costume de 1790 : une veste à basques courtes, à grandes poches et à gros boutons ; un vaste gilet fleuri comme un pré, les cheveux longs et droits, que le vent, à défaut de peigne, mêle et démêle à son gré, et le tricorne vénérable, sous lequel l'œil cherche toujours une petite queue de rat ; mais ce dernier ornement est plus rare. Souvent aussi le tricorne fait place à un couvre-chef plus moderne, qui varie depuis le chapeau de Polichinelle jusqu'au chapeau de général. Cadet-Roussel, au théâtre des Variétés, ne s'habillait pas autrement. L'œil vif et malin, le sourcil épais, le nez busqué, le menton avancé et la bouche sardonique, l'Auvergnat chantonne en guidant le long du chemin sa paire de bœufs rouges, blancs ou noirs, attelés par la tête à un joug de cormier. Une longue baguette, terminée par un aiguillon, lui suffit pour gouverner ces coursiers capricieux, mais timides, que l'approche d'un cheval effarouche toujours.

Bientôt la route, rejointe par la courbe des collines, se confond avec elles, et fait un brusque détour vers la gauche ; il en résulte une sorte de carrefour irrégulier, occupé par des maisons rustiques, des mares où pataugent des oiseaux domestiques. Un abreuvoir, entouré des pierres antiques, alimente une fontaine au fronton de laquelle un lion fièrement dressé présente un écusson fruste ; une rue longue et raide s'efforce de gravir la colline : vous êtes à Montferrand.

A la première inspection, on voit partout les restes

encore palpitants d'une forteresse démantelée. Cet abreuvoir est la portion non comblée du fossé de ceinture ; ces gros murs sont des parapets. Cette maison, qui a l'air d'une bastille, a vu ses créneaux envahis par une toiture d'ardoises ; mais ces ornements bizarres qui courent sous sa gouttière, ce sont les meneaux par lesquels les assiégés faisaient pleuvoir sur les assiégeants l'huile et la poix bouillante.

La forte position de Montferrand, qu'avaient possédée les Anglais alors que le pays d'Auvergne faisait partie du duché de Guyenne, fut longtemps l'objet de leur convoitise ; ils s'en emparèrent le 13 février 1388, après un siège héroïque que décrit Froissard ; mais ils ne la gardèrent pas longtemps, et Montferrand continua de passer pour l'une des plus fortes places du royaume. Aussi fixa-t-elle l'attention du cardinal de Richelieu. Ce grand démolisseur de forteresses avait un agent dévoué dans la personne du maréchal d'Effiat, sénéchal de Bourbonnais et d'Auvergne, qui fit abattre les remparts de Montferrand, combla les fossés, fit sauter les chemins couverts, et réunit la ville à celle de Clermont. Cette réunion n'eut lieu que sur le papier, mais la capitale de l'Auvergne n'en a pas moins gardé le nom de Clermont-Ferrand, qu'elle tient de la munificence du maréchal d'Effiat. On sait de reste que le cardinal de Richelieu récompensa le zèle du père en faisant décapiter l'enfant. M. le marquis de Cinq-Mars était le fils puîné du maréchal d'Effiat.

Aujourd'hui Montferrand n'est qu'un bourg sans importance, une étape sur la route de Riom ; mais ce spectre d'une ville n'est pas dépourvu d'intérêt. La longue arête par laquelle se continue la route impériale est le plus curieux spécimen d'une rue au moyen âge ; il s'est conservé comme par enchantement. Les maisons neuves de Montferrand datent de la Renaissance ; les vieilles sont romanes et remontent au dixième siècle, tout bonnement. Ce ne sont que pleins-cintres énormes taillés dans le granit, pignons immenses, fantaisies sculpturales de tout genre. La plupart de ces édifices offrent une disposition particulière aux temps de défiance et de troubles, où chacun se mettait en mesure de soutenir un siége dans sa maison. Le toit, au lieu de descendre vers la rue, forme avec elle un angle droit, et les croisées ont vue sur une cour intérieure, tandis que la façade n'offre d'aute ouverture qu'une porte à herse et à barreaux de fer. J'ai noté une boucherie dont un peintre flamand eût fait un chef-d'œuvre singulier : figurez-vous une masure droite et svelte, n'offrant en largeur que l'espace d'une croisée ; le rez-de-chaussée, au plein-cintre béant, semble une caverne mystérieuse ; on y descend par trois degrés, et dans l'ombre oscillent des formes vagues appendues au plancher ; le premier étage, au contraire, doré par un chaud rayon de soleil, aspire l'air par une fenêtre droite à colonnettes et à rinceaux, dont les compartiments supérieurs encadrent les vasistas d'un double châssis de pierre. Des viandes saignantes mêlent leurs tons vifs aux solives enfumées, tandis qu'une jeune paysanne en bonnet blanc tricote, sur l'appui de la fenêtre, une paire de bas bleus.

L'église, bâtie au XIe siècle par un comte de Montferrand, ressemble à la cathédrale de Clermont, mais sans aucun caractère particulier. Seulement (c'était un dimanche), je n'ai rien vu d'aussi gai, d'aussi souriant que la nef envahie par cinq ou six cents petites filles en bonnet blanc à grandes ailes, priant et chantant devant un autel garni de fleurs, dont les exhalaisons printanières se mêlaient au parfum de l'encens.

Montferrand a l'honneur d'être situé sur une rivière à lui qui s'appelle le Bédat. Au bord du Bédat, du côté de la montagne, règne un petit sentier où deux personnes ne sauraient passer de front. Cet étroit espace a été confisqué par des joueurs de boule, qui, sans le savoir, ont inventé un divertissement de nouvelle espèce : chaque fois que la boule est lancée sans justesse, elle dégringole dans le Bédat, où le joueur maladroit est forcé de l'aller pêcher à ses risques et périls ; ce n'est pas que ledit fleuve soit profond, mais il coule sur dix-huit pouces de boue.

II

Une fois qu'on est sorti de Montferrand, la Limagne, sans cesser d'être belle, commence à ressembler à toutes les plaines possibles ; la déclivité du terrain a forcé de construire une nouvelle route en lacet, très-commode et très-sûre, mais extrêmement longue et peu accidentée. Est-ce ma faute ou celle du pays ? je n'ai recueilli dans mes excursions que peu de traditions anciennes. Seulement, au bord du chemin, je remarquai un grand carré dont l'aridité singulière contrastait avec la riche culture du terrain environnant ; j'en demandai la cause, et j'appris que là s'élevait au temps jadis le gibet de la sénéchaussée de Clermont. Les esprits superstitieux prétendent que cette place est infertile à cause des visites nocturnes des sorciers, qui viennent y prendre leurs ébats. La vérité est qu'on ne la cultive pas, et ce m'est une raison suffisante.

A mesure qu'on s'éloigne de Clermont, les montagnes de gauche s'abaissent graduellement, jusqu'à ne plus former que des collines médiocres, auxquelles je ne saurais assigner un nom particulier. Sur une de ces hauteurs, au centre d'une sorte de demi-lune escarpée, d'où l'on doit jouir d'une merveilleuse perspective, s'élève un groupe de maisons blanches et bleues, appuyées sur un château crénelé de respectable apparence. Ce lieu de plaisance séduit au premier abord, et quand j'appris qu'il s'appelait Château-Gay, je convins qu'il était impossible de le mieux désigner. Cette forteresse, construite avec les pierres basaltiques qu'on retire du sol, fut édifiée, en 1381, par ordre de Pierre de Gyac, ce chambellan du roi Charles VII dont Alexandre Dumas a si bien raconté la tragique aventure. Le seigneur de Gyac avait excité le ressentiment du connétable de Richemond et de Georges de la Trémouille. Or, une nuit, saisi et garrotté par ses ennemis, il fut mené à Dun-le-Roi, d'où on le jeta dans une rivière, une pierre au cou ; après quoi l'on instruisit son procès. Ce sire de Gyac, si bien jugé, était, comme son grand-père, seigneur de Château-Gay : une singulière seigneurie pour une telle destinée !

A deux kilomètres de Riom, on distingue sur la droite un point éclairé dans une montagne sombre : c'est le château de Tournoël. En prolongement de cette ligne, et plus haut perché dans l'azur, se dresse un mur démantelé : c'est le château de Jazeron.

Riom s'annonce gaiement par des bouquets d'arbres et des clochers pimpants. Une longue rue, quelque peu tortueuse, pleine de cabarets et d'auberges où boivent des rouliers tapageurs, aboutit à des boulevards majestueux qui font le tour de la ville et viennent se confondre, au nord, en une superbe esplanade, d'où l'œil embrasse toute la basse Limagne. Ce lieu pittoresque, sur lequel le Palais de Justice de Riom développe sa façade blanche et classique, porte le nom de Pré-Madame, souvenir monarchique qui a traversé toutes les révolutions, et consacre la mémoire de Madame Adélaïde de France, l'une des tantes de Louis XVI. Cette pieuse princesse vint à Riom en 1785, et y fut accueillie avec un enthousiasme rare, dont les archives du pays gardent la trace fidèle (1).

L'ancien *Ricomagus*, qu'il faut appeler *Rion*, et non *Riome*, offre un aspect saisissant. La rue de l'Horloge, qui le traverse dans sa largeur, ressemble à l'île Saint-Louis trempée dans l'encre. C'est une propriété très-singulière de la pierre de Volvic de noircir au contact de l'air. L'architecture vénérable des maisons de Riom emprunte à cette particularité physique une morne sévérité, qui contraste poétiquement avec la grâce du paysage environnant et la vivacité de l'air.

Le Palais de Justice actuel a été construit sur les débris de l'ancien, dont il ne reste plus qu'une Sainte-Chapelle fort remarquable. Cet édifice, plus petit et moins léger que son homonyme de Paris, fut élevé par

---

(1) *Procès-verbal des hommages rendus à Madame Adélaïde de France par les laboureurs et paysans de la ville de Riom, avec une chanson en langue auvergnate.* Riom, 1785, in-4° de huit pages.

Jean, duc de Berry, fils du roi Jean, et aussi grand bâtisseur de chapelles qu'intrépide guerrier.

Riom est la ville judiciaire par excellence. Pourvu, depuis dix siècles, d'un tribunal d'appel, mais destitué dès longtemps de son titre de capitale du duché d'Auvergne, il ne conserve une sorte de vie que grâce aux plaideurs qui y affluent sans cesse. Si mes souvenirs ne me trompent pas, Clermont parvint, sous l'Empire, à supplanter son rival et à devenir le siége d'une Cour impériale ; mais l'ancien ordre de choses fut rétabli en 1816.

Ainsi, la cour d'appel, le barreau, les plaideurs et les trafiquants nécessaires pour lui fournir les choses indispensables à la vie, voilà toute la population de cette ville morose. Qu'un jour ou l'autre le pouvoir, continuant les traditions enracinées de la centralisation, porte la Cour d'appel au chef-lieu du département, Riom mourra, frappé au cœur. En moins de vingt ans, l'herbe croîtra dans ses rues ; ses maisons de granit étaleront leur majesté solitaire, et porteront le deuil de son ancienne splendeur.

Riom a donné le jour à des hommes illustres, entre autres à Grégoire de Tours.

En sortant de Riom par le faubourg de Mozat, riche des débris de sa superbe abbaye, on se rapproche des monts Dôme, à travers une riche campagne émaillée de villas. Un sentier étroit court à travers les prés, et va se perdre dans les premières broussailles des collines. Alors se dresse à cinq ou six cents pieds une masse monstrueuse que couronnent des tours et des créneaux ; cette forteresse, grosse comme un bourg, écrase la montagne dont les flancs l'ont enfantée : c'est le château de Tournoël.

III

J'avais attendu, pour visiter Tournoël, une belle matinée de printemps, et je m'étais précautionné d'un char-à-bancs à la fois solide et léger.

Jusqu'au pied de la colline où commence le territoire de Volvic, tout alla bien, sauf les pierres et les secousses accoutumées. C'est ainsi que nous franchîmes sans encombre, Edmond Verdier-Latour et moi, le château neuf bâti par M. de Chabrol, au milieu de buissons d'aubépines et de genêts d'Espagne. Au delà, nous nous trouvâmes engagés dans un sentier si rude qu'il fallut mettre pied à terre, prendre les guides d'une main et de l'autre pousser à la roue ; après une demi-heure de ce travail sous un soleil brûlant, nous pénétrâmes dans une sorte d'impasse formée de huit ou dix maisons dépendantes aujourd'hui du château de Chabrol comme elles dépendaient jadis du manoir de Tournoël.

Des paysannes filaient et jasaient au milieu du chemin. A cette heure les hommes sont aux champs ; les matrones restent seules pour garder la maison. Nous obtînmes l'hospitalité pour notre char-à-bancs et notre jument blanche ; et nous cherchions déjà le sentier le plus court pour monter au château, quand une petite fille fort alerte, et qui s'expliquait aussi bien en français qu'en patois, nous apprit une agréable nouvelle, à savoir que les clefs de Tournoël étaient à Volvic. Une pièce de monnaie décida l'aimable enfant à nous servir de messagère, ce qui ne lui prit guère qu'un quart d'heure.

Les clefs étant venues, et de maîtresses-clefs, je vous jure, lourdes comme des chaînes et couvertes d'une rouille respectable, nous arrivâmes promptement au sommet de la butte par un petit chemin, qui n'est autre, comme dans la plupart des montagnes, qu'un ravin desséché. A la moindre pluie, le chemin est une rivière qu'on ne peut même pas remonter en bateau. J'ai ramassé dans cette fondrière quelques échantillons de fer oligiste, ce qui peut surprendre à quelques égards, le sol basaltique de Tournoël étant partout recouvert d'une forte couche de terre végétale très-succulente.

Aucune construction moderne ne saurait donner l'idée d'une forteresse pareille à celle de Tournoël. Vue d'en bas, on dirait d'une ville; de près c'est un monde; monde étrange qui ne vit plus que dans le souvenir des antiquaires et l'imagination des poètes. Les abords du plateau sont encombrés de débris, pierres colossales tombées des parapets, archivoltes brisées, voûtes écroulées, bastions éventrés. On croit d'abord à une ruine complète, et l'on se trompe.

Voici d'abord une tour ronde à bossages, telle qu'on en voit dans quelques ports de Normandie; ce n'est qu'un ouvrage moderne, à peu près contemporain de François 1er. Il est rasé presque à moitié de sa hauteur primitive, et le hasard des éléments en a fait une citerne qu'obstruent des plantes grimpantes. On franchit ensuite une haute poterne, aujourd'hui fermée par une porte charretière, mais les entailles de la pierre gardent la rouille séculaire des charnières monstrueuses où s'attachait la herse. Pour forcer une pareille entrée, il ne fallait pas moins qu'un siége en règle, et la herse forcée, c'était peu. La baie percée latéralement indique un couloir long et escarpé, dominé par de hauts parapets d'où les assiégés faisaient pleuvoir, outre les projectiles et les traits meurtriers, un déluge de poix, d'huile bouillante et de fascines enflammées. Si l'on évoque par la pensée les scènes sanglantes dont Tournoël fut le théâtre, on concevra mon impression première : ce coupe-gorge donne le frisson.

A l'extrémité supérieure, le défilé se courbe obliquement; on franchit des degrés de granit, une porte étroite se présente, et après avoir traversé une salle basse, où se tenait une sorte de corps-de-garde, on arrive à la cour intérieure du château féodal.

C'est un carré long, qui divise l'édifice en quatre parties distinctes ; l'aile droite, qui regarde la Limagne, contient les grands appartements ; l'aile gauche, appuyée à l'escarpement de la montagne, était vraisemblablement affectée à certains subalternes qualifiés ; le massif du nord, réservé à la châtelaine, s'unit à l'aile droite par un oratoire bien conservé ; il est protégé par la petite tour. L'entre-deux des ailes est occupé vers le midi par la grande tour et son donjon, construction colossale et point de jonction des remparts crénelés, dont on ne voit plus aujourdhui que de faibles vestiges. Quelques acacias et des giroflées jaunes croissent dans cette cour sinistre, qui, à de certaines époques, s'est emplie de cadavres et a vu s'abattre sur son pavé sanglant des nuées d'oiseaux de proie.

L'escalier du nord a pour cage une jolie tourelle

d'un gothique fleuri très-répandu en Auvergne. Voici à peu près en quoi consiste ce système d'ornementation : l'ogive, au lieu de se terminer en arête vive, comme dans le gothique pur, se prolonge démesurément, en forme de tige d'où naissent des rameaux de fleurs ; ce n'est qu'au bout de cinq ou six étages de cette floraison architecturale que l'ornement conclut en un bouquet final.

Au premier étage, toute la largeur du massif entre les deux ailes est occupée par un palier en cintre surbaissé, appuyé sur des colonnettes basses, dont les nervures se coupent à angle droit, d'où résultent d'élégantes ogives. Ce morceau porte l'empreinte d'une architecture sarrasine qui peut remonter au onzième siècle et même plus haut. Il est à croire qu'un châssis vitré préservait cette antichambre des injures de l'air, mais je n'ai pas besoin de dire que les vents n'ont rien laissé dans Tournoël qui pût ressembler à un carreau de vitre. La famille de Chabrol-Volvic, qui possède depuis longtemps le château de Tournoël, a soin de réparer la toiture à mesure de sa destruction, et de maintenir par des poutres solides les communications menacées ; mais elle ne pousse pas la prodigalité jusqu'à faire poser des carreaux aux fenêtres. A lutter à ce jeu avec les vents de la Limagne, M. de Chabrol-Volvic mangerait certainement la plus belle part de son immense fortune.

Il n'y a rien à dire de la chambre de la châtelaine, si ce n'est qu'elle est fort grande et fort délabrée. La croisée principale encadre sur la Limagne un paysage miraculeux, que coupent pittoresquement la tour à bossages, les remparts et le chemin de ronde, sur lequel les archers se promenaient non pas de long en large (ce serait impossible même à un clown), mais de long en long. L'opinion générale gratifie nos aïeux d'une ignorance absolue en matière de confortable. J'en demande bien pardon à l'opinion générale, mais elle est fausse sur ce point. D'ingénieux constructeurs avaient subtilement mis à profit l'angle d'un bastion pour y creuser un ravissant boudoir ou cabinet de toilette, qui supplée en coquetterie tout ce qui manque à la chambre à coucher. La coquetterie est élémentaire, vu les quatre murs en pierre de taille et la fenêtre à doubles barreaux, il n'est pas impossible que les tours de la Conciergerie de Paris n'en puissent offrir autant aux amateurs ; mais ce qui rend le boudoir de Tournoël charmant, au milieu de cet appareil de guerre, c'est sa coupe demi-cylindrique, son élégante exiguïté, et surtout le point de vue superbe qu'on y découvre et qui se reflète, pour ainsi dire, sur les murs nus du vieux castel.

Au sortir de là, se présente une porte gothique chargée des enroulements que nous avons décrits : un bénitier de pierre en indique la destination. C'est l'oratoire, petite chapelle toute mignonne, toute étroite, presque intacte malgré les siècles écoulés. L'autel en bois, jadis doré, supporte une statue grossière, mais naïve, une bonne Vierge avec son bambino. Les murs sont couverts de peintures gothiques exécutées avec une netteté un peu sèche, que relève une chaude couleur. Il m'a fallu quelques minutes d'inspection pour constater ce détail ; car ces fresques primitives ont été fort dégradées, non par le temps, mais par les hommes. Les visiteurs les ont rayées à coups de couteau pour y inscrire toutes sortes de bêtises. Il restait une *Annonciation* à peu près conservée : un ami des arts l'a fait disparaître sous cette apostrophe taillée en lettres capitales de six pouces de haut et que je reproduis avec son orthographe : HONTE A CEUS QUI DÉGRADE LES MONUMENTS !

L'auteur de cette facétie vandale a gardé l'anonyme. En revanche, les piliers du vestibule conservent la trace des visites de messieurs les militaires. Un grand nombre de caporaux ont cru devoir marquer par une date précise l'époque de leur passage à Tournoël.

Les appartements de l'aile droite ne sont plus qu'une caverne béante depuis l'écroulement des plafonds ; mais une salle du rez-de-chaussée, couverte de grisailles dans le style de Fontainebleau, indique que cette partie du château fut habitée la dernière à l'approche des temps modernes, peut-être jusqu'à Richelieu.

Je ne conseille pas à ceux qui n'ont pas le pied sûr de visiter la petite tour, qui d'ailleurs est insignifiante ; on y arrive par un de ces chemins pour lesquels les couvreurs et les chats sont ordinairement privilégiés. J'étais fier d'en être redescendu sans encombre, quand je m'aperçus que j'avais laissé mon album sur la plate-forme de la petite tour, et je dus recommencer cette périlleuse traversée.

En revanche, la grosse tour de guerre mérite d'être vue : malgré sa prodigieuse hauteur, elle est d'un parcours agréable et sûr. L'escalier est parfaitement solide, et, sauf quelques marches qui manquent par-ci par là, on s'y promène comme chez soi ; il suffit de sauter adroitement par-dessus le précipice et de ne pas s'y laisser choir : voilà toute la difficulté. Le gros œuvre de la tour est accosté de plusieurs donjons de hauteurs différentes, et en partie ruinés. Dans l'épaisseur d'un de ces renflements s'ouvre un trou carré, qui plonge jusque dans les fondements.

Cela s'appelle les oubliettes de Tournoël.

A travers la profondeur inconnue de ce gouffre, un rayon de jour blafard oscille comme une lanterne sourde. Il paraît qu'un coup de pic, en creusant les entrailles de la montagne, a traversé l'épaisseur du donjon; de là cette lueur mystérieuse qui flotte dans l'abîme et rend les ténèbres visibles.

Il va sans dire qu'il court toutes sortes de bruits sur l'oubliette de Tournoël. On y est un jour descendu, on a exploré le fond de l'antre, et on en a retiré des squelettes enchaînés. Lisez les procès-verbaux qui ont suivi la prise de la Bastille, c'est toujours la même histoire. Je ne veux pas défendre absolument nos aïeux contre tout soupçon de cruauté; les gens qui bâtissaient ces aires de vautour n'étaient sans doute pas des colombes; je ne jurerais pas qu'on n'ait pas jeté dans ces horribles *in-pace* des créatures vivantes. Cependant la situation respective de la grande tour de guerre et du trou béant qu'on appelle l'oubliette, fait jaillir soudain la vérité aux yeux des plus prévenus. L'oubliette n'était-elle pas tout simplement la fosse commune ouverte aux braves qui succombaient dans le combat ? Il était de la politique du seigneur assiégé de faire disparaître les cadavres, au lieu de les laisser amoncelés sous les yeux des combattants, dont cette vue aurait pu étonner le courage. Il y avait une raison plus puissante encore, à savoir l'impossibilité de s'y prendre autrement. Sans doute les assiégés n'avaient pas l'innocence de sortir de leurs murs pour procéder à un enterrement en règle au cimetière de Volvic. Que pouvaient-ils faire? jeter les morts par-dessus le rempart? c'était accuser le chiffre de leurs pertes ; les enterrer dans la cour du château, c'était appeler la peste et la contagion. On trouvera que cette dissertation manque de charme; c'est qu'en vérité elle est de mise dans le salon de Tournoël, qui n'est pas un lieu de plaisance.

Chaque étage de la grande tour (elle en a cinq ou six) est occupé par une salle d'armes, percée de larges meurtrières, dans lesquelles les archers se plaçaient et se tenaient debout. L'ouverture extérieure de ces embrasures est trop étroite pour servir de but à une flèche ou à une balle ; aussi les projectiles meurtriers n'y passaient-ils que par hasard. Cependant l'ingénieux constructeur de Tournoël a poussé loin la prévoyance. Au lieu et place de la meurtrière septentrionale, qui, donnant sur la cour même du château, eût été inutile, il a dessiné une embrasure sans issue, combinée de telle façon que nul corps extérieur n'y atteindrait, quelle que fût sa portée. C'est là que les arquebusiers venaient charger leurs armes. Ce fait, extrêmement curieux, atteste un calcul très-savant de la loi de projection des corps, et, par conséquent, des études mathématiques extrêmement avancées.

Enfin les créneaux de six pieds qui couronnent la plate-forme sont calculés d'après des données analogues, afin de couvrir concentriquement l'espace qui les sépare.

Du haut de cet observatoire immense, on domine trois des arrondissements du Puy-de-Dôme, Riom, Thiers et Clermont. La Limagne se déroulait à mes pieds dans toute sa splendeur ; je voyais, selon la belle expression de Sidoine Apollinaire, « cette mer de champs, en laquelle ondoient les sillons d'une riche moisson, sans crainte de naufrage ; délectable aux voyageurs, profitable aux laboureurs, plaisante aux chasseurs ; les doz de ses montagnes sont entassés de paysages, les pentes de vignobles, le terrain de pascages, les rochers de châteaux, le couvert de bocages, le découvert de labourages, le creux de fontaines, les précipices de fleuves (1). »

Il n'y a plus qu'un trait à ajouter au tableau, et ce trait est caractéristique de l'Auvergne : c'est l'immense population rurale qui l'anime et le rend enchanteur. Chaque segment de cercle coupé sur l'horizon renferme deux ou trois villages, non pas de ces villages champenois composés de six huttes de chaume, mais de bons gros bourgs, blancs, rouges et verts, bien portants, bien nourris, groupés autour de quelque château à poivrières bleues, séjour féodal d'une magistrature populaire. Ces vastes perspectives, douées d'une incroyable vigueur, sont éclairées de grandes masses de lumière, à travers lesquelles se jouent des ombres transparentes et mobiles, qui voyagent sans cesse d'un bout à l'autre de l'horizon visuel. Ces effets soudains, qui varient le site et le sauvent de toute monotonie, sont dus aux ombres portées des montagnes, incessamment modifiées par la course des nuages au devant du soleil.

Si de cette immensité splendide on reporte tout à

---

(1) Sidoine Apollinaire, Ep. XXI, liv. IV, traduction de Savaron.

coup les yeux sur la montagne sombre et nue où Tournoël muet est assis, on comprend tout à coup l'existence extraordinaire de ces barons perchés, comme les vautours, dans de grands rochers nus, planant sur leur proie, s'abattant comme l'éclair, et la ramenant pantelante dans leur aire imprenable.

Maintenant, si vous voulez savoir comment et pourquoi l'on s'est battu dans Tournoël, je vous dirai qu'en 1213, Guy II, comte d'Auvergne, s'étant mis en rébellion contre le roi de France, son légitime suzerain, Philippe-Auguste envoya une armée pour s'emparer des terres du rebelle. Le château de Tournoël, *castrum fortissimum,* comme l'appelle Jean, chanoine de Saint-Victor, fut assiégé, au nom du roi, par Guy de Dampierre, seigneur de Bourbon, et Renaud de Féry, archevêque de Lyon. Malgré la vaillance de Gualeran, qui le défendait pour le comte d'Auvergne, Tournoël fut pris après une lutte acharnée. Voici quel fut le butin fait dans la place après la victoire : une serpe, un mortier de cuivre, deux cordes, deux écheveaux de fil, six marteaux, du froment, des fèves, et une provision de vin.

Le poète Guillaume Guyart a conservé la mémoire de ces faits héroïques.

A l'époque de la Ligue, Tournoël fut pris et repris plusieurs fois par les ligueurs. Le duc de Nemours le livra aux flammes ; mais, à la mort de ce prince, la place fut rendue au roi. Je ne sais si elle a été habitée depuis, mais tout porte à croire que Charles d'Apfen, tué dans une sortie contre les ligueurs, fut le dernier seigneur qui ait habité Tournoël.

Je redescendis au hameau, plein de ces bruits de

guerre évoqués dans le silence des ruines; des siècles héroïques s'étaient dressés tout armés devant moi, et je contemplais avec mélancolie les petites giroflées jaunes que j'avais cueillies dans les créneaux de Tournoël.

LA LANTERNE

LA LANTERNE

(1789)

—

I

La Guillotine est très-connue ; mais sa sœur aînée, la Lanterne, est demeurée jusqu'à présent dans une sorte d'obscurité dont il la faut absolument tirer. La Lanterne a fait de moins nombreuses victimes que la Guillotine, mais elle les a fait souffrir davantage. Elle a donc des titres sérieux à l'attention d'une époque comme la nôtre, où l'on a démontré que la place Louis XV a été faite pour la Guillotine, de même que le nez est fait pour porter des lunettes, et que la rade de Lisbonne a été créée « pour que cet anabaptiste s'y noyât. »

La *nation* de 1789 était de mœurs féroces : bourgeoisie ou menu peuple, nobles et soldats, ne savaient plus ce que c'était que la douceur et la générosité. La grossièreté du langage précéda les atrocités de l'action. Il se tenait dans la bonne compagnie des propos que l'historien le plus hardi ne saurait retracer. La littérature et la polémique s'armaient d'obscénités à peine dignes du langage des halles, et plus d'une fois le *Moniteur* recula devant les écarts de la tribune, aimant mieux manquer d'exactitude que de pudeur.

Les coutumes de la justice pénale avaient habitué les yeux aux spectacles les plus sanglants. La question préparatoire venait d'être abolie, mais la question principale subsistait ; la potence se dressait fréquemment sur la place publique ; la marque, le fouet, la roue, en familiarisant l'œil et l'oreille avec les cris de la douleur physique, avaient depuis longtemps endurci les âmes. Ne vit-on pas, dans le propre palais des rois de France, les gardes du corps, commandés par le duc d'Ayen, tenailler les jambes de Damiens avec des pincettes rougies au feu ? Et la population parisienne ne fut-elle pas témoin du supplice de ce misérable, supplice peut-être plus atroce encore que le crime (1) ?

L'éducation grecque et romaine, distribuée par les colléges laïques et même par le clergé, avait préparé la jeunesse à la férocité des mœurs antiques, en même temps qu'elle répandait le germe d'idées républicaines. Le temps n'était pas éloigné où des étourneaux sanguinaires, comme Camille Desmoulins, allaient entourer les victimes de bandelettes classiques ; on allait voir comment la hache fonctionne dans la main des rhéteurs et des avocats.

(1) Il avait d'abord subi la question ordinaire et extraordinaire de deux heures ; ensuite on lui brûla la main droite, on le tenailla, on jeta du plomb fondu dans ses plaies et on l'écartela.

La Lanterne date du 14 juillet 1789, jour de la prise de la Bastille. Elle fut essayée par le peuple sur le peuple. Deux invalides, capturés dans l'intérieur de la forteresse, se virent traînés sur la place de Grève jusqu'au coin de la rue de la Vannerie et de la rue du Mouton, où régnait, au dessus de la boutique d'un épicier, une potence de fer qui soutenait une lanterne. La lanterne fut décrochée et successivement remplacée par les corps des deux invalides. Une demi-heure après ils cédaient la place au major de Losme, exécuté par l'ordre d'un combattant de la Bastille, qui se faisait appeler le capitaine La Reynie.

On voit que la Lanterne fut bien étrennée. D'ailleurs, depuis trois mois déjà, l'inoffensive potence avait captivé l'attention de la populace. Le 27 avril 1789, on y avait accroché l'effigie de Réveillon.

La foule prit goût à ces exécutions sommaires. La vogue de la Lanterne fut immense : on trouva pour la célébrer un refrain qui courut dans la rue, dans les chaumières. Le *Ça ira,* qu'on attribue aux talents poétiques du citoyen Dupuis, auteur de l'*Origine de tous les cultes,* a fait le tour de la France. En voici le texte primitif, tel qu'on le chantait sur un air favori de Marie-Antoinette :

> *Ah! ça ira! ça ira! ça ira!*
> *Les aristocrates à la lanterne!*
> *Ah! ça ira! ça ira! ça ira!*
> *Les aristocrates on les pendra.*
> *La liberté triomphera;*
> *Malgré les tyrans tout réussira.*
> *Ah! ça ira! ça ira! ça ira!*

Grâce au *Ça ira,* les rues devinrent très-dangereuses, surtout en plein jour. Un citoyen se prenait-il de querelle avec un cocher de fiacre? *A la Lanterne!* criait l'automédon. La foule s'assemblait, menaçait, criait sans savoir pourquoi, et l'on ne parvint pas toujours à sauver les victimes de ses aveugles et ineptes fureurs.

« On trouve dans le procès-verbal des électeurs (16 juillet), que Bailly a sauvé une femme qu'on voulait assommer; Lafayette un abbé Cordier qu'on allait pendre; le commandant provisoire le la Bastille, Soulès, que la foule emmenait. Dans les premiers jours, plus de vingt autres personnes, parmi lesquelles on peut citer deux officiers de la division du général Falkemheim; M. de Boisgelin, qui avait été président de la noblesse aux Etats de Bretagne, où il avait prêté le fameux serment contre la cause de la Révolution; M. de Lambert, arrêté aux barrières au moment où il cherchait à les forcer; le général Turkeim, la belle madame Fontenay (depuis madame Tallien, aujourd'hui princesse de Chimay, qui depuis a elle-même sauvé tant de victimes), etc., ont été arrachées par Lafayette aux fureurs populaires.... » (*Mém. de Lafayette,* t. II.)

Le général en chef des gardes nationales ne fut pas toujours aussi heureux. Il ne put empêcher que, le 22 juillet, le conseiller d'Etat Foulon, qui venait d'être nommé par le roi ministre des finances, ne fût attaché à la corde fatale qui pendait au coin de la rue de la Vannerie. On coupa ensuite la corde, puis la tête...

Là ne devaient pas se borner les horreurs de cette journée; le soir on amena à Paris M. Bertier de Sauvigny, ex-intendant de Paris et gendre de Foulon. Des hommes le précédaient portant des grandes perches, au bout desquelles était un écriteau contenant des phrases comme celle-ci : « Il a volé le roi et la France. — Il a bu le sang de la veuve et de l'orphelin. — Il a trahi sa patrie! » Près de l'Hôtel-de-Ville, on lui présenta la tête de son beau-père, et on le força de coller sa bouche sur ses lèvres livides. La scène du matin se répéta dans l'intérieur de l'Hôtel-de-Ville ; le peuple eut sa seconde victime. Mais Bertier n'arriva pas jusqu'à la Lanterne. Il fut tué d'un coup de pistolet sur la place...

« Montons à l'Hôtel-de-Ville! dit un pamphlet du temps. (*Lanterne magique nationale.*) Voyez-vous, messieurs, mesdames, la grande municipalité composée de messieurs les électeurs qui n'ont plus rien à élire, qui sont là sans savoir pourquoi. Voyez-vous ce peuple qui est assemblé à la place de Grève? Voyez-vous ces hommes qui courent, qui parlent, qui excitent messieurs les piquiers du faubourg Saint-Marcel?

» Voyez-vous ce postillon habillé de rouge qui arrive de Versailles au grand galop, gare, gare, et voilà le postillon qui monte à la Ville, et qui dit aux municipaux : Il n'y a pas de temps à perdre ; il faut faire arrêter tous les aristocrates, nobles, prêtres, femmes et filles, et les mener au Palais-Royal.

» Voyez-vous ces municipaux qui lui demandent comme il se nomme, et il s'appelle Saint-Barthélemy ; qu'ils s'informent quel est celui qui l'envoie, et il ne le dira pas ; et voyez-vous qu'il est habillé comme un valet, et qu'il parle comme un gros monsieur...

» Et voyez-vous Bertier et Foulon qu'on amène, et voyez-vous comme de braves gens qui sont là animent le peuple ; il va les tuer tout de suite, tout de suite.

» Et voyez-vous comme on les tue, comme on les

déchire ; comme le bon peuple est bien content, et les braves encore plus. On porte le cœur de Bertier à l'Hôtel-de-Ville, et le Français, tigre et singe, chante dans la place de Grève : *Il n'est point de fête quand le cœur n'en est pas.* »

Le lendemain, la première émigration commençait....

L'assassinat de Foulon et de Bertier resta complétement impuni. L'Assemblée nationale borna sa sollicitude à une proclamation vague dans laquelle elle prêchait la paix et la concorde. Mais dans la séance de ce jour-là retentit une parole lugubre : « Le sang qui a coulé, s'écria Barnave, ce sang est-il donc si pur qu'on n'en puisse verser quelques gouttes? » Cette atrocité froide fit courir un frisson dans l'Assemblée... mais personne ne répondit.

On a beaucoup reproché à Barnave ces mots cruels, que les écrivains royalistes reproduisirent et parodièrent avec un acharnement extrême, mais mérité. Le lecteur y verra sans doute la preuve de ce que nous avons dit plus haut au sujet de l'âpreté farouche de toutes les classes à cette malheureuse époque. Barnave appartenait à la haute bourgeoisie, à l'aristocratie de la fortune et des talents, et tout le monde sait qu'il n'avait pas l'âme dure. Qu'on juge par le triste exemple donné de si haut des sentiments barbares qui animaient les classes ignorantes et pauvres !

De nos jours, il s'est trouvé un homme pour continuer froidement cette apologie des assassinats populaires.

« *En principe,* dit l'historien que nous nommerons tout à l'heure, *on était embarrassé pour dire que ce ne fût pas là de la justice, puisqu'il était enseigné que toute justice émane du peuple, et que c'était à lui de nommer les juges.* »

Cet historien, c'est M. Buchez, le fameux président du 15 mai 1848.

II

Les exécutions parisiennes donnèrent le signal du massacre dans les départements. Le vicomte de Belzunce fut assassiné à Caen ; un meunier de Saint-Germain-en-Laye, le maire de Saint-Denis, furent pendus et déchirés.

Un voile de sang couvre la France. On a perdu toute notion du juste et de l'injuste ; le crime revêt sa forme la plus hideuse, il se fait plaisant... Une disette dont on n'a jamais bien connu les causes afflige la capitale. Cette situation est exploitée par les pamphlétaires, et prépare les journées d'octobre 1789.

Camille Desmoulins, qui venait de publier *la France libre*, avec cette épigraphe : « *Quæ quoniam in foveam incidit, obruatur!* Puisque la bête est dans le piége, qu'on l'assomme ! (Cic.) » s'intitule hardiment Procureur général de la Lanterne, et publie le *Discours de la Lanterne aux Parisiens*. L'épigraphe de ce nouvel opuscule n'est pas moins significative que la première ; Desmoulins emprunte à saint Mathieu cette sentence : « *Qui malè agit odit lucem*, » qu'il traduit par : « Les fripons ne veulent point de Lanterne. » Mais ces enseignes, bonnes pour allécher les amateurs de friandises cruelles, ne tiennent pas ce qu'elles promettent.

Desmoulins court à bâtons rompus dans le champ de la politique ; il touche à tout, gâte tout à la façon des bêtes fauves qui engluent leur proie d'une salive âcre avant de l'avaler... A travers beaucoup de lieux communs que le style assaisonne, il disserte sur le secret des lettres, mais pour reprocher à l'Assemblée nationale de l'avoir respecté ; il parle de la religion, mais il dévoue les prêtres à la Lanterne et le dogme au mépris. S'il était forcé de choisir, il préférerait le protestantisme au catholicisme ; mais quant au fond de ses opinions, le voici :

« La Lanterne demande des églises, c'est-à-dire des lieux d'assemblée pour huit millions de Théistes. Cette religion serait digne de la majesté et des lumières du peuple français. Dépouillée des mensonges des autres cultes, qui nous ont défiguré la divinité, elle ne conserverait que ce qu'ils ont d'auguste : la reconnaissance d'un Être suprême. »

Le lecteur relira curieusement ces lignes où se trouve révélé, cinq ans à l'avance, le culte révolutionnaire dont Robespierre sera pontife souverain. Maximilien l'a-t-il emprunté de Camille, ou bien Camille était-il déjà l'écho des pensées secrètes du député d'Arras, c'est ce que le lecteur essaiera de démêler, s'il trouve que la chose en vaille la peine ; mais n'était-il pas urgent de mettre en lumière ce fait caractéristique et nouveau : le culte de l'Être suprême et de la déesse Raison plaçant son exégèse sous l'invocation de la sainte Lanterne, patronne des Parisiens ?

Si Desmoulins se montre en quelque sorte modéré en attendant que les *Révolutions de France et de Brabant* nous le montrent exalté jusqu'à la frénésie, en revanche les libelles anonymes procédaient contre la cour, et même contre l'Assemblée, avec une rage féroce qu'on n'imaginerait pas à moins d'en avoir quelques exemples sous les yeux.

« Tant que la reine et ses favoris vivront, s'écrie *le Patriote véridique,* vous n'aurez pas du pain.

» Tant que vous n'épurerez pas la commune, l'hôtel-de-ville, les districts et surtout l'Assemblée nationale, vous n'aurez pas de pain.

» Tant que vous ne pendrez pas les scélérats qui paient pour vous affamer, vous n'aurez pas de pain. »

En même temps on lisait dans un petit journal : « *Chevaux et voitures à vendre.* — Le sieur Sanson, exécuteur des hautes œuvres, voudrait trouver à vendre le cheval de sa charrette. Il veut profiter de l'exemple, et trouve que son cheval lui est inutile, puisque la canaille traîne elle-même les cadavres dans les rues. »

La même idée (quelle idée !) revient dans un pamphlet très-amusant, *la Démission du bourreau de Paris,* dont voici les principaux passages :

« Quoique je sois bourreau, messieurs, vous saurez que je suis patriote ; et si un usage ridicule, imité des Romains, qui l'avaient pris des Rhodiens, me force à coucher hors barrière, je n'en suis pas moins de la *nation* qui couche dans la ville...

» Et même, attendu que la *nation* qui monte la garde à ces barrières n'y arrête pas les feuilles à deux sols avec autant de sévérité que les munitions, vous saurez que je suis philosophe et républicain comme le Palais-Royal lui-même.

» Les fonctions publiques ne peuvent être une propriété, et tout citoyen a droit d'arriver à tous les honneurs. En suivant ce principe dans tous ses corollaires, il est clair que tout le monde a un droit égal à devenir chancelier, maréchal de France, cardinal ou bourreau.

» De plus, toutes les professions doivent être libres, ce qui est très-favorable au progrès des arts, d'où je conclus, en bon économiste, que la liberté de pendre est du droit commun ; qu'il est bon d'ouvrir cette nouvelle carrière à l'industrie nationale, et que la bonne compagnie n'en serait que mieux justiciée pour ne l'être que par le premier venu.

» Je vois dans ce principe que je n'ai été jusqu'ici qu'un privilégié, un monopoleur, et une manière d'aristocrate ; en vérité, j'en suis honteux.

» Mais le moment des sacrifices est venu. La belle chose, messieurs, que la prise de la Bastille, pour rendre généreux des nobles, des prêtres et des bourreaux ! Je me joins donc, sauf votre respect, à la noblesse et au clergé ; je remets entre les mains de la nation non-seulement mes exemptions pécuniaires, mais même mes droits honorifiques, et notamment le privilége exclusif d'écarteler, rouer, brûler, pendre, décapiter, etc ;, dont ma famille et moi nous jouissons comme de raison par les droits du sang.

» Vous m'avouerez du moins qu'en qualité d'exécuteur, je m'exécute assez joliment.

» Mais il faut que je le déclare, c'est vous seuls, mes chers confrères, qui m'avez entraîné, car j'hésitais. Si beau que fût le droit que je rendais à la nation, la nation pouvait fort bien ne pas s'en soucier ; un peuple bourreau n'est pas chose commune, et je ne vous croyais pas si avancés. Bien loin de refuser ma démission, vous l'avez devancée ; vos brillantes expéditions me surpassent; vous avez porté l'art des supplices à une perfection dont je ne suis plus digne, et tout professeur que je suis, je rends les armes aux amateurs.

» Dites-moi pourtant, chers confrères, pourquoi tout le monde ne vous admire pas autant que moi ! Il y a une cabale de ceux qu'on appelle honnêtes gens, même des meilleurs amis du peuple et de la liberté ; ces gens-là tiennent de singuliers propos.

» Ils prétendent que la liberté ne consiste pas à ce que tout le monde commande également, mais au contraire, à ce que tout le monde obéisse également ; que lorsque tous les citoyens concourent à la formation des lois, ce ne serait pas la peine de les faire soi-même pour les violer barbarement...

» Enfin, ils se récrient sur les circonstances des dernières expéditions. A les entendre, les atrocités de la mort de Foulon et Bertier déshonorent un peuple généreux et éclairé...

» Vous n'exigez pas sans doute, mes chers confrères, que je réponde sérieusement à ces billevesées. Je ne les rapporte que *per maniera di gioco*.

» Que veulent-ils dire, par exemple, avec ces *circonstances déshonorantes,* etc. ? Chicane de forme ! Quelles pauvretés ! Quoi ! parce que vous faites baiser à un intendant la tête sanguinolente et livide de son beau-père ? Ils ignorent donc que cet ingénieux raffinement est l'imitation d'une coutume de Siam ? On y attache la tête du criminel au col de ses complices, usage qui fait, comme chacun sait, le plus grand honneur à la philosophie siamoise.

» Quoi de plus ridicule encore que l'espèce de honte dont ces bonnes gens voudraient couvrir notre art ! La profession de bourreau est en honneur par toute la terre. Sans parler de l'Allemagne, mon confrère de Pékin porte la ceinture jaune comme les princes du sang chinois. Cette charge est la première prérogative et le plus beau talent des seigneurs de Géorgie, qui ne ressemblent pas mal à nos feudataires du règne de Hugues-la-grosse-tête, dit Capet. Qui est-ce qui ne sait pas que le très-gracieux empereur de Maroc s'est toujours fait un honneur et un plaisir de couper lui-même les têtes de ses fidèles sujets? C'est une petite satisfaction que Mahomet ne se refusait point. Quelles autorités pour un bon Français qu'un prophète, un empereur, et, qui plus est, un Marocain!

» Mais, puisqu'on veut raisonner, qu'on réponde à mon argument. Le droit de vie et de mort est l'attribut de la souveraineté. La souveraineté réside dans la nation. Or, quatre ou cinq cents amateurs comme vous font la nation, plutôt qu'un chétif *carnifex* comme moi; d'où je conclus que toutes les fois que vous vous trouverez quatre ou cinq cents souverains sur le pavé de Paris, vous ferez sagement d'user de votre droit de vie et de mort; à moins cependant que vous ne trouviez sur votre chemin cinq ou six cents souverains plus forts que vous, auquel cas votre droit ne serait plus si clair. »

L'ironique bourreau avait prévu M. Buchez.

En même temps que les exécutions populaires se multipliaient, la justice régulière cessait de fonctionner. Le Châtelet tenait bien sous les verroux le baron de Bezenval, accusé d'avoir fait son devoir contre l'insurrection; mais on n'osait ni le juger ni le laisser partir. Les provocations les plus violentes, les propos les plus atroces, les complots les plus clairs n'étaient ni réprimés ni poursuivis. La presse clandestine allumait incendie sur incendie ; des listes de proscription circulaient. On demandait la tête de la reine...

L'historien impartial qui se donnerait la pénible tâche de raconter la révolution française, aurait beaucoup d'erreurs à dissiper, beaucoup de préjugés à vaincre, beaucoup de faits à remettre en leur vrai jour. La première chose à faire serait d'appeler toute la sévérité du jugement public contre quelques-uns des hommes de 1789, et de reconnaître certaines circonstances atténuantes en faveur de 1793. La mémoire de la Convention restera toujours odieuse, sans doute ; mais pour moi, comme pour tout homme qui puisera sa conviction dans l'étude des documents originaux, les grands coupables siégeaient dans l'Assemblée constituante. 89 est l'excuse de 93. Les pendaisons approuvées valent bien les assassinats juridiques, et les *listes des proscrits de la nation* n'ont rien à reprocher aux *suspects* des comités de surveillance.

« Quand jugera-t-on M. de Bezenval ? lit-on dans le onzième numéro du *Fouet national*. Si le peuple ne se fait justice par lui-même, tous nos ennemis nous échapperont ; le crime de lèse-nation, ce crime abominable, restera impuni. »

— « Depuis lundi, s'écria ensuite l'auteur de ce libelle, les bons Parisiens ont toute la peine du monde à avoir du pain. Il n'y a que MONSIEUR LE RÉVERBÈRE qui puisse leur en procurer, et ils dédaignent de recourir à ce bon patriote.

» Nous croyons devoir prévenir nos chers concitoyens qu'ils ne pourront jouir d'un sort heureux *tant* que *l'Autrichienne, le comte d'Artois, Condé, Conti et tous les autres chefs de la cabale aristocratique seront au nombre des vivants.*

» Qu'ils tremblent! ajoutait-on. La tranquillité du royaume demande leur tête. Nous la verrons tomber à nos pieds. La perspective du bonheur public diminuera l'horreur de cette scène sanglante. »

Les misérables qui écrivaient ces lignes ont si bien pris leurs précautions que leur nom se dérobe aux sévérités de l'histoire; au surplus, ils avaient parfaitement la conscience de leur perversité. « Nous venons d'apprendre, disent-ils, que beaucoup de personnes désiraient s'abonner pour ce journal. Qu'elles aient la bonté de nous mettre à l'abri d'être fouettés, et nous nous empresserons d'établir un bureau d'abonnements. » On aime à voir qu'ils se rendaient justice.

Quant aux listes de proscriptions, non-seulement elles circulaient librement dans Paris; mais elles se répandaient à des milliers d'exemplaires sous forme de journaux, chansons ou pamphlets. Exemple : *La chasse aux bêtes puantes et féroces qui, après avoir inondé les bois et les plaines, se sont rendues à la cour et à la capitale, suivie de la liste des proscrits de la nation, et de la notice des peines qui leur sont infligées par contumace, en attendant le succès des poursuites qui sont faites de leurs personnes, ou l'occasion....* Paris, de l'imprimerie de la liberté, 1789.

Nous ferons grâce à nos lecteurs de ce pamphlet cynique. Voici seulement le passage qui concerne la reine :

« On est fortement convaincu qu'une panthère échappée de la cour d'Allemagne a séjourné en France quelques années sans y commettre de ravages. On l'a aperçue à Versailles dans plusieurs parcs, quelquefois aux promenades. La douceur du climat paraissait avoir apaisé sa férocité. Le roi même se plaisait à la voir ; mais, depuis un certain temps, elle a repris toute la rage germanique. Fixons sa mort à quarante mille livres. Elle est forte, puissante, les yeux enflammés. Elle porte un poil roux, ci... 40,000 livres, qui seront payés (*sic*) sur-le-champ au Palais-Royal au chasseur assez habil (*sic*) pour ne la pas manquer. »

Cette allusion au Palais-Royal, séjour du duc d'Orléans, qui se trouve ainsi désigné indirectement comme l'auteur de complots dirigés contre la vie de la reine, donne lieu de signaler une particularité notable : la plupart des pamphlets du temps sont à double détente, ou, pour mieux dire, à deux tranchants. C'est ainsi que beaucoup de brochures attaquent à la fois la dynastie régnante et la dynastie à venir, l'Assemblée nationale et le pouvoir exécutif, etc. On peut voir dans ces contradictions apparentes les traces d'intrigues dont le fil nous échappe aujourd'hui ; mais j'y vois surtout la révélation et le progrès de l'esprit d'anarchie. C'est le propre des révolutions de produire des hommes qui abhorrent le passé, condamnent le présent et se défient de l'avenir.

Ces provocations, applaudies dans les clubs et dans les réunions ambulatoires des motionnaires du Palais-Royal, amenèrent l'explosion des 5 et 6 octobre, où les jours de Marie-Antoinette coururent le plus grand danger. Ce n'est pas ici le lieu de raconter les lamentables épisodes de ces deux journées, défigurées par tous les historiens, et surtout par le *Moniteur*. La reine fut dix fois menacée de la corde et pis encore. Le cœur nous manque pour transcrire ici les propos de la foule ameutée. Une femme de la halle s'étant écriée qu'il fallait emmener l'Autrichienne à Paris : — « Nous n'avons pas besoin de son corps ! s'écrièrent d'autres harengères ; emportons seulement la tête ! »

Voici en quels termes l'auteur de la *Parisiade*, qui n'épargne pas plus la lâcheté du roi que la férocité des émeutiers, fait allusion à l'attentat contre la reine :

Je l'ai vu ce bon roi, déposant toute pompe,
Venir leur confesser qu'aisément on le trompe.
« Je sais que ma cour fut celle du roi Pétau,
Et qu'on me prit souvent pour le roi de carreau ;
Mais je promets, dit-il, et de plus vous le jure,
Que je ne serai plus un monarque en peinture.
Je dois vous prévenir, messieurs, qu'il n'est pas beau
De faire dans Paris le métier de bourreau.
Vous osez menacer ma moitié de la corde ?...
Mais comme à ses bourreaux Dieu fit miséricorde,
Elle pardonne aussi... Mais n'y revenez pas,
Car je ferais tuer tout ce qui serait gras !... »

Le poète, remarquant que

Le roi dans son palais se vit échec et mat,

ajoute

Cette fois, du bon roi l'aimable ménagère
A frisé de bien près le fatal réverbère...
Par la porte bâtarde elle s'enfuit soudain,
Emportant ses jupons et ses bas à la main ;
Elle dénonce au roi cet infernal tapage.
« Cet attentat, dit-il, n'est rien aux yeux du sage ;
Le peuple de Paris, qui nous fait la leçon,
Nous apprend que malheur à quelque chose est bon...

Je rends grâce au Très-Haut de cette catastrophe,
Qui m'a fait à trente ans monarque philosophe. »

Le monarque philosophe revint à Paris escorté par ses vainqueurs, qui portaient sur des piques les têtes des gardes-du-corps massacrés, et qui chantaient à gorge déployée divers refrains, tels que celui-ci, sur l'air de *Vive Henri IV* :

> *Vive Louis seize,*
> *Vive ce roi vaillant !*
> *Au diable ! au diable !*
> *Tous les gardes-du-corps !*
> *Au diable ! au diable !*
> *Ils n'vivront pas longtemps.*

On criait généralement : *Vive la nation !* mais surtout (nous empruntons ce détail à un journal du 13 octobre) *les calotins à la Lanterne !* « Ces cris de tendresse et d'amour, ajoute notre journaliste, rendront peut-être le clergé raisonnable. »

Mais qui, dans toute cette catastrophe, courut de plus près le risque de la Lanterne ? Je le donnerais en mille à mes lecteurs, si la morale de l'histoire ne le leur indiquait d'avance : ce fut M. de Lafayette.

Pressé dans la journée du 5 octobre de se mettre à la tête des citoyens-soldats, c'est-à-dire des gardes françaises et de la garde nationale qui voulaient marcher sur Versailles, le commandant en chef eut de longues hésitations. Pour les vaincre on usa de deux moyens excessivement hétérogènes : premièrement les gardes françaises lui offrirent la régence du royaume au cas où Louis XVI serait déposé ou fugitif ; deuxièmement la populace descendit le fatal réverbère...

Lafayette partit. « O réverbère, dit à ce propos le *Fouet national*, que ta vertu est admirable ! *Per te surdi audiunt, muti loquuntur et claudi ambulant !* »

En réalité, Lafayette ne fut déterminé que par sa propre volonté. Il conçut la pensée honorable d'employer l'armée parisienne au salut de la reine et du roi, et il faut reconnaître qu'au milieu de beaucoup d'hésitations, il rendit à l'ordre, dans ces jours funestes, des services signalés. Les factieux ne s'y trompèrent pas, et dès ce jour il leur fut suspect.

Aussi, le lendemain de l'expédition de Versailles, on criait dans les rues : *Dialogue entre la Lanterne de Paris et la Lanterne de Versailles ou le retour du roi au Louvre*, avec cette épigraphe, très-honorable d'ailleurs pour le commandant général : « La gloire en est aux femmes et non au marquis de Lafayette. » Dans ce dialogue il se dit de fort belles choses, en style un peu trop *national* pour qu'il soit possible de les transcrire tout à fait textuellement.

« Je comptais, ma chère sœur, dit la Lanterne de Paris, que vous renonceriez à votre virginité en faveur de la patrie ; j'apprends cependant avec douleur que vous l'avez conservée, et qu'il n'est point sorti de vous un *Messie*.

» — Vous avez tort, ma chère sœur, répond la Lanterne de Versailles, de me faire des reproches : il y a longtemps que je souhaitais de n'être point pucelle et d'enfanter le bonheur public. Nous manquons d'exécuteurs patriotes dans cette ville ; je suis forcée de brûler sans pouvoir me marier et sans pouvoir rendre la postérité fortunée ; mais vous, ma sœur, il me paraît que vos ordinaires ont cessé et que vos galants ont cessé de vous caresser, car il m'est revenu que votre almanach ne marque plus le nom de vos maris et que tous vous fuient comme la peste.

» — Ce n'est point ma faute, ma chère sœur, reprend la Lanterne parisienne. Le lundi 5 octobre, le bedeau et le sonneur ont porté devant moi le flambeau de l'hyménée, l'on m'a descendu dans le lit nuptial, l'on a mis des draps neufs ; j'attendais avec empressement Lafayette, Bailly, Beaumarchais, etc., mes favoris et mes amants, qui trahissent la nation ; mais aucun n'a voulu bénir notre union, nous avons manqué de prêtres patriotiques ; je brûlais d'amour, et je me suis vue obligée d'éteindre mes feux sans rendre le devoir patriotique.

» Quant à vous, ma sœur, vous plaisantez lorsque vous dites que vous manquiez de ministres ; ne vous avais-je pas envoyé quatre-vingt mille missionnaires ? Il ne tenait qu'à vous de leur demander la bénédiction nuptiale patriotique. Vous n'aviez point faute de prétendus, sans compter Lafayette, qui est resté au château depuis onze heures jusqu'à une heure du matin, après avoir laissé mes quatre-vingt mille missionnaires et mes prêtresses exposés aux injures du temps le plus désagréable. Le bon général ! l'excellent fiancé ! il voulait conférer avec nos ennemis pour mieux trahir les amis du bien public ! »

Les journées d'octobre comme la prise de la Bastille furent le signal d'épouvantables violences. Un malheureux boulanger, nommé François, coupable d'avoir réservé trois pains rassis pour le dîner de ses garçons, fut arraché de sa boutique, traîné à la Grève et pendu par un fort de la halle appelé Belin. Ensuite, un garde national, appelé Noble-Epine, lui scia la tête avec son sabre. Cette fois, l'Assemblée nationale sortit de sa honteuse torpeur. Elle voyait sa prépondérance assurée par la défaite du roi et se croyait à la veille de clore la révolution. « *Consummatum est!* s'était écrié Camille Desmoulins lui-même ; nous pouvons dire à l'Assemblée nationale : A présent vous n'avez plus d'ennemis, plus de contradicteurs, plus de *veto* à craindre ; il ne vous reste qu'à gouverner la France, à la rendre heureuse, et à lui donner des lois telles, qu'à notre exemple, tous les peuples s'empressent de les transplanter et de les faire fleurir chez eux. »

Aussi, l'Assemblée sentit le besoin de mettre un terme aux attentats qui ne lui profitaient plus et dont la responsabilité allait désormais peser sur elle seule. Belin fut condamné à mort et exécuté ; Noble-Epine fut banni à perpétuité ; et l'on décréta la loi martiale, la loi du drapeau rouge, dans les plis duquel devaient s'ensevelir un peu plus tard la renommée de Lafayette et la popularité de Bailly.

C'est à propos de ces mesures vigoureuses qu'une brochure déjà citée, *le Patriote véridique*, émet cette réflexion mélancolique :

« Si vous pendez à la Lanterne les insolents mitrons, auteurs de la famine, vous serez vous-même pendu le lendemain par les ordres du synode aristocratique, et alors vous n'aurez plus besoin de pain... »

Huit jours après, l'assemblée fut prévenue qu'un citoyen nommé Planter, chargé d'acheter des blés pour le comité des subsistances de Paris, avait été saisi comme accapareur par les habitants de Vernon, et que c'en était fait de lui si l'Assemblée ne le réclamait. Le président écrivit à la municipalité de Vernon ; les troupes marchèrent. Mais ces secours fussent arrivés trop tard pour sauver le malheureux Planter, si, par un hasard providentiel, la corde n'eût cassé au moment où on l'élevait à la lanterne. Il tombe ; on le ramasse ; on le porte au réverbère voisin ; on l'accroche, on le hisse; la corde casse encore...

Les troupes survinrent : il fut sauvé. Cet événement singulier devint le thème de beaucoup de brochures. J'en possède une sous ce titre : *la Corde a cassé, heureusement! ou Dialogue entre un Normand, un Parisien, un Picard et un Gascon*; petite comédie révolutionnaire et conciliatrice, qui exprime assez précisément l'opinion des modérés du temps, qui, satisfaits de s'être emparés du pouvoir, désiraient s'y maintenir, sans permettre qu'on allât plus loin dans le bouleversement.

IV

Nous touchons à la décadence de la Lanterne. Les passions du tiers-état sont satisfaites ; on s'occupera, pendant quelques mois, de réprimer celles du peuple. En vain Marat demande huit cents potences pour y pendre tous les traîtres, et à leur tête « l'infâme Riquetti l'aîné ; » en vain Fréron adjure Mirabeau en ces termes : « Moins de talents et plus de vertus, où gare la Lanterne ! » En vain Camille requiert dans chaque département « la descente comminatoire d'une Lanterne au moins. » En vain fait-il observer que « la loi martiale du sage Minos permettait l'Insurrection et la Lanterne, lorsque les magistrats du Châtelet s'étaient rendus prévaricateurs et criminels de lèse-nation. » En vain un précurseur du Père Duchesne crie-t-il au peuple dans une curieuse brochure : *Pendez-moi ces b......-là!*

La fureur populaire cessa de s'exercer dans les rues. La bourgeoisie alarmée ne songeait plus qu'à assurer l'ordre matériel. Une série de mesures répressives qui se termina par le massacre du Champ-de-Mars contint les agitateurs et les brigands. On décréta Marat d'accusation; on décréta Camille Desmoulins ; on décréta Danton ; et M. de Lafayette, prenant des mesures pour la sûreté personnelle des députés du côté droit, trop souvent assaillis d'injures et de menaces au sortir des séances de l'Assemblée, disait : « Je veux que la police soit faite au point que M. l'abbé Maury se promène aussi librement que moi dans Paris. »

La Lanterne n'a duré que huit mois. C'en fut assez pour préparer le peuple aux plus grands excès par ces supplices anonymes et par une nouvelle corruption du langage. La Lanterne jouit d'une véritable vogue. Il était de bon goût d'y faire allusion dans le discours, et le plus médiocre orateur se faisait applaudir s'il touchait quelques mots de cette actualité piquante.

« Vous n'aviez pour spectacle, dit un pamphlet du vicomte de Mirabeau, quand l'argent vous manquait, que les farces du boulevard qui se donnaient gratis pour le peuple ; aujourd'hui vous avez la tribune de l'Assemblée nationale, la salle où se fait l'instruction criminelle du Châtelet, et de temps à autre une petite représentation de la *Lanterne.* »

Suivant le même polémiste : « Un des changements opérés dans la langue sur lequel semble avoir porté davantage le doigt de la Révolution, c'est sur les *meurtres* nécessaires pour l'opérer, qu'on a nationalement qualifiés d'*erreurs*. Les incendies ont été appelés *éclaircissements*, et c'est au flambeau qui si souvent et tout récemment encore vient d'éclairer la Bretagne, à l'illustre Chapelier, que nous devons ces modifications ingénieuses et nécessaires. »

On accusait Duport d'avoir inventé le *jeu de la Lanterne*, et Duport ne s'en défendait point. On attribuait à Charles de Lameth la définition suivante : « Un aristocrate est une bête puante qu'il faut fuir lorsqu'il est le plus fort, et détruire lorsqu'il est le plus faible. « On disait que Thibault, curé de Soupes, qui siégeait au côté gauche, avait fait pour la petite Jenny Lameth, âgée de trois ans, un catéchisme dont le premier article était :

« *Demande*. — Que faut-il pour faire une constitution ?

» *Réponse*. — Une assemblée nationale et des Lanternes. »

Les faiseurs de bons mots avaient construit divers synonymes fort extraordinaires. Le coin de la rue de la Vannerie fut appelé le *coin du roi* : on disait d'un homme à pendre qu'il allait faire *le soubresaut à la Favras;* Suleau publiait le « moyen de papillonner autour de toutes les Lanternes de la capitale et des provinces, sans être jamais fixé par leur vertu attractive qui donne une esquinancie jugulatoire à tous ceux qui se trouvent forcés de faire une station dans leur atmosphère apoplectique. »

On ajoutait que les citoyens guerriers, les guerriers citoyens, les dames de la nation, l'illustre coupe-tête, le bon duc d'Orléans, le Châtelet et la Lanterne étaient les sept merveilles de la Révolution.

Mirabeau jeune, terminant sa *Lanterne magique*, s'écriait :

« Si ma lanterne n'est pas celle qui élève les aristocrates, c'est au moins celle qui immortalise les démocrates ; l'une vaut bien l'autre. »

Enfin, le *Bulletin des couches de M⁰ Target, père et mère de la constitution*, représentait le berceau de celle-ci orné d'une lanterne, « pour graver dans sa mémoire le tribut de reconnaissance qu'elle lui doit à tant de titres. »

Puis c'est M. Rabaud-Saint-Etienne, qui fait présent à la jeune constitution de quelques joujoux destinés à son amusement, tels qu'une petite Lanterne, une petite pique et un petit poignard merveilleusement travaillés.

Par suite de la même plaisanterie, le malin libelliste rédige en ces termes le dernier article du testament de Mᵉ Target, mort en couches :

« Je désire que mes entrailles, renfermées dans une boîte de plomb, soient enterrées dans la Place nationale, ci-devant dite de Grève, sous la fameuse Lanterne, au coin de la rue du Mouton. »

La Lanterne reçut le coup de grâce lorsque M. Guillotin eut mis la dernière main à son invention. La démagogie refoulée s'organisait en secret : ce n'est plus par le meurtre isolé qu'on procèdera, mais par le meurtre en masse. Voici venir le règne de la Guillotine ; on l'inaugurera en mars 1792, comme pour marquer l'étape parcourue par la Révolution entre la fuite de Varennes et la journée du 10 août.

L'HERMITE

DE

LA CHAUSSÉE D'ANTIN

L'HERMITE

DE

LA CHAUSSÉE D'ANTIN

—

L'Empire et la Restauration ont eu leur Addison et leur Sterne dans la personne de M. de Jouy, membre de l'Institut. Le premier feuilleton de cette espèce de *revue de Paris* qui a pour titre *l'Hermite de la Chaussée-d'Antin* parut le 17 août 1811, dans la *Gazette de France*. Une vogue immense accueillit ces études de mœurs qui se prolongèrent en cent vingt-un numéros, jusqu'au 13 mars 1814. A peine closes, elles devinrent la proie des éditeurs, qui les réimprimèrent à profusion sans que l'avidité du public fût lassée. C'est ainsi que les cinq gros volumes de *l'Hermite de la Chaussée-d'Antin* furent suivis de *Guillaume-le-franc-parleur* en deux volumes; de *l'Hermite de la Guyane*, en trois volumes; de *l'Hermite en province* en 12 volumes. Le trop fortuné M. de Jouy ne pouvait plus suffire à l'exploitation de sa renommée ; on lui donna des suppléants : M. de Rougemont écrivit *le Bonhomme ou Observations sur les mœurs et usages parisiens;* M. Colnet, auteur de *l'Art de dîner en ville,* publia *l'Hermite du faubourg Saint-Germain;* Madame Sophie Pannier mit au jour *l'Ecrivain public.* Il y eut encore l'*Hermite à Londres,* l'*Hermite en Écosse, l'Hermite en Irlande, l'Hermite en Italie, l'Hermite à Madrid,* etc., etc.

C'était tout simplement une mode, et la mode a passé. Cependant bien que personne ne lise plus les *Hermites,* on les connaît de réputation, comme on se souvient des coiffures à la Titus, des spencers et des manches à gigot. Je viens de lire les cinq volumes du premier *Hermite,* et si je n'avais eu d'avance une juste idée des caprices du public, et de la vanité des réputations littéraires, je demeurerais confondu. Rien aujourd'hui de ce qui a pu séduire nos pères dans ces innombrables feuilletons n'a d'intérêt pour nous. Si légers que soient les tableaux de *l'Hermite,* ils reflètent quelque chose des mœurs qu'ils ont la prétention de peindre, et ces mœurs ont changé. Nous ne parlons plus la langue de ce temps-là ; nous n'écrivons plus de ce style ; les opinions qui triomphaient alors sont des opinions effacées ou vaincues ; ces plaisanteries pseudo-voltairiennes ne nous dérident guères, et cet esprit n'a plus cours aujourd'hui que chez les rentiers lymphatiques qui se dégourdissent au soleil de la Petite-Provence.

Est-ce que l'esprit vieillirait tous les vingt ans comme la musique ?

Que les *Hermites* soient depuis longtemps déjà illisibles et maussades, c'est ce qui s'explique par la cause même de leur énorme succès : LA VULGARITÉ.

Vulgarité d'invention et d'intention, car M. de Jouy ne cachait pas qu'il voulait imiter Addison et Sterne, refaire et corriger Mercier ; exécution si vulgaire, qu'il faut relire *Tippo Saëb, la Vestale* et *Sylla,* de peur de commettre la cruelle injustice de refuser à leur auteur les notions les plus indispensables de la capacité littéraire.

Chose digne de remarque ! voilà cinq volumes écrits patiemment par un galant homme qui sait penser et qui sait vivre ; qui donne à propos et avec grâce des preuves d'une suffisante érudition ; qui n'énonce rien que d'à peu près raisonnable, rien que de moral, rien que d'honnête ; qui écrit en bon français, en un français clair, limpide et marchant droit, comme il convient quand on connaît bien le caractère de cette langue rebelle aux arabesques ; eh bien ! ce livre est un livre ennuyeux, niais et absolument plat. La vulgarité le ronge comme la rouille ronge le blé, et la maladie est incurable.

Chose étrange ! cet homme, digne d'être rangé parmi les intelligences d'élite, écrit un livre qui est à l'art ce que le bourgeois est à l'artiste : cet homme, non vulgaire, produit une œuvre vulgaire au dernier point. D'où vient donc cette anomalie ?

S'explique-t-elle par une timidité littéraire dont on sait quelques exemples, ou bien par une exploitation rusée des instincts médiocres du public ?

Qui n'a souvent réfléchi à ces mystères de la composition littéraire ? Qui n'a cherché avec anxiété à déterminer la ligne invisible qui sépare le talent du génie, la ligne plus invisible encore qui sépare le talent de l'irrémédiable, de l'inconjurable médiocrité? *Nascuntur poetæ.* Le nombre est grand, chez une nation d'esprit cultivé comme la nôtre, des hommes chez qui les plus nobles facultés de l'intelligence dirigent et coordonnent l'expansion de la sensibilité; mais le nombre est petit de ceux qui savent traduire leurs impressions dans ce langage à la fois savant et intelligible pour tous, qui est le domaine de l'art; bien rares sont ceux qui savent appliquer leur génie à créer une forme nouvelle, parure éternelle et toujours jeune de la pensée. Napoléon, Carnot, Ampère, Mallebranche, d'autres hommes illustres encore, sont égaux sous certaines faces à tout ce que l'art a produit d'hommes éminents; tous quatre ont essayé d'être poètes : Napoléon a fait un madrigal; Carnot a cultivé la romance avec la collaboration du musicien Romagnesi; Ampère a tâté de l'élégie; Mallebranche est l'auteur d'un distique innocemment célèbre ; et ces quatre grands hommes sont restés au-dessous du plus mince rimeur. Il y a plus : les gens de lettres eux-mêmes fournissent de singuliers exemples d'une impuissance particulière à pénétrer certains côtés de l'art. Balzac, ce colosse ; Mérimée, cet ingénieux et savant conteur, n'ont jamais bien compris la poésie et s'en sont vengés par des railleries pleines d'une amertume secrète.

Sans aller si loin, et pour nous en tenir à M. de Jouy, on peut conjecturer que cet académicien, qui eût été un guerrier distingué, comme il l'a prouvé dans les trente premières années de sa vie, n'était pas organisé pour la littérature; ce qui ne lui retire aucun des ses droits à l'estime et au respect.

Plus à l'aise avec la muse tragique, qui se dispense volontiers d'observation et de vérité, M. de Jouy, s'appuyant sur Montesquieu et Voltaire, a pu refaire le dialogue de Sylla et d'Eucrate en cinq actes et en vers ; mais quand il s'est agi de décrire son époque, il n'a produit que de puérils caquetages ; il n'a pas su peindre parce qu'il ne savait pas voir.

Je ne suis pas sûr que, dans les cinq volumes de *l'Hermite,* il se rencontre un seul trait d'observation véritable, ni, par compensation, un seul mot spirituel. En fait d'observation, comme en fait d'esprit, M. de Jouy s'en tient aux choses convenues ; et — c'est pour cela que je le comparerais à M. Scribe — il montre une prédilection notoire pour la plaisanterie connue, acceptée, toute faite.

Qu'est-ce que la faculté d'observation, sinon la puissance d'embrasser les faits dans leur ensemble et d'en conserver la physionomie par les détails, en les expliquant dans leurs rapports avec les lois générales ? M. de Jouy n'a pas la moindre idée du détail ; il ressemble en cela à ces peintres de portraits qui dessinent tant bien que mal l'ovale d'une tête et ne savent que mettre dedans. Veut-il décrire la vie de château ? « Je pourrais, s'écrie-t-il, au risque d'ennuyer mon lecteur, lui faire en style à la mode la description d'un des lieux les plus beaux, les plus variés, les plus pittoresques qu'il soit possible de rencontrer ; mais l'espace et le temps me pressent et je dois me borner à dire que le site où se trouve placé le château de B*** ne laisse rien à désirer à l'imagination la plus féconde et la plus riante. »

Rien n'égale la stérilité de ce procédé littéraire, où

tout est laissé à la discrétion du lecteur; M. de Jouy tombe aussi fréquemment dans une autre pratique mise à la mode par l'ancien théâtre, je veux parler des *portraits* en deux lignes, accumulés en une tirade qui prend le nom de *couplet* quand la pièce est en vers, et qui, dans le vaudeville moderne, ajustée sur un air, est devenue le *couplet de facture*.

Voici un échantillon de ces couplets de facture en prose :

« On avait annoncé l'année dernière un petit poëme de la façon d'un cocher de fiacre. S'il existe en effet quelque bel esprit qui sache manier le fouet et la plume, il devrait bien nous faire l'historique de ses courses, seulement pendant un mois. Quelle foule d'observations ne pourrait-il pas recueillir ! quelle foule d'originaux n'aurait-il pas à dépeindre ! Ce solliciteur, ce candidat, en bas de soie dès neuf heures du matin, qui court assiéger l'antichambre de l'homme en place qui rêve au moyen d'éluder sa visite; ces champions, moins bouillants le matin que la veille, et qui, tout en s'acheminant vers le bois de Vincennes, etc.; cette jeune dame cachée sous un voile, qui monte en fiacre d'un air si inquiet, etc.; ce drapier de la rue Saint-Denis, tout fier de marier sa fille à un contrôleur des contributions, et qui trouve le moyen de faire entrer dans la voiture les douze personnes de la noce, etc. »

— *Refrain* : « L'intérieur d'un fiacre serait une chose bien amusante à connaître; et qui pourrait s'y cacher pendant huit jours, aurait en sortant de là bien des révélations à faire. »

Si l'intérieur d'un fiacre est une chose si amusante à connaître, que M. de Jouy ne le décrivait-il ? Les auteurs économes ne perdent pas de gaîté de cœur l'occasion si difficile d'amuser le public.

Hé! le public!... Le public s'amusait; plus le poncif était banal, plus il applaudissait; plus le mot était trivial et roulé comme un galet dans le flux et le reflux de la conversation au point d'avoir perdu tous ses angles, plus le public riait.

L'Hermite rencontre un auteur furieux d'avoir été attaqué dans le feuilleton de la *Gazette de France*. « On m'a tout contesté, dit-il, jusqu'au mérite du style, sur lequel il n'y a qu'une voix. — En comptant la vôtre, répond l'Hermite. — On se rétractera, continue l'auteur piqué au vif, ou l'on se brûlera la cervelle avec moi. — Permettez-moi de vous dire qu'on peut se dispenser de vous rendre ce dernier service, car votre cerveau me paraît déjà passablement brûlé. »

L'ouvrage entier est dans ce goût; à peine mérite-t-il de figurer, même par curiosité, dans une bibliothèque; faut-il le dire? je ne le conserve dans la mienne qu'en l'honneur d'une demi-douzaine de faits-Paris, qui d'ailleurs se trouvent vraisemblablement dans les journaux de l'époque; par exemple (24 août 1814) : « Avec quel plaisir je remarquai hier, en me promenant, le soin que l'on prend de faire disparaître ces petits fossés pratiqués le long du boulevard, dans l'espace qui sépare les arbres, et dont la vue me rappelait la chute que j'y ai faite l'année dernière dans une nuit obscure. Ces espèces de sauts-de-loup viennent d'être remplacés par des bornes élégantes, lesquelles, en atteignant le même but, celui d'empêcher les voitures d'arriver jusqu'au pied des arbres, présentent un coup-d'œil plus agréable, et, ce qui vaut mieux encore, offrent aux hommes de peine un point d'appui pour eux et leur fardeau. »

Je donnerais tous les portraits comiques de *l'Hermite* pour un petit tas de ces renseignements précieux, faute desquels on n'a pas encore écrit l'histoire intime de Paris et de la France sous l'empereur Napoléon.

Cependant, est-ce tout-à-fait la faute à M. de Jouy si son œuvre est débile? La faiblesse endémique de la littérature depuis la Révolution française jusqu'à nos jours ne s'explique-t-elle pas naturellement par l'état moral et politique de la France, qui a permis à un très-petit nombre d'exceptions glorieuses de se développer?

Les premiers plans sont restés occupés : Voltaire mort, Châteaubriand naîtra; ensuite Balzac viendra résumer en une immense épopée romanesque toutes les passions et toute la philosophie française. Mais dans les seconds plans, quel amoindrissement déplorable! Quelle différence, par exemple, entre *l'Hermite de la Chaussée d'Antin* et le *Tableau de Paris*; entre l'élégant et disert académicien, ancien officier-général, moitié administrateur, moitié journaliste, et le vieux dramaturge, écrivain grossier, mais énergique, qui trouve quelquefois les élans sauvages et la couleur brutale des maîtres espagnols?

Que d'observations vraies, précises, profondes, que de finesses enfouies dans les taillis de ce style inculte! que d'épicuréisme vulgaire et d'égoïsme inavoué dans les pages froidement correctes de l'auteur de *Sylla!* Entre le dernier disciple de Jean-Jacques Rousseau et l'auteur du *Lys dans la vallée*, quelle effroyable lacune dans la littérature des idées! Quelle funeste abondance dans la stérilité! Comme la littérature corruptrice et révolutionnaire se développe tout à l'aise, depuis les romans jacobins de Pigault-Lebrun jusqu'aux chansons impies de Béranger !

M. de Jouy figure avec une certaine dignité dans cette mauvaise ère ; et peut-être aussi a-t-il dû sa vogue transitoire à l'honnêteté sincère de ses écrits. Arrêtons-nous à cette pensée consolante, et souhaitons que l'avenir nous donne des écrivains aussi respectueux d'eux-mêmes et du public, mais plus instruits dans les secrets de l'art, et bien décidés à ne consacrer leur plume qu'à de moins frivoles labeurs.

LE
LENDEMAIN DU MASSACRE

LE

LENDEMAIN DU MASSACRE

(SEPTEMBRE 1792)

—

I

« Il faut faire peur aux royalistes ! » s'était écrié Danton ; et les prisonniers avaient été égorgés. Le massacre, commencé dans la journée du dimanche 2 septembre, se prolongea jusqu'au milieu de la semaine. Le samedi suivant, les Parisiens, attirés par la fête de Saint-Cloud (1), laissaient, en dansant sous les ombrages du parc, la trace de leurs pas imprimée dans le sang des victimes.

En même temps, on procédait à l'élection des représentants du peuple pour la Convention nationale. Marat dictait la liste, et les électeurs votaient sous le couteau. Tous les chefs des assassins, Danton, Sergent,

(1) Prudhomme, *Révolutions de Paris*, n° 165, p. 445.

Panis, Camille Desmoulins, Fabre d'Eglantine, Marat lui-même furent élus.

Les honnêtes gens se turent, courbés sous une indicible terreur. La commune de Paris, le club des cordeliers, le club des jacobins crurent un instant avoir dompté l'opinion.

Un incident inouï la réveilla en sursaut.

Dans la journée du 14 septembre, Paris fut envahi par une bande de voleurs (1) coiffés du bonnet rouge et ceints de l'écharpe tricolore, qui, au nom de la commune de Paris, se jetèrent sur les femmes et leur arrachèrent leurs bijoux, montres, bagues, pendants d'oreille, chaînes, anneaux de mariage, etc. Jamais vol plus audacieux n'avait été exécuté avec plus de sang-froid et d'originalité.

Non-seulement les brigands parlaient au nom de la commune, mais encore ils agissaient en forme de pouvoir exécutif, en vertu du décret qui invitait les citoyens à se défaire de leurs bijoux inutiles pour contribuer aux frais de la guerre. L'expédition fut très-fructueuse en de certains quartiers, celui des Halles, par exemple ; les citoyennes ci-devant dames de la Halle ont de tout temps étalé un grand luxe d'orfévrerie qu'elles seules pouvaient se permettre impunément à cette époque, où la moindre apparence de luxe désignait les victimes à la rapacité des assassins.

Nos voleurs agirent donc avec le plus grand calme et la plus cynique régularité. Quelques-uns portaient des balances, pesaient les bijoux et en délivraient un récépissé en due forme. Mandrin ne se comporta pas

---

(1) Prudhomme, *Révolutions de Paris*, n° 165, p. 444.

plus civilement avec les douaniers de Louis XV. D'autres parcoururent la banlieue et dépouillèrent des laitières qui venaient vendre leur lait à Paris. Ces percepteurs de nouvelle espèce disaient plaisamment qu'ils étaient chargés de *faire l'extérieur*.

Pendant toute la matinée, ces drôles réalisèrent de brillantes recettes ; mais ils commirent la faute de s'attaquer aux femmes des sans-culottes. Ceux-ci voulaient bien qu'on volât les aristocrates, mais non pas qu'on les pillât eux-mêmes : aussi s'armèrent-ils dans leurs sections et tombèrent-ils à coups de baïonnettes sur les agents de la caverne municipale, dont plusieurs furent tués.

La commune, désagréablement affectée du résultat de cette entreprise par trop patriotique, jura qu'elle n'y avait point trempé, et publia une proclamation.

La rumeur fut grande dans Paris; Pétion promit à l'Assemblée qu'il ferait saisir tous les voleurs. Mais ce candide fonctionnaire avait affaire à forte partie : pensant qu'il faisait la chasse aux voleurs de bijoux, divers commissaires de section, parés de leurs insignes et assistés de la force armée, pénétraient dans les maisons, s'emparaient des objets précieux, et imposaient de véritables contributions de guerre. Les vainqueurs du 10 août pillaient les caves des Tuileries ; mais, plus tempérants et plus avisés que leurs petits-fils de février, ils ne burent pas le vin de la liste civile : ils se contentèrent de le vendre. Dans la vallée de Montmorency, les agents du club des jacobins, « dignes précurseurs des houlans, » dit Prudhomme, violèrent le domicile des citoyens, et, le sabre à la main, levèrent un emprunt forcé.

L'Assemblée législative gémissait sans doute en secret, nous le supposons pour son honneur, mais en public elle encourageait les exactions de tout genre. Ainsi, dans la séance du 11, Chabot annonça qu'il avait fait la capture de 27,000 livres en or trouvées chez un contre-révolutionnaire, et qu'il avait requis son emprisonnement à l'Abbaye ; en d'autres termes, Chabot s'était mis en mesure de faire guillotiner l'aristocrate pour l'empêcher de réclamer son argent. L'ex-capucin termina sa harangue en demandant « la mention honorable » pour le caporal de la section du Panthéon qui l'avait aidé dans cette glorieuse entreprise. La mention honorable pour un vol à main armée ! Eh bien ! l'Assemblée législative estima que cette récompense était insuffisante, et elle vota, avec la mention honorable, 300 livres de gratification à l'honnête caporal.

Nous citons aussi textuellement que possible : ces choses-là ont tant besoin d'être prouvées pour être croyables !

Dans la séance du 13, le ministre de l'intérieur se plaignit que des personnes, se disant commissaires de la commune de Paris, faisaient dans les départements des visites domiciliaires et des enlèvements d'effets précieux. L'Assemblée ne prit aucune décision.

Trois jours après, Roland revient à la charge, et informe l'Assemblée des dilapidations énormes qui se commettent dans les domaines nationaux : « Des individus, revêtus de l'écharpe municipale, se présentent, dit-il, dans différents hôtels appartenant à la nation ; ils en font enlever les meubles et tout ce qu'il y a de précieux. Dans une seule maison on a enlevé pour cent mille écus. »

Cette fois, l'Assemblée, passant d'un extrême à l'autre, décida la peine de mort contre tout individu qui porterait illégalement l'écharpe municipale. Mais ce décret hypocrite ne pouvait atteindre les vrais voleurs, dont l'écharpe était aussi légale que leurs déprédations l'étaient peu.

Aussi, le 19, les réclamations recommencent : la municipalité de Ris se présente à la barre et avertit l'Assemblée qu'elle a fait arrêter dans son territoire de prétendus commissaires de la municipalité de Paris qui faisaient des visites domiciliaires et des enlèvements d'argent. L'Assemblée paie les pétitionnaires en applaudissements. Pendant la nuit précédente, le garde-meuble avait été dévalisé.

Tant de méfaits honteux soulevèrent l'indignation publique. De toutes parts les accusations les plus graves inculpèrent la commune de Paris, qui se défendit mal. On rit de pitié quand on la vit rejeter le pillage sur le petit nombre de prisonniers échappés à la fureur de ses sicaires. On la soupçonna justement quand les déclarations de Roland, ministre de l'intérieur, établirent que le vol du garde-meuble était dû à l'ineptie ou à la complicité de la municipalité parisienne, qui n'avait pas établi de corps-de-garde dans ce monument précieux, et qui avait laissé sans réponses toutes les réquisitions qui lui étaient faites à cet égard. On fut pleinement convaincu, quand on vit les voleurs du garde-meuble, mis sous la main de la justice, échapper de délais en délais à la vindicte des lois.

Et alors, le cri de l'opinion retentit jusque dans la Convention, nouvellement assemblée. Les coupables y siégeaient en vertu de l'assassinat; le vol faillit les en faire exclure.

II

Ce fut la Gironde qui leur jeta le gant. Le premier, Kersaint flétrit et détesta du haut de la tribune l'horrible exploit des massacreurs ; le premier, Roland, dans un mémoire à l'Assemblée, inculpa de dilapidation et d'escroquerie la commune de Paris.

On peut s'étonner que Roland, homme intègre, mais faible de caractère, se soit jeté volontairement dans cette lutte périlleuse ; mais, outre que le crime lâche et vil lui faisait horreur, il y avait, au fond du débat par lui si résolûment soulevé, une question de parti : plus et moins qu'une question de parti, une querelle personnelle. Au plus fort de l'égorgement, une main sanglante avait signé sur une table de l'hôtel-de-ville l'ordre d'arrêter Roland. L'arrestation, c'était la mort. Le mandat fut déchiré, parce qu'on craignit la popularité du ministre. Mais dans cette tentative avortée, on crut reconnaître l'influence de Robespierre, ennemi juré de Brissot, de ce même Brissot qui gouvernait la France sous le nom de Roland, et l'Assemblée par les cent voix de la Gironde. Ainsi, dans la bouche des Girondins, le cri de l'humanité outragée devint le mot d'ordre d'un parti politique ; l'indignation de quelques cœurs honnêtes dicta le thème des hommes d'Etat. Les Girondins, souvent moins scrupuleux, poussèrent loin leur agression contre les assassins de septembre. L'histoire leur en tiendra compte ; afin de rester fidèles à cette haine, ils refusèrent, en 1792, l'alliance de Danton, qui pouvait les sauver ; ils repoussèrent magnanimement tout contact avec ces mains souillées du sang de septembre ; et c'est pour cela qu'ils sont morts.

L'épisode que nous racontons n'est que le prologue de cette lutte suprême : prologue inconnu, et qu'il faut publier pour l'instruction de la France et pour la honte éternelle de la démagogie.

Ce fut le 29 octobre 1792 que Roland, se présentant à la barre de la Convention pour rendre compte de la situation de Paris, dirigea contre la commune les accusations les plus formelles. L'état de la France était grave. L'opinion, comprimée, pouvait faire éclater une mine sous les pas des conventionnels ; les démagogues eux-mêmes n'étaient pas sans inquiétude, et tout fait croire qu'ils rêvaient un nouveau 2 septembre. Les catastrophes de Paris venaient de se reproduire à Lyon : la guillotine avait été dressée sur la place des Terreaux, les portes des prisons brisées, et les détenus guillotinés sans jugement. De tous côtés s'élevaient des pressentiments sinistres : tantôt c'était une section de Paris qui dénonçait à la barre de l'Assemblée le nombre croissant des prisonniers entassés illégalement dans les prisons ; tantôt c'était un journaliste, franchement républicain s'il en fut, qui s'écriait : « Pourquoi désigner les propriétaires à la fureur de ceux qui ne le sont pas ? Pourquoi nos prisons se remplissent-elles si vite ? Aurait-on de nouveaux projets ? » Tout à coup, de sourds murmures se répandaient dans la ville ; et le ministre de la guerre s'étonnait, dans une lettre publique au conseil général, de voir arriver à Paris des citoyens armés qu'aucun ordre n'avait appelés et dont il ne pouvait prévoir la destination. Enfin, pour ajouter à l'anxiété fébrile des esprits, le ministre de la justice, Garat, venait poser cette question aussi infâme qu'inepte : « Les prisonniers élargis le 2 septembre peuvent-ils être encore soumis au jugement des lois ? »

Voilà dans quelles circonstances critiques Roland vint signifier aux assassins et aux voleurs de septembre leur acte d'accusation : « J'avais cru voir, dit-il, dans l'événement des premières heures, le désespoir et l'indignation d'un peuple frémissant à l'approche du péril et tombant sur des coupables, qu'il trouve être trop longtemps épargnés par la loi. » Au moyen d'une telle précaution oratoire, bien digne de cette fangeuse époque, le ministre arrive à dire qu'il s'est trompé, que les massacres ne sont pas l'œuvre du peuple, mais celle d'une poignée de scélérats, rassemblés, guidés, commandés et payés par la commune de Paris. Leur moyen, c'était le meurtre ; leur but, le pillage. Sans doute, Roland ne s'exprime pas ouvertement ; il dore la pilule, il noie ses accusations dans l'abondance des périodes, et jette quantité d'antithèses, de comparaisons et de figures à la Démosthènes sur les nudités de son discours. « Département sage, dit-il en concluant, département sage, mais peu puissant ; commune active, mais despote ; peuple excellent, mais dont une partie est intimidée ou contrainte, tandis que l'autre est travaillée par les flatteurs et enflammée par la calomnie ; confusion de pouvoirs ; mépris des autorités ; force publique faible ou nulle par un mauvais commandement : voilà Paris. »

Personne ne se méprit sur la portée de ce discours. Déjà, la veille, un décret avait mandé la commune à la barre pour rendre ses comptes relatifs à la maison de secours. Cambon accusait formellement la commune d'avoir détourné dix-huit cent mille livres ; un débat orageux s'était élevé, mais l'arrivée d'une députation de la cavalerie nationale l'avait interrompu, et il n'y avait pas été donné suite. Mais après le réquisitoire de Roland, tous les voiles furent déchirés : on somma de toutes parts la commune de rendre compte des trésors qu'elle s'était appropriés. Les noms de Sergent et de Panis passaient dans toutes les bouches, accolés aux épithètes les plus flétrissantes. « La commune de Paris n'est pas une vierge, s'écriait Prudhomme ; mais, ajoutait-il insolemment, quel pouvoir constitué, à commencer par la Convention nationale aurait le droit de lui jeter la première pierre ? Au surplus, ajoutait le célèbre folliculaire, la plaie la plus honteuse de la Convention est peut-être la députion de Paris. »

Désormais, on ne pouvait plus rien cacher des turpitudes commises sous le manteau de l'insurrection. La vérité devait se faire jour ; elle apparut complète le lendemain même du discours de Roland, et ce fut un de ses collègues, le ministre des contributions, qui l'apporta à la tribune. Il se plaignit en termes justement irrités de n'avoir pu obtenir aucun renseignement sur le dépôt fait au comité de surveillance de la commune d'une somme de 340,140 livres en or, argent et assignats, de beaucoup de diamants et bijoux, de deux grands portefeuilles pleins de papiers et d'un riche écrin provenant de la liste civile. L'assemblée, à la fin émue de ces scandales, ordonna que ces effets fussent remis sous vingt-quatre heures à la trésorerie nationale.

Ce n'était pas tout : voici ce qu'on apprit.

Parmi les traits de la hideuse journée du 2 septembre que la lugubre notoriété de l'histoire nous a transmis, personne n'a oublié comment les assassins prononçaient aux victimes leur sentence de mort : aux prisonniers de la Conciergerie, « Passez, disait-on, pour vous rendre à l'Abbaye ; » aux prisonniers de l'Abbaye, « Passez pour vous rendre à la Conciergerie. » Les malheureux sortaient et étaient immolés sur le seuil. Mais on a trop négligé de dire qu'aucun détenu ne pouvait franchir le guichet sans avoir déposé entre les mains du concierge ses papiers, son argent et ses bijoux. Les valeurs ainsi recueillies s'élevaient à une somme considérable. Les prêtres réfractaires, enfermés aux Bernardins en attendant que le décret de déportation rendu contre eux fût exécuté, s'étaient presque tous munis d'or et d'assignats ; dans la chambre de Rulhière, ancien commandant du guet, tué à l'Abbaye, on trouva beaucoup de doubles louis, de l'argent, des bijoux et des assignats. Les commissaires que la commune préposait à l'égorgement veillèrent avec une grande sollicitude sur tant d'objets précieux, qu'ils firent déposer sous le scellé dans les bureaux du comité de surveillance.

On avait totalement oublié ces faits quand les honteuses prévarications de la commune appelèrent sur elle la sévérité de quiconque gardait encore un peu d'honneur au fond de l'âme. Qu'avait-on fait de ces dépôts sanglants ? Voici la réponse à cette question, telle que la fournit un article des *Révolutions de Paris* sous forme d'entrefilets (n° 177, p. 444) :

« La commune s'occupe, ainsi qu'elle l'a promis, de faire rendre les comptes du comité de surveillance. Le rapporteur pour la reddition de ces comptes a déclaré à la commune que dans le nombre des objets précieux *qui se trouvent manquer*, tels que bijoux, argenterie, louis, etc., on comptait trois montres d'or, une agate montée en bague et un autre bijou, lesquels effets, a dit le rapporteur, *sont entre les mains de Sergent, député de Paris* à la Convention et alors présent. Sergent est convenu du fait, à l'exception d'une montre qu'il a dit ne pas avoir, et a déclaré que son intention était de payer les effets au prix auquel ils auraient été portés. Ce disant, on a remarqué qu'il avait au doigt l'agate réclamée. Cette petite circonstance a affligé les patriotes, qui aimaient à voir dans le citoyen Sergent un homme probe autant que délicat. »

Bientôt on eut d'autres détails sur cette odieuse et déshonorante affaire. Le procès-verbal des commissaires chargés d'examiner les comptes de la commune est sous nos yeux. Ne pouvant le transcrire à cause de son étendue, il faut du moins l'analyser.

Les commissaires demandèrent d'abord aux administrateurs du comité de surveillance les registres sur lesquels devaient être inscrits les impôts. Il n'en existait pas. Ils demandèrent ensuite les procès-verbaux détaillant les objets déposés : ils furent introuvables. Il fallut faire venir à la commune chacun des individus qui avaient effectué les dépôts, et procéder à un récolement purement de mémoire.

Quel ne fut pas l'étonnement des commissaires en

voyant les différents objets dans un désordre tel, qu'il fallut trois jours entiers pour en faire le triage préalablement à toute vérification ! Les scellés apposés sur les objets pillés chez le comte d'Artois, chez M. de Polignac et chez M. de Lambertye, consistant en argenterie et autres effets contenus dans des malles, furent trouvés brisés. Le comité prétendit qu'ils l'avaient été par la commission de la Convention chargée de rechercher les papiers des prétendus conspirateurs. La commission, interpellée, infligea le plus sanglant démenti au comité de la commune.

Sur le dépôt fait par la section de la République, consistant en argenterie, on constata la disparition de douze fourchettes.

Une malle, déposée par la section du Contrat social, contenait dix sacs d'écus ; on n'en trouva plus que neuf. Le citoyen Dufort, administrateur de la commune, prétend qu'un de ces sacs s'étant rompu, il en a reporté le contenu dans les neuf autres. « Mais, objectent fort sensément les examinateurs, il eût fallu représenter le sac vide, pour plus de régularité, afin de constater que si les neuf autres étaient tout neufs, comme le fait est vrai, le dixième sac, par extraordinaire, était vieux. »

Vient ensuite le dépôt Coëtlogon, sur lequel il manque une grande cuiller à potage, quatre à ragoût, treize fourchettes et vingt-quatre cuillers, *le tout en argent,* dit naïvement le procès-verbal. Parbleu ! Cinquante louis d'or et huit mille livres en assignats ont suivi l'argenterie.

L'énumération complète de ces coquineries lasserait notre plume ; tenons-nous en aux plus piquantes. D'un dépôt fait par la section du Louvre, il manque deux couverts et une garde d'épée (en argent, dit encore le procès-verbal) et vingt et un doubles louis d'or... Mais, ô surprise! le voleur était honnête et délicat : il avait pris cent quatre livres en or, mais il les a remplacées par mille livres en assignats. Peut-on faire agréer plus galamment à la patrie un don patriotique?

Nous remarquons aussi le dépôt effectué par la section des Lombards : celui-là brille absolument par son absence; on n'en a rien laissé.

Il faut lire sur chacune des interpellations qui lui sont faites les réponses du citoyen Dufort! Pour ne pas rire à chaudes larmes, on a besoin de se rappeler que chacun de ces objets volés, bousculés, échangés, perdus comme par enchantement, quelquefois retrouvés comme par miracle, portent une tache de sang.

Un des commissaires examinateurs paraphait des papiers dans un petit bureau situé dans le rez-de-chaussée de l'hôtel-de-ville. Dans ce bureau, il y avait un poêle; près de ce poêle, des bûches; sur ces bûches, un bonnet de grenadier. Un choc inattendu, dû peut-être à la présence d'un rat ou de quelque autre animal domestique, amène l'éboulement de cette montagne de bois : le bonnet de grenadier roule aux pieds du commissaire, qui le ramasse tout effaré et qui trouve dans cette coiffure militaire un paquet d'assignats portant le timbre de la section des Arcis. On s'étonna de la découverte, car le vertueux Dufort avait déclaré que le rez-de-chaussée ne renfermait aucun dépôt. L'incident est mis sur le compte du hasard, ce bouc émissaire des malfaiteurs honteux, et l'on écrit à la section des Arcis de reconnaître son dépôt. Mais la lettre du commissaire ne parvient pas à la section, qui reçoit en échange un petit mot du citoyen Dufort, l'invitant à lui envoyer un délégué pour conférer sur des affaires importantes. Les sectionnaires comprirent et ne bougèrent pas. La guillotine allait si vite!

Il y a aussi dans le procès-verbal un curieux inventaire d'habits, linges et hardes provenant des prisonniers massacrés. Rendons justice à qui de droit : le compte s'y trouve. Bien mieux, l'état officiel ne portait que vingt-six chapeaux, la commune en représente vingt-huit! L'homme aux louis d'or aura passé par là.

« Il est encore bon d'observer, dit Prudhomme, qu'une pendule provenant de saisies exécutées par la municipalité de Suresnes, pendule qui ornait quelques jours avant la cheminée d'une des pièces de l'appartement du citoyen Dufort, est revenue toute seule sans que les commissaires s'en soient aperçus. »

Mais les montres! les montres! Patience, nous y voici. L'état des objets provenant des prisons est on ne peut plus exact; mais il ne mentionne que huit montres. Huit montres pour tous les prisonniers égorgés! C'est bien peu. Encore sur ces huit en manque-t-il deux : suivant le citoyen Dufort, l'une est entre les mains d'un certain citoyen Six, l'autre orne le gilet du citoyen Sergent, député de Paris; et comme il était de bon goût d'en porter deux, l'une dans le gousset gauche, l'autre dans le gousset droit, le citoyen Sergent a complété sa parure au moyen de la montre, de la chaîne et du cachet d'agate de défunt M. Buob, ancien juge de paix, tué dans la cour de l'Abbaye;

item, il est toujours bon d'avoir une montre de rechange ; c'est pourquoi le citoyen Sergent n'a pas dédaigné de s'en adjuger une troisième dont le propriétaire n'est point connu.

Ces faits terribles, accablants, furent longuement consignés dans le rapport des commissaires examinateurs. Sergent assistait à la lecture qu'ils en firent au conseil général. Le jour même il déposa une déclaration signée constatant que, d'après une autorisation des administrateurs du comité de surveillance, il lui aurait été remis deux montres, deux chaînes et une bague, qu'il offrait de payer d'après estimation ; et trois jours après il envoya trois montres, trois chaînes des cachets et une bague ornée d'une agate, avec une lettre par laquelle il priait qu'on lui mît ces objets « à part, » afin qu'il pût s'en rendre adjudicataire au moment de la vente. Le conseil général ordonna l'impression de cette lettre à la suite du rapport de ses commissaires.

Dans une rectification très-curieuse, adressée par Sergent à l'éditeur des *Révolutions de Paris*, les faits sont racontés un peu autrement : « Un arrêté de la commune, dit Sergent, ordonnait que les effets des prisonniers tués dans les prisons seraient vendus au profit de la commune. Les administrateurs de la police avaient en conséquence fait estimer les objets... Je choisis, ainsi que d'autres, ce qui me convenait, et j'en versai le prix dans la caisse de la police. »

Le dégoût nous saisit à mesure que nous transcrivons cette honteuse justification. Quoi ! c'est un administrateur de la ville de Paris, c'est un représentant du peuple, qui avoue comme une chose toute simple, qu'il a choisi sa proie dans les dépouilles de victimes égorgées par ses ordres ! Eh ! qu'il ait ou non payé son infâme butin, que m'importe !

Représentez-vous cette scène qui eût tenté le pinceau de Tacite. On égorge dans les prisons, on assomme dans les préaux, on sabre dans les cours. Voyez-vous ces hommes qui plongent leurs bras dans le sang jusqu'au coude ? Que cherchent-ils ? Des cœurs d'aristocrates pour les porter sur le bureau de l'hôtel-de-ville de Paris (1) ? Des entrailles fumantes pour en parer leur tête (2) ?

Vous les connaissez mal ; ces gens-là cherchent des montres !

Et ils en trouvent, et ils les comparent. — Celle-ci me plaît : n'est-elle pas de Lepaute ? — Moi, je prends celle-là : c'est une Leroy. — Mais celle-là est ornée de pierres fines. — Mais celle-ci porte un diamant de la plus belle eau. — Je la retiendrai à la commune. — Je prierai mon ami Dufort de me la mettre à part.

Et l'on continuait d'égorger sous leurs ordres.

Quant à moi, dont le cœur se serre pendant que j'écris ces tragédies immondes, j'avais entrevu depuis longtemps le rôle qu'ont joué les montres dans les fastes de la démagogie du dernier siècle. Les assassins du 6 octobre 1789 ne prirent-ils pas la montre du premier garde du corps qui tomba expirant sur le seuil de la reine (4) ?

---

(1) Le cœur de Bertier, intendant de Paris, fut déposé tout sanglant sur le bureau des électeurs, malgré les protestations et la fureur indignée du marquis de Lafayette.

(2) Les femmes qui se transportèrent à Versailles dans la journée du 5 octobre 1789, demandaient les entrailles de la reine pour en faire des cocardes. Voyez la *Procédure suivie au Châtelet de Paris*, t. I et II, *passim*.

(3) Voir la déposition de Durepaire, *Procédure du Châtelet*.

IV

Que si l'on veut savoir comment finit l'histoire des montres et de la commune, j'ajouterai que je ne me fais pas juge des moyens justificatifs proposés par Sergent, pas plus que je ne connais les griefs allégués contre son collègue Panis. Je me borne à transcrire ici la délibération qui fut prise :

« Le conseil préposé pour l'apurement des comptes, après avoir délibéré, considérant les soustractions, dilapidations, malversations que présentent les résultats des comptes, suivant le rapport de ses commissaires, contre les citoyens Sergent et Panis, alors administrateurs du comité de surveillance du 10 août et jours suivants; que les scellés apposés sur partie des effets déposés audit comité ont été la plupart brisés; que les réponses des administrateurs, entendus contradictoirement, sont en opposition les unes avec les autres, et présentent un ensemble de violation de dépôt et d'infidélité; que les déclarations mêmes ne peuvent excuser ces infidélités; que le prétexte vague qu'on n'a rien eu en maniement ne peut être regardé que comme un moyen illusoire dans la bouche d'un administrateur, toujours comptable de son administration;

» Arrête que le tableau de la situation des comptes du comité de surveillance de l'époque du 10 août, ensemble copie des pièces justificatives déposées dans le registre du conseil général, et notamment la lettre du citoyen Sergent aux commissaires et le procès-verbal du comité des vingt-quatre de la Convention, seront envoyés au conseil exécutif, avec les noms des citoyens Panis et Sergent, et que le conseil exécutif sera invité à prononcer, d'après les pièces, s'il doit ou non poursuivre les comptes de ces deux citoyens ; même se retirer à la Convention pour faire prendre des mesures de rigueur pour les forcer à rendre leurs comptes et à les discuter devant le conseil général, d'autant plus intéressé à l'apurement qu'on semble verser sur lui seul tout l'odieux du déficit ; renvoie le présent arrêté au procureur de la commune pour en faire suivre l'exécution ; arrête que le présent arrêté sera imprimé et affiché dans toute l'étendue du département de Paris. »

Et tout fut dit. Panis et Sergent continuèrent de siéger à la Montagne à côté de Danton, le spoliateur de la Belgique, et de Fabre d'Églantine, le faussaire. Seulement l'un s'appellera dorénavant Panis-Barrabas et l'autre Sergent-Agate (1). « C'est le règne des hommes de proie ! » s'écriait Roch Marcandier, le pamphlétaire, qui paya son courage de sa vie, et qui mourut en s'écriant :

« La cause de tous nos malheurs est dans la misère du peuple, qu'ils ont pillé, volé, assassiné, proscrit, pour s'élever à la domination et se gorger de nos dépouilles ! »

Voilà, dans toute sa basse horreur, un épisode vrai de cette épouvantable époque, qu'un orateur appelait naguère une bataille, tandis qu'un autre y voyait une Iliade !

(1) Voir les pamphlets de Roch Marcandier, si heureusement remis en lumière par le laborieux et savant M. Edouard Fleury.

Une Iliade ! mais quel était l'Ilium assiégé ?

Une bataille ! contre qui ?

La France, voilà la place forte dont la Convention fit le siége !

Le peuple français, voilà son ennemi !

LE

CHATEAU DE LESDIGUIÈRES

LE

CHATEAU DE LESDIGUIÈRES

—

I

Le jardin de la préfecture, à Grenoble, est orné d'une statue d'Hercule au repos. Jamais sans doute on ne vit d'Hercule plus lamentable, malingre et souffreteux. Cet Hercule provient de l'ancien parc du château de Lesdiguières, me dit un antiquaire du pays. Voilà comment j'appris que François de Bonne, duc de Lesdiguières, avait un château dans les environs de Grenoble (1).

Cela prouve que je suis un auditeur distrait. En deux heures de séjour à Grenoble, on entend parler dix fois du connétable de Lesdiguières, et cent fois du château de Vizille. Mais les bouleversements de l'histoire ont

(1) La terre dont François de Bonne portait le nom était les Diguières ; il était donc seigneur des Diguières ; de les Diguières est un barbarisme, mais ce barbarisme a prévalu.

creusé un abîme entre les souvenirs qu'éveille le nom du possesseur et ceux qu'évoque le domaine.

Lesdiguières, c'est la domination féodale; Vizille, c'est la Révolution. Là se tinrent, contre la volonté du roi Louis XVI, les Etats du Dauphiné; là retentirent pour la première fois la voix éloquente de Mounier, la parole élégante et froide de Barnave; de là partit le signal de la résistance. Le serment du Jeu-de-Paume n'est que la répétition sur une grande échelle des Etats de Vizille. Les Dauphinois, très-fiers de leur précocité, s'attribuent, de par cet événement, une sorte de droit d'aînesse révolutionnaire, et regardent comme un devoir de marcher à la tête de ce qu'ils appellent le progrès.

Nous verrons tout à l'heure ce que le progrès a fait du château de Vizille.

Nous allons partir, si vous voulez, pour cette antique demeure, et nous trouverons Lesdiguières tout le long du chemin. La porte même qu'il faut franchir pour gagner la campagne est placée sous l'invocation du connétable. C'est la porte de Bonne. — Lesdiguières et Napoléon !

L'empereur, en effet, entra dans Grenoble au mois de mars 1815 par la porte de Bonne. Mais la porte de Bonne a subi le sort du couteau de Jeannot. C'est toujours la même porte, à cela près qu'elle a changé de plan et qu'elle est neuve. On cite à ce propos quelque chose d'assez curieux.

M. Alexandre Dumas, qui visita Grenoble vers 1832, eut la fantaisie, mû qu'il était par une sorte de fanatisme pour la mémoire de l'empereur, d'emprunter un gros clou à la porte de Bonne. La véritable existait encore. On lui objecta les règlements. Le célèbre écrivain fit une demande en forme tant à l'autorité militaire qu'à l'autorité municipale, à l'effet d'être dûment autorisé à scier un gros clou, en se conformant d'ailleurs aux règles de la prudence et de l'art. La double autorisation fut refusée. Un an après, le génie fit complètement disparaître l'ancienne porte de Bonne, dont les matériaux furent vendus aux marchands de bois et aux marchands de ferraille.

Après avoir franchi la nouvelle porte de Bonne, on se trouve sur le Cours.

Cette fameuse promenade, de huit kilomètres de long, conduit des bords de l'Isère au pont de Claix sur le Drac. Une si longue avenue, même extrêmement belle, impatiente un peu le promeneur, surtout quand elle est en ligne droite; mais le paysage que celle-ci parcourt n'est pas à dédaigner. A gauche et fuyant vers les frontières de la Savoie, s'élève la haute chaîne des Alpes, dont les cimes, étincelantes de neige, portent des noms poétiques, terribles ou gracieux : Taillefer, les Chalanches, Chanrousse, la Belle-Donne, les Sept-Lacs et le Grand-Charnier. A droite, la route est côtoyée par des collines énormes, sorte d'îles de rocs, échouées au milieu de la vallée de l'Isère, et dont le plateau renferme ce pays étrange et pittoresque qu'on appelle le Villard de Lans. Au fond, estompé par les brumes, mais découpant encore nettement ses pics neigeux sur le ciel obscurci, pointe une roche colossale : c'est l'Obiou, dernier refuge assuré du chamois contre les plus intrépides chasseurs. Vous la voyez à deux pas, cette roche; il semble qu'en deux heures de chemin vous en atteindrez la base, à défaut d'en pouvoir escalader le sommet. Eh bien, de Grenoble à l'Obiou, il y a quinze ou dix-huit lieues en ligne droite, et davantage par les chemins.

Au bout de ces huit kilomètres d'admiration, nous voilà donc au pont de Claix. Le pont de Claix, c'est encore Lesdiguières. Comme tous les grands hommes, le connétable aimait à bâtir pour la postérité; le pont de Claix est un monument, en même temps qu'un service rendu au pays. Le pont de Claix assure l'existence de Grenoble. Voici comment.

Les eaux, en descendant de la haute Italie à travers les Alpes françaises, ont formé la vallée de l'Isère, qui est le canal par où elles vont rejoindre la grande vallée du Rhône. Qui dit neiges éternelles dit torrents impétueux. Aussi les torrents du département de l'Isère jouissent-ils d'une réputation méritée. Rien n'est plus tapageur, plus irascible; rien non plus n'est si dangereux.

Or, la nature a voulu que, des grandes montagnes qui s'élèvent entre le département de l'Isère et celui des Hautes-Alpes, s'échappassent deux des plus notables torrents qui soient connus : des flancs méridionaux des Hautes-Alpes coule la Durance ; de ses flancs septentrionaux bondit le Drac, c'est-à-dire le Dragon.

Le Dragon est vraiment terrible et mérite toutes sortes de malédictions; Grenoble est son ennemi; il a juré de l'engloutir un jour, ce qui serait fait sans doute si François de Bonne n'avait mis le holà.

A l'endroit même où nous venons de faire halte, en nous appuyant à ce solide et haut parapet, un banc de rochers barrait jadis le cours du Drac; l'eau méchante avait beau battre et se tordre et mugir, rien n'ébranlait la masse calcaire, et le Dragon vaincu se courbait en replis convulsifs, jusqu'à ce que, dardant sa tête formidable, il se précipitât avec une vigueur irrésistible sur la ville de Grenoble, qu'il traversait audacieusement pour se jeter dans l'Isère. Ainsi pris entre ce Drac indomptable et l'Isère, eau sournoise qui a tous les débordements du Nil sans en avoir la vertu fécondante, Grenoble devait quelque jour périr dans son berceau de pierre, si un nouvel Alcide n'étouffait les serpents. C'est ce qu'exprime très-bien un vieux distique :

> *Lou serpent et lou dragon*
> *Mettront Grenoublo en savon.*

Lesdiguières vit l'état des choses, et comme il agissait aussi promptement qu'il concevait, il fit miner tout bellement le rocher monstrueux, qui s'ouvrit comme une porte gigantesque par où le Dragon se précipita haletant. Il courut droit comme une flèche le long des jolis coteaux qui masquent le flanc le plus abrupte du Villars de Lans, et que récréent, comme un champ de villas, la Tour-sans-Venin, Seyssins, Seyssinet, les Balmes de Fontaine et Sassenage, et ne se conjoignit plus à l'Isère qu'à une lieue au-dessous de Grenoble. Depuis ce temps, le torrent n'a pas quitté son lit.

Ce n'était pas assez pour Lesdiguières que d'avoir dompté le monstre s'il ne lui posait un bât sur l'échine. Il construisit le pont du Drac, qui réunit les deux tronçons du vieux rocher. Une seule arche de pierre sans ornements, voilà le pont de Claix; mais cette arche a quarante mètres de hauteur et quarante-un mètres d'ouverture. L'œuvre est tellement gigantesque, qu'en dépit des cimes monstrueuses qui cachent l'horizon, elle paraît grande. Quand on a vu le pont de Claix, on comprend Lesdiguières.

C'est que le Drac est vraiment terrible. Il ne coule pas, il ne murmure pas ; il roule, il se précipite, il mugit, il tonne. Souvent peu profond, il développe ses larges et courtes lames dans un lit parfois aussi vaste que celui du Rhin. Il est sinistre et meurtrier. L'homme qui tombe au Drac est mort. Les courants contraires qui se heurtent avec mille rejaillissements d'écume le ballottent comme un jouet, et bientôt on le voit reparaître à la surface du torrent, défiguré, broyé, haché par les cailloux aigus qui roulent dans ces eaux funestes, pareils à des milliers de rasoirs qui recevraient, avec une vitesse incalculable, le mouvement circulaire d'une machine à vapeur. Les galets que l'Océan triture incessamment sur ses plages donneraient à peine une idée des immenses quantités de cailloux que roulent l'Isère, la Romanche et le Drac, ces trois serpents à une seule tête.

C'est d'abord le rocher qui croule au sommet des monts, sous la triple influence des vents, de la glace et d'une végétation active, dont les fibres déliées, les racines tenues agissent à la façon des coins et font éclater les masses les plus dures. Le vent ébranle les quartiers de roc et les déchausse jusqu'à ce qu'ils tombent dans le glacier, qui les fait glisser par leur base. Un jour le glacier devient torrent et le roc bondit avec lui jusque dans la vallée. Le granit, le lias et le calcaire se mêlent et s'entrechoquent avec un bruit sec et affreux ; ce ne sont bientôt plus que des cailloux, quelquefois ronds comme une bille d'agate, le plus souvent polis et affilés comme ces haches de pierre qu'on trouve sous les dolmens dans les pays celtiques. Ils emplissent le lit des torrents, les comblent, enflent les eaux, produisent mille ravages parmi lesquels l'inondation n'est pas toujours le plus terrible. Du moins ce n'est pas celui-là que les cultivateurs redoutent davantage. Mais ce qui les désole, ce qui ruine la vallée du Graisivaudan, autrefois si belle et si féconde, c'est l'infiltration produite par l'élévation des eaux au-dessous du niveau des terres. L'infiltration, rien ne l'arrête, rien ne la combat, rien ne la prévoit. Elle travaille à des profondeurs souterraines qui ne se devinent point à la surface des terres cultivées. Seulement, en une matinée, un champ s'affaisse, tout disparaît, le sol et les semailles ; là où le laboureur contemplait hier l'espoir d'une riche moisson, le soleil n'éclaire plus que la terre en friche au creux d'une fondrière. Le printemps suivant, les eaux débordent et les cailloux comblent la fondrière. Le propriétaire est ruiné. En même temps, grâce aux vices secrets de la législation, il se passe quelque chose d'horriblement grotesque, car les terres ainsi minées, inondées, éventrées, n'en restent pas moins classées par le cadastre dans les terres de première classe et paient l'impôt en conséquence. Aussi pour le Dauphiné, il n'y a plus qu'une politique et qu'un intérêt : la défense contre l'inondation.

II

Nous avons repris la route qui fuit parallèlement à la digue du Drac, et qui nous mène en peu de temps au point précis où la Romanche vient y mêler ses eaux. Là, profitant du vaste entonnoir ouvert auprès des collines, le Drac et la Romanche forment une nappe d'eau dont l'œil perçoit à peine les bornes, et qu'interrompent seulement quelques îles de cailloux. Nous entrons dans l'étroite et sombre vallée de la Romanche. Mais avant, embrassez de l'œil cette échappée de lumière et de verdure qui fait oublier un instant la tristesse solennelle des Alpes. Ces douces collines d'un vert gai, relevé de tons roux, ne sont-elles pas un souvenir du Berry, du Nivernais et du Forez? Là-bas, c'est Uriage, la bruyante colonie des baigneurs. N'apercevez-vous pas, alternativement découverte et voilée, la route pittoresque d'Eybens? C'est par là que le chevaleresque La Bédoyère se précipitait, à la tête de quelques braves, au-devant de l'Empereur.

Nous voici donc à Vizille. Ne regardez pas la ville : deux rues en équerre et de pauvres maisons. C'est une bourgade sans intérêt. Mais le château vaut la peine qu'on s'y arrête : noble édifice où se retrouvent le dernier souffle du génie de la Renaissance et la grave sérénité du règne de Henri-le-Grand. La masse en est énorme et imposante. Les grands pignons à haute toiture, les encoignures de pierres de taille en saillie, sculptées, cannelées, vermiculées ; quelque chose de grave, de patriarcal et de souriant comme le portrait de Sully. Voilà mon impression. Ce n'est pas une description, Dieu m'en garde! Cependant je dois signaler une singularité dont l'architecte de Lesdiguières a profité pour accomplir un rare tour de force.

Pour satisfaire à des convenances locales que nous ne pouvons apprécier maintenant, mais qui tenaient sans doute au système défensif de ce domaine fortifié, Lesdiguières avait voulu que le principal corps de logis joignît à angle droit les deux ailes, de manière à donner un T. Le rez-de-chaussée, occupé par les cuisines, la salle d'armes, le jeu de paume et les communs, et appuyé, d'un côté, au plateau d'un petit monticule, se trouvait, de l'autre, suspendu à la hauteur d'un grand premier étage, sur d'immenses caves et de grandes casemates dont la destination n'est pas parfaitement connue. Il fallait donc, sur cette façade, un escalier extérieur, comme à Fontainebleau. A Fontainebleau, rien de plus simple : la rampe de l'escalier s'applique symétriquement aux deux ailes du vieux palais. A Vizille le problème était autrement difficile, puisque l'escalier devait être circonscrit dans l'angle formé par le corps de logis principal et l'aile droite. L'architecte inconnu a abordé de front l'obstacle ; son escalier ferme l'angle par une diagonale hardie ; mais cet homme de génie a combiné ses rampes et ses paliers de telle sorte que l'escalier diagonal paraît droit. L'analyse et la raison démontrent clairement l'absence de symétrie ; l'œil, plus heureux, ne s'en aperçoit pas, et l'effet général est aussi grave, aussi imposant que celui de la royale demeure de François Ier. Seulement, l'escalier de Vizille a deux grands paliers et deux étages.

Aujourd'hui l'on entre au château par le portail qui ouvre sur le parc au pied même du grand escalier ; il n'en était pas ainsi du temps de Lesdiguières. Une rampe douce conduit au sommet du monticule dont nous venons de parler, et où s'appuie l'angle oriental du rez-de-chaussée. Arrivé là, vous trouvez une porte majestueuse et dans le goût antique, un des beaux ouvrages de la Renaissance pour la pureté des lignes et l'exactitude des proportions. La baie s'encadre de deux colonnes d'ordre toscan, qui supportent un beau fronton dont le tympan renferme encore un bas-relief de bronze : c'est le portrait de Lesdiguières. Le duc est sur son cheval de bataille ; il porte la cuirasse et le bâton de commandement. Sa contenance est fière, son visage sérieux et calme, un peu hautain. Au-dessous, dans un cartel formé par le linteau de la porte, on avait gravé une longue inscription, aujourd'hui fruste, où je n'ai lu distinctement que ces mots : *Anno ætatis LXXVIII*. Le duc avait soixante-dix-huit ans quand il se fit représenter si ferme en selle et si bien campé dans sa sénile verdeur.

III

Esquissons rapidement la physionomie du vaillant connétable.

Il était né le premier dimanche d'août 1543 et il mourut le 28 septembre 1626, âgé de 84 ans. Il traversa par conséquent les règnes de François Ier, de Henri II, de François II, de Charles IX, de Henri III, de Henri IV et de Louis XIII. Fils de Jean de Bonne et de Françoise de Castellane, le hasard de la naissance l'avait fait seigneur de Lesdiguières ; sa valeur et les services qu'il rendit à ses rois le portèrent successivement aux plus hautes dignités. La Saint-Barthélemy et la sédition des Guise le jetèrent, de catholique qu'il était, dans la Religion réformée, qui se confondait alors avec le parti du roi légitime. Le Béarnais se connaissait en hommes ; il jugea Lesdiguières et lui donna sa confiance du premier coup. En ce temps où le roi n'était, pour ainsi dire, que l'épée et la clef de voûte du système féodal, les exemples n'étaient pas rares d'une amitié durable entre le souverain et un simple sujet. C'est une de ces liaisons de gentilhomme à gentilhomme qui unit pour jamais Henri IV et François de Bonne.

Le roi de Navarre mandait à Lesdiguières : « Votre femme va vous rendre père. Si vous avez un fils, songez que je le veux tenir sur les fonts baptismaux. » Et Lesdiguières répondait au roi de Navarre : « Vous me mettez dans un étrange embarras, mon bon ami ; j'ai promis au duc de Savoie. » Le Béarnais eut de l'esprit, comme toujours, et il partagea le différend ; le rejeton de la maison de Bonne devait s'appeler Henri comme son parrain : il eut deux parrains et se nomma Henri-Emmanuel.

Dès son avénement au trône, Henri IV fit Lesdiguières lieutenant-général de ses armées de Piémont, de Savoie et de Dauphiné, et sans plus de souci du parrain de son fils, Lesdiguières lui prit le duché de Savoie. Là-dessus, il fut fait maréchal de France. Chose rare ! la faveur dont il jouissait survécut à Henri IV. Dès la première année de sa régence, Marie de Médicis érigea pour lui en duché-pairie les terres des Diguières et de Champsaur, ce que Louis XIII confirma à sa majorité. En 1607, il fut créé maréchal de camp général de toutes les armées du roi ; et enfin, comme le vieux calviniste, voyant la mort approcher, venait d'abjurer solennellement le protestantisme dans l'église

Saint-André de Grenoble, il reçut, en revenant de la cérémonie, des lettres par lesquelles le roi Louis XIII le faisait connétable. Entre autres éloges, le roi lui donnait celui d'avoir toujours été vainqueur et de n'avoir jamais été vaincu. Le lendemain on lui conféra le collier de tous les ordres.

Voilà l'homme officiel, tel que le dépeint son très-véridique et très-naïf historien le sieur Louis Videl. L'homme privé va nous découvrir d'étranges choses.

Pour indiquer rapidement ce caractère farouche, cuirassé d'ironie, il faut citer deux mots décisifs : « Monsieur le connétable, disait le cardinal de Richelieu, est *un abisme de bonté.*» — « Quant au duc de Lesdiguières, s'écriait M. de Fassin, gentilhomme dauphinois, je le tiens pour le plus vaillant capitaine de ce temps ; il a toujours vaincu parce qu'il s'est toujours bien concerté ; c'est un foudre de guerre, et *c'est un monstre de prudence.* »

On sait que le cardinal de Richelieu parlait d'ordinaire assez sérieusement, et j'aime à croire que M. de Fassin non plus n'y entendait malice.

Mais enfin, Monsieur le connétable, qui était *un abisme* de bonté, avait fait la guerre pour les huguenots du Midi, gens de mœurs très-brutales ; il avait connu Montbrun et fréquenté le baron des Adretz. Ces contacts répétés lui durcirent l'épiderme, et lorsqu'il administra sa province pour le compte du roi, les Dauphinois s'aperçurent qu'ils avaient un vrai maître. Les catholiques se mutinaient. « Que nous veut ce huguenot qui commande au nom de son maître hérétique, s'écriaient-ils? Il peut compter sur notre estime parce qu'il est brave, mais il n'aura pas notre argent. » Et les impôts ne rentraient pas. Lesdiguières fit publier à son de trompe que tous seigneurs, gentilshommes et bourgeois eussent à vider leurs bourses dans sa caisse. Personne ne bougea. Lesdiguières prit alors la plume, et de son écriture la mieux moulée il rédigea cette énergique et courte circulaire en forme d'avertissement sans frais :

« Viendrez ou brûlerez. »

Ils vinrent.

IV

Ces souvenirs, vivants encore dans la mémoire des Dauphinois, nous les évoquions en gravissant les degrés de l'escalier de pierre, que protégent les deux lions de Lesdiguières et de Champsaur, pour visiter, non pas le château de Lesdiguières, hélas, non ! pour visiter la fabrique. Le château de Vizille est une fabrique d'impressions sur soie (1). La grande salle où le connétable de France, où le duc et pair, où le grand seigneur féodal rendait haute et basse justice, ce jeu de paume où plus tard les Etats du Dauphiné firent entendre au pays la voix de la Révolution française, tout cela n'existe plus. Il a fallu les couper par des soupentes et des cloisons qui les ont transformés en de vastes ateliers où les plus belles soies de Lyon viennent recevoir l'empreinte capricieuse de la mode. La cuisine de Lesdiguières, avec son âtre fait pour rôtir les bœufs entiers et son vaste manteau porté sur de fortes co-

---

(1) Le directeur de cette fabrique, l'honorable et excellent M. Revilliod, a rendu de grands services à Vizille, qu'il a administré comme maire depuis 1852.

lonnes, n'a subi aucun changement. Le feu est toujours vif, les casserolles toujours étamées, les marmitons toujours alertes et affairés; mais ne goûtez pas de leurs sauces. Ce qui cuit là-bas, dans ce grand coquemard, c'est du bois de teinture des Indes; ce qui mitonne, dans ce bassin à confitures, c'est de la cochenille; ce qui gratine sous ce four de campagne, ce n'est pas du macaroni, c'est du jaune de chrôme. Les marmitons sont des teinturiers.

En sortant de ce laboratoire à l'atmosphère chaude, humide et chargée d'âcres parfums, il est bon de chercher les frais ombrages du parc, vaste étendue de bois, de taillis et de prairies, arrosée par les plus belles eaux vives qu'on puisse imaginer. Ici encore l'industrie introduit dans le paysage une variété de couleurs tout-à-fait imprévue. Mille petits ruisseaux charrient des flots à teinte plate comme on n'en voit que sur la palette des peintres chinois. Heureusement on a songé à préserver la pièce d'eau de ces nuances accentuées, et elle reste à peu près telle que les sources la donnent. Ce soin n'est peut-être qu'une terreur d'amateur de poisson frais qui veut conserver les truites.

Les truites ont ici un intérêt presque historique. Tout est grave dans la vie d'un homme tel que Lesdiguières; il y eut un moment où cet *abisme de bonté* trouva la tragédie dans une truite.

Le connétable avait épousé en secondes noces une dame de Grenoble nommée Marie Vignon. La seconde duchesse de Lesdiguières aimait beaucoup les truites de la pièce d'eau, et un serviteur du château avait coutume de pêcher les plus grosses pour la table ducale. Le malheureux s'oublia un jour jusqu'à en dérober une pour en faire un repas clandestin. Lesdiguières, instruit du larcin, fit trancher la tête du coupable, et, par son ordre, on sculpta sur la pierre même qui avait servi de billot un bas-relief d'une atroce simplicité : une tête d'homme et un poisson. La pierre existe encore, monument d'un âge qui n'est plus. Le propriétaire actuel du château, M. Adolphe Perier, est moins avare de ses truites, et loin de trancher la tête du coupable, il lui tirerait son chapeau en le remerciant d'avoir jugé ses truites dignes d'être dérobées. Elles le méritent à tous égards.

En dépit de cette férocité, malheureusement trop commune en temps de discordes civiles, on remarque chez Lesdiguières quelque chose de chevaleresque, et comme un reste de cette vieille humeur française qui marque d'un trait distinct entre toutes la physionomie de Du Guesclin.

Dans une trêve qui ne fut qu'un court épisode des longues guerres de la France et de la Savoie, le duc Emmanuel résolut de garantir sa frontière contre les incursions des Français, et il commença d'élever le fort Barraux pour obstruer le passage de la vallée d'Isère. A cette nouvelle, on pressa Lesdiguières de courir sus au duc, de disperser les ouvriers et de démolir les murs à peine sortis de leurs fondations. « Laissez faire, dit le connétable ! Ne voyez-vous pas que monseigneur le duc nous bâtit une belle forteresse, qui nous sera de grande défense et ne nous coûtera pas un écu ? » Il tint parole. Dès que le dernier créneau fut posé, la dernière meurtrière percée, le dernier pan de mur ravalé proprement, Lesdiguères prit une poignée d'hommes d'armes, marcha droit au fort, l'escalada et l'offrit au roi son maître. Depuis, le fort Barraux n'a pas cessé d'être Français.

On prétend que le château de Vizille ne coûta pas au duc plus que le fort Barraux n'avait coûté au roi de France. La corvée en fit les frais. Tel vassal fournit la pierre, tel autre la charpente et tel autre le fer. Maçons, serruriers, menuisiers, tailleurs de pierre furent mis en réquisition à vingt lieues à la ronde ; et la besogne fut vite faite, et si vite que quelques-uns prétendent que le diable s'en est mêlé.

A moins de méconnaître l'instinct du merveilleux qui domine dans l'esprit des campagnes, on doit prévoir que dans les récits du temps, Lesdiguières et le diable ont dû se rencontrer. Voici dans quelle circonstance.

Le château était achevé. Mais il restait à enclore le parc, et pour cela que fallait-il? Un mur de près d'une lieue de circuit. Or, Lesdiguières, qui se méfiait des braconniers et des rôdeurs de nuit, voulut avoir son mur tout de suite.

Dans cette pensée, il attendit que minuit sonnât, et il évoqua le malin.

Le malin vint à l'instant même sous la forme d'un maigre compagnon, vêtu d'une demi-blouse toute blanche de plâtre et de chaux. Il avait les cheveux plats, les mains calleuses, et cet œil dauphinois qui regarde en dedans.

Lesdiguières caressa sa barbe pointue, et toisa le démon d'un air fort méprisant.

— Tu sais ce que je veux, camarade? dit-il en jouant la bonhomie.

— Un mur.

— En une nuit.

— Tu l'auras.
— Tu seras bien payé.
— En quelle monnaie ?
— Or ou argent, à ton souhait.
— En or.
— En or soit.
— La somme ?
— Evalue toi-même.

Le diable calcula quelque temps, tant pour les moellons et tant pour le mortier, tant pour le crépi et tant pour le ravalement, plus les tessons de bouteilles pour le couronnement et quelques briques pour l'agrément des yeux, et d'une des griffes de sa main droite il gribouillait des chiffres dans le creux de sa main gauche.

— Dix mille livres tournois ! dit-il enfin.

Lesdiguières ouvrit la bouche pour marchander.

— C'est tout au juste ! reprit le diable avec précipitation ; je n'en peux rien rabattre : c'est le prix courant...

Lesdiguières se mit à rire.

— Tu es un bon diable, et je te trouve raisonnable. Je craignais que tu n'eusses d'autres exigences.

A son tour le diable ricana silencieusement ; néanmoins les portes battirent et les volets tournèrent sur leurs gonds.

— Tu voudrais peut-être vendre ton âme ? imbécile ! dit-il effrontément.

A ces mots, Lesdiguières, qui n'était pas endurant, donna au diable une paire de soufflets ; ce dont il se repentit aussitôt, parce que les mains lui cuisaient comme s'il les eût trempées dans l'eau bouillante.

— Merci, dit le diable, tu m'as rafraîchi un instant.
Le connétable reprit son sang-froid.

— Si tu es le diable, pourquoi veux-tu de l'or?

— Parce que je suis gêné. J'ai des dettes d'honneur. Quant à des âmes, j'en ai à revendre; je te recède la tienne si tu veux.

— Tope! dit Lesdiguières; mais je vais faire mes conditions. Le mur sera fini avant le premier rayon du soleil, et alors je te compte dix mille livres en écus d'or. Mais quand les glaciers commenceront à blanchir doucement, si ta besogne n'est pas faite, je ne te dois plus rien, et tu me rendras mon âme.

— Entendu! dit le démon, qui disparut dans une lueur verdâtre et puante.

— Ce diable-là n'est pas fort! pensa le connétable resté seul. Je crois que j'ai fait une bonne affaire.

Là-dessus le noble vieillard alla s'accouder sur le grand escalier de pierre pour se recueillir un peu et voir si le diable gagnait bien son argent. La nuit était noire; le connétable ne vit rien.

Il rentra doucement, réveilla son écuyer et ordonna qu'on sellât son cheval le plus rapide.

Au bout d'un quart d'heure, Lesdiguières ayant enfourché un petit cheval noir comme l'Érèbe et dont les yeux jetaient dans l'ombre une flamme jaune, se mit à faire le tour du parc. Il ne vit pas le diable, mais bien le mur qui s'élevait avec une rapidité surprenante. La construction, commencée des deux côtés à la fois à partir des murs du château, s'avançait en sens contraire comme les pinces ouvertes d'un crabe, de façon à devoir se rejoindre et à se refermer à peu près dans la direction du sud-est.

Lesdiguières retourna au petit pas vers le château, se raffermit en selle et se tint en arrêt... Du point où il était placé, il pouvait, grâce à ces clartés incertaines qui précèdent le crépuscule, distinguer la lisière du parc encore confondue avec les fayards de la colline prochaine. Le diable travaillait vite, mais l'ouvrage était fort.

Lesdiguières attendit patiemment.

La brèche, qui tout à l'heure avait encore cent pieds d'ouverture, se rétrécissait à vue d'œil. Soudain un rayon blanchâtre passa sur le glacier qui domine Vizille, un coq chanta, et Lesdiguières piqua des deux.

Plus prompt que l'éclair, il se précipita dans la brèche, moins large qu'un portail d'église, juste au moment où elle se refermait ; le petit cheval qui l'avait déjà franchie s'arrêta brusquement et hennit de douleur : les deux pans du mur, se rejoignant, avaient enfermé la queue du cheval dans la maçonnerie.

— Ohé, maraud ! s'écria le connétable, maçon d'enfer, détestable galfâtre, viens un peu que je te dise ton fait !

Le diable parut : il avait la tête inclinée, et son nez, prodigieusement allongé, dessinait une ombre portée sur sa poitrine.

— Tu n'es qu'un bélître, un fainéant, un saint lâche, et tu as perdu le dédit.

— Mais, monseigneur... murmura Satan.

— Regarde, pauvre bête, reprit le connétable avec commisération. La queue de mon cheval est prise dans le mur. Donc il y avait de la place. Je ne te donnerai pas dix mille livres, parce que j'aime mieux les garder ; mais il ne sera pas dit que Lesdiguières manque de générosité. Tu aimes à te rafraîchir, à ce qu'il paraît. Voilà un écu, et va boire un coup à tous les diables !

Ce disant, Lesdiguières d'un coup de sa dague coupa les crins du cheval, qui libre, se mit à bondir, et passant près du pauvre Satanas, il l'effleura négligemment du bout de son pied couvert d'une chaussure de buffle. Mais une douleur aigue lui rappela que le diable n'était bon qu'à toucher avec des pincettes ; et faisant plier le petit cheval sur ses jarrets de derrière, il franchit le mur d'un saut.

— A propos ! s'écria-t-il en se retournant, et mon âme ?

Le diable s'enfuit en sifflant un air connu.

— Bah ! se dit le connétable, j'ai un grand mur qui ne me coûte qu'un écu... Soyons modeste : on ne peut pas tout avoir.

Et il alla se coucher.

M. de Fassin n'avait-il pas raison de dire que le connétable était un *monstre de prudence ?*

Lesdiguières fut le dernier connétable de France. Sa charge et sa race s'éteignirent avec lui.

LE RHUM

ET

LA GUILLOTINE

LE RHUM
ET
LA GUILLOTINE

I

Rien n'était plus facile, en 1793, que de se débarrasser d'un créancier gênant, d'un mari brutal ou d'un rival odieux. Il suffisait d'une plume et d'une feuille de papier. En écrivant à la section que vous considériez le citoyen tel comme un aristocrate, vous le compromettiez; en le traitant de feuillant ou de brissotin, vous le rendiez suspect; en le désignant comme accapareur, vous l'envoyiez à l'échafaud.

Ce n'est pas que la justice du tribunal révolutionnaire ne fût exacte, prudente, équitable et soigneuse des formes, mais la loi sur les accaparements était précise et sévère; et telle ménagère, bonne républicaine et affiliée au *club des femmes révolutionnaires*, se plaçait souvent sous le coup de la loi en accaparant un pain de sucre au lieu des six livres que les décrets lui donnaient le droit d'acheter; tel journaliste faillit avoir affaire au « rasoir national » pour avoir accaparé vingt mains de papier blanc.

Il est superflu de dire que le châtiment réservé aux accapareurs était la peine de mort, la guillotine étant le droit commun des citoyens français dans l'espace de temps qui s'écoula entre le 2 septembre 1792 et le 28 juillet 1794.

Là seulement régnait la sainte Égalité; point de privilége, point d'inviolabilité. La Convention condamnait ses membres, même innocents, pour la plus grande gloire des principes.

Le fait tragi-burlesque que nous allons raconter remonte au 25 septembre 1793; il suivit d'assez près la mise en accusation des trente-deux députés girondins, et précéda de peu leur mort.

II

Un certain Robert, député de Paris et marchand de vins en gros, vit un jour sa maison envahie, ses marchandises pillées par la section du Théâtre-Français, dite de Marseille ou de Marat, en d'autres termes par les sans-culottes du quartier de l'Ecole-de-Médecine, où il demeurait. Le président de la section et le commissaire aux accaparements assistaient à cette exécution patriotique mêlée d'orgie.

Robert se plaignit à la Convention; mais la section veillait, et elle se justifia par un mot terrible : *accapa-*

reur! Le député marchand de vin Robert était accusé d'accaparement, parce qu'il avait huit tonneaux de rhum dans sa cave.

Le cas était grave, d'autant plus grave que Robert était un modéré, un brissotin, un homme d'Etat, un crapaud du Marais, c'est-à-dire en langage moderne qu'il siégeait sur les bancs du centre droit.

La Montagne tonna contre les traîtres et les agents de Pitt et Cobourg. Thuriot fit renvoyer l'affaire au comité de sûreté générale pour examiner si la *saisie* avait été régulièrement faite; car, dit-il, pour être élu membre de la Convention, on ne devait pas avoir le privilége de contrevenir aux lois.

Je ne connais rien de plus joli que cet euphémisme, une *saisie!* Le fait est que le commissaire aux accaparements et sa troupe avaient si bien *saisi* le rhum du citoyen Robert, qu'on les avait ramassés ivres-morts. Rien de plus régulier.

L'affaire traîna une quinzaine de jours. Pendant ce temps, le « char de la Révolution » continuait sa route majestueuse. Le tribunal criminel extraordinaire rendait bonne justice, et faisait rentrer les aristocrates et les calotins dans le sein du néant. Ainsi, le 24 septembre, Herman et ses jurés probes et libres avaient condamné à mort Louise-Catherine-Angélique Picard, belle-mère de Pétion, convaincue d'avoir tenu des propos contre-révolutionnaires, et le 27 ils avaient débarrassé le sol français de la personne de Joseph Bourguemont, notaire, coupable de s'être montré, dans la journée du 10 août, vêtu d'un gilet brodé de fleurs de lis.

Grâce à cette louable énergie, le pays s'épurait peu à peu. Les plus vaillants se réfugiaient à l'armée, heureux quand ils pouvaient, à travers la fumée des batailles, fuir les bras rouges de l'horrible machine qui venait d'étreindre Houchard, Custine, Luckner, et qui menaçait Kellermann.

Le député Robert, claquemuré dans son arrière-boutique, n'osait plus affronter la tribune de la Convention. La section du Théâtre-Français n'en poursuivit pas moins sa dénonciation, et elle envoya des délégués à la barre de l'Assemblée.

« Législateurs, s'écria l'orateur de la députation dans le style à la fois emphatique, classique et néologique de ce temps-là, c'est avec douleur, mais au nom de la loi, que toute une section dont vous connaissez les sentiments et les principes vient vous demander justice contre un de vos membres. Il est trop vrai que François Robert est dans le cas de l'accaparement, qu'il est infracteur d'une loi à laquelle il a lui-même coopéré, loi qui, comme nous l'avons senti, repose sur les intérêts sacrés du peuple. Robert a fait plus : après avoir épuisé les moyens de se soustraire à la loi, il a calomnié toute la section, particulièrement et généralement, dans la personne de son président, qui n'est que son organe, et dans celle de son commissaire aux accaparements, qu'elle déclare digne de sa confiance. Il a présenté comme ennemis de la sainte Montagne des hommes qui n'ont jamais varié dans leurs actions et dans leur dévouement à la liberté. Nous attaquons le prêtre et non l'autel. Persuadé de votre inflexibilité et de votre respect pour les principes, la section demande le rapport du comité de sûreté générale ; elle va se retirer, en attendant avec confiance votre décision. »

Il s'agissait donc des intérêts sacrés du peuple... et de huit tonneaux de rhum.

Là-dessus, un député dont l'histoire ne nous a pas conservé le nom, fit observer que, d'un côté, la loi ne parlant pas du rhum, il n'y avait pas eu accaparement; mais que, d'un autre côté, la section avait pu raisonnablement croire le contraire, parce que le rhum est une eau-de-vie perfectionnée.

Cela n'était pas une raison suffisante de boire le liquide suspect.

La Convention prenait l'affaire à cœur; elle ordonna que le comité de sûreté générale ferait son rapport séance tenante. Dans la séance du lendemain, 8 octobre, Osselin rendit compte des délibérations du comité.

Après sept heures de délibération (*Moniteur* du 10 octobre 1793), le comité n'avait pu décider la question de savoir si le rhum devait être considéré comme eau-de-vie; l'une et l'autre liqueur avaient été successivement goûtées, analysées, comparées avec un soin si persévérant, que le comité sentit ses idées s'embrouiller; bref, il avait résolu de consulter les législateurs eux-mêmes sur l'interprétation de la loi. « C'est à vous à prononcer, dit Osselin; mais n'oubliez pas qu'il s'agit de la mort, qu'il serait cruel d'appliquer cette peine pour la première fois sur un fait incertain; je vous propose de ne l'appliquer qu'à la récidive, et de décréter que, pour la première fois, l'accaparement ne sera puni que de la confiscation des objets accaparés. »

L'idée d'Osselin était toute philanthropique, mais elle présentait un problème bien ardu. Comment confisquer huit tonneaux de rhum après qu'ils ont été *saisis* par une section tout entière? Où il n'y a rien, la République perd ses droits. On ne pouvait guère plus confisquer le rhum du député Robert que le lui rendre.

Mais la Convention avait l'habitude de ne tenir aucun compte des faits ; elle aimait mieux combattre sur le terrain des principes.

Le représentant Thibault, se levant et plaçant une main sur son cœur, s'écria :

« Je déclare qu'en votant cette loi, je n'entendais pas y comprendre le rhum ! »

Ce noble aveu fit une impression profonde sur l'Assemblée, mais il souleva la colère d'un certain Raffron, dont le nom présage tout de suite le caractère irritable et farouche.

« L'accaparement, dit ce Raffron d'un air incorruptible, est un crime capital contre la société. Je conclus de là qu'il n'est pas d'accaparement quelconque qui puisse être toléré par les lois. » (On applaudit.)

Il n'est pas hors de propos de signaler la portée de ces applaudissements. Les tribunes étaient remplies des singuliers huissiers qui avaient saisi le rhum incriminé, et à qui le discours du citoyen Raffron donnait l'espoir d'instrumenter encore, le petit verre à la main.

Mais admirez la simplicité du comité de sûreté générale ! L'un de ses membres les plus actifs, le citoyen Voulland, avoue que son ignorance est complète en ce qui touche le rhum. Rien n'est chaste, sobre et prude comme ce représentant.

« Je croyais, dit-il avec candeur, que c'était une de ces liqueurs de luxe qu'on prépare à grands frais en

Amérique pour les apporter aux riches Européens. Je n'ai donc point entendu la comprendre dans la loi. »

L'orateur qui vient ensuite, et qui réfute longuement l'opinion de Voulland et de Thibault, avait un nom qui le prédestinait à cette discussion bizarre : il s'appelait Romme, et l'on pourrait vérifier au *Moniteur* la parfaite authenticité de ce calembour historique, si d'ailleurs ce représentant n'était devenu célèbre par sa participation aux journées de prairial et de germinal. Voici quelques traits de sa harangue :

« Tout le monde sait que les mots étrangers de rhum et de rack ne signifient autre chose qu'eau-de-vie ; on ne peut donc, à l'aide de ces mots, éluder une loi salutaire pour le peuple. Autrement, il suffirait, pour y soustraire d'immenses accaparements d'eau-de-vie simple, d'y mettre des fruits ou de lui donner quelques perfections. La loi ne parle point d'eau-de-vie de grains ; hé bien, si quelqu'un en avait un dépôt secret, serait-il un accapareur ? Oui, quoique cette eau-de-vie soit inférieure aux autres. Pourquoi donc ne le serait-il pas, s'il y en avait dans ce dépôt d'une qualité supérieure ? Robert était dans ce cas, et connaissait la loi. Je demande que votre décision fasse honneur à votre sévérité législative. Il faut que la loi soit appliquée *dans toute sa rigueur* à ceux de nous qui l'ont enfreinte ; vous pourrez, après cette explication, la renvoyer au comité pour vous en présenter une rédaction plus précise. »

Ce discours, que nous n'avons pas inventé, est l'expression la plus complète du terrorisme abêti de cette époque étrange.

C'est très-sérieusement que Romme propose de

guillotiner son collègue Robert, sauf à vérifier ensuite si la loi le condamne. Nous l'avons dit, la Convention traitait les faits par dessous la jambe. Or, qu'est-ce qu'un homme ? C'est un fait. Guillotinez-le, ce fait cesse d'exister. Le moyen de s'intéresser vraiment à de si fragiles choses !

Néanmoins, la Convention nationale était de bonne humeur : en ce moment même Marie-Antoinette comparaissait devant le tribunal révolutionnaire. Lebon, le digne émule des Carrier et des Collot d'Herbois, eut un accès d'humanité et, ce qui m'étonne davantage, un éclair de logique.

« La loi qui n'est pas claire, s'écria-t-il, est comme si elle n'existait pas ; or, comme nul ne peut être puni qu'en vertu d'une loi antérieure à son délit, je demande qu'on passe à l'ordre du jour sur le cas particulier qui nous occupe, et qu'on renvoie à l'examen du comité la question de savoir si le rhum doit être compris parmi les objets de première nécessité. »

La Convention, docile à la voix d'un des plus fervents montagnards, décréta la proposition.

François Robert ne fut point guillotiné, et même, à quelque temps de là, ses collègues le désignèrent pour assister, au nom de la Convention, à une fête civique en l'honneur de Marat. Nous aimons à croire qu'il s'y amusa beaucoup.

LE PONT DE BEAUVOISIN

SAINT-GEOIRE

LE PONT-DE-BEAUVOISIN

SAINT-GEOIRE

—

I

Perspectives et paysages. — La plaine du Rhône.

.... Le lendemain du jour où nous arrivâmes au Pont-de-Beauvoisin était un dimanche, jour de foire, jour de conseil de révision pour les conscrits et jour de *vogue* : quatre solennités qui attiraient une quadruple foule, et donnaient aux groupes houleux qui roulaient sur les chemins une physionomie piquante et variée. Les diligences et les omnibus ne suffisaient plus à l'affluence des voyageurs, qui avaient mis en réquisition toutes sortes de véhicules dont la description ne se pourrait faire qu'à l'aide d'un dénombrement imité de l'*Iliade;* des files de charrettes aux barreaux enrubannés traînaient des cargaisons de jeunes conscrits en goguette ; sur des carrioles élégantes, sortes d'*américaines* en osier, des paysans endimanchés allaient acheter ou vendre de petits ouvrages de bois, couteaux, assiettes, pelotes à tricoter. Puis venaient les voitures des marchands forains, épaisses, longues et bien closes, où gisent entassés les bas de filoselle, les bonnets de coton, les blouses, les pantalons de fil écru, les gilets de ratine, les chemises de madapolam et de toile bise, les cravates d'indienne, les foulards à carreaux, en un mot tous les objets de toilette à l'usage des fashionables du Pont-de-Beauvoisin, de Saint-Geoire, des Abrets, du Sablon et de Saint-Albin-de-Vaulserre. Je ne parle pas des piétons qui encombraient la route et qui se rejetaient sur les monceaux de cailloux comme les flots chassés par le sillage d'un navire, lorsque passait la diligence de Turin ou de Chambéry.

A l'approche des Abrets surtout, le mouvement devint plus tumultueux, les chants éclatèrent avec plus de violence ; de tous les sentiers débouchaient des pèlerins nouveaux. Jamais je n'avais vu pareil air de fête, et le cadre où se développait cette procession joyeuse ne pouvait être plus admirablement choisi. Depuis notre départ de Virieu, nous n'avions traversé que des bois peu touffus et des plaines sans perspective ; mais à la rapide descente qui suit le village des Abrets, l'horizon s'entr'ouvrit pour le spectacle le plus imposant et le plus merveilleux. Devant nous, le terrain, convergeant en lignes déclives et fuyantes, dessinait un ravin profond dont les sinuosités s'ombrageaient d'une végétation luxuriante et d'un vert sombre, qu'amortissait par l'effet de l'éloignement une brume bleuâtre ; de l'autre côté du ravin, se relevant par plans heurtés qui semblent s'escalader, l'un l'autre pour atteindre au pied des grandes chaînes de montagnes que les nuages couronnaient de leurs mirages aériens, se développait une contrée fertile et déserte, attrayante et mélancolique, la Savoie. Nous pouvions encore, en tournant les yeux vers la droite, apercevoir des croupes inclinées et chargées de sapins noirs, dernières assises des montagnes de la Grande-Chartreuse. Voilà le cadre. Mais le tableau !

A gauche, dans une échancrure inondée des mille feux du soleil, la plaine du Rhône se développe transversalement du nord-ouest au sud-est, à travers ces vallons ombreux et ces grasses prairies qui rappellent la Suisse et qui valent mieux, car elles sont la France... On ne voit pas le grand fleuve, mais on le devine au creux de ses ondulations marquées par des allées de peupliers et des oseraies argentées. Peut-être, bravant l'éclat insupportable de cette grande lumière et de ce ciel embrasé, verrez-vous parfois étinceler à l'horizon comme l'éclair d'une lame d'acier poli. C'est le Rhône. Puis se retournant vers le septentrion et marquant la limite de l'Ain et de la Suisse, la vallée élargie semble repousser les collines et s'y ouvrir une large brèche pour laisser pénétrer plus d'air encore et de lumière. Un grand escarpement crayeux et rayonnant domine cet entonnoir gigantesque ; dans le blanc tigré des collines de gypse, un œil exercé peut distinguer encore une autre masse d'un blanc plus mat, comme les murailles d'une ville : c'est le fort de Pierre-Châtel, l'une des clefs du territoire. Une chaîne de collines droites dans leur escarpement et tourmentées dans leur longueur accompagne le Rhône, et par dessus leurs sommets chargés de vertes moissons s'élève dans des plans lointains la gigantesque Dent-du-Chat toute blanche de neige.

Tel est, autant que le plume peut le décrire, l'admirable panorama qui se déroulait sous nos yeux à mesure que nous approchions du Pont-de-Beauvoisin, où se termine à la fois la route de Paris à Chambéry, le département de l'Isère et la France. De rares chaumières se montraient sur les deux côtés du chemin ; à travers les portes ouvertes, on distinguait les grossiers ustensiles des pauvres ménages de paysans ; et des femmes à l'œil morne, au col gonflé par le goître, silencieusement accroupies sur le seuil, filant leur laine, nous regardaient courir au travers d'un nuage de poussière. . . . .
. . . . , . . .

II

Saint-Geoire. — L'Eglise. — Le maréchal Dode. — Napoléon et Charles XII.

Dès le point du jour, éveillés par le tumulte des rues, le grincement des charrettes, le chant des conscrits et l'aboiement des chiens qui hurlaient aux clarinettes des saltimbanques, peut-être aussi par le concert de fourchettes, de plats et de brocs que menaient dans les salles basses de l'hôtel de la Poste les colporteurs réunis en un banquet matinal, nous étions debout, prêts à partir pour Saint-Geoire, où notre couvert était mis.

On ne compte guère qu'une vingtaine de kilomètres de Saint-Geoire au Pont-de-Beauvoisin, et je n'emmenerais pas le lecteur dans cette excursion trop brève, si ce n'était que Saint-Geoire a deux titres à notre admiration respectueuse : son église et la mémoire du maréchal Dode de la Brunerie.

Saint-Geoire est en lui-même un fort médiocre village, assez joliment situé entre deux petites collines sur le cours du ruisseau d'Ainaut. Néanmoins, il se recommande à l'arrivant par un certain air pittoresque. L'église se présente d'abord au détour du chemin qu'elle domine et commande. On peut conjecturer que l'espèce de promontoire sur la plate-forme duquel elle est assise, était autrefois défendu par un château fort, un *castellum* romain, qui contribuait à protéger cette partie des frontières contre les Allobroges insoumis. J'ai noté sur plusieurs points de la France des transformations de ce genre et aussi évidentes. Ainsi le château fort qui protégeait la fameuse montagne de Clermont en Auvergne (*Clarus-Mons*) fut changé en un temple, aujourd'hui cathédrale.

L'église de Saint-Geoire offre à l'extérieur une masse irrégulière dont la formation ne s'explique pas au premier coup d'œil. Des investigations successives, qu'il faut contrôler avec les résultats des observations faites à l'intérieur, permettent cependant de le comprendre. La nef principale est une sorte de maison rustique à haute toiture que la coutume du pays avait formée de lames de chêne posées à plat ; ces lames, qu'on appelle *essendes* ou *essendolles*, ont l'aspect brun et luisant des vieux meubles et sont d'un bel effet. Malheureusement, la belle toiture d'essendolles qui, depuis sa construction, couvrait l'église de Saint-Geoire, est tombée en poussière faute d'un entretien intelligent. Elle est remplacée aujourd'hui par de grosses tuiles rouges qui donnent au monument, vu d'un certain côté, l'aspect d'une grande ferme, comme celles des riches cultivateurs du pays.

A l'angle nord-ouest, appuyée au chevet, s'élève une tour carrée à usage de clocher ; enfin l'édifice se termine par un chevet gothique, évidemment ajouté après coup, ainsi qu'on le constaterait facilement en étudiant son point d'attache au nord-ouest avec les assises inférieures de la tour. Il en est de même du portail, qui vint plus tard encore, car la Renaissance y a laissé l'empreinte de sa main délicate. Ce portail est surmonté d'un fronton ogival à crosses fleuries, appuyé sur des colonnettes, et d'un bas-relief très-ancien représentant un homme sur un échafaud qu'entourent des soldats armés de hallebardes. Un feuillage de sarments, assez finement fouillé dans la pierre, encadre la porte, dont les vantaux sont eux-mêmes séparés par un pilier de marbre blanc que couronnaient jadis des figures sculptées. Ce portail est à peu près détruit, et je doute que la commission des monuments historiques puisse la refaire jamais, à moins qu'il n'en existe quelque dessin fidèle. A droite et à gauche du portail, le mur est percé d'un œil-de-bœuf dans lequel des meneaux figurant des trèfles incomplets, dessinent un grand S.

Le clocher est sans contredit la partie la plus curieuse du vieil édifice. La tour en est carrée, et dans l'appareil de sa construction on retrouve aisément des traces de l'art romain. Elle se termine sur chaque face par une fenêtre cintrée et géminée que divise une colonnette, absolument comme à Saint-Germain-des-Prés de Paris; ce qui nous reporterait à une époque rapprochée du

xe siècle. Au-dessus, entre la dernière assise et la toiture pointue, l'œil est arrêté par une sorte de cage carrée, jadis couverte d'essendolles, aujourd'hui de tuiles, et percée sur chaque face de quatre ouvertures carrées en damier qui ressemblent à des sabords. Le diamètre de cette cage excède celui de la tour qu'elle surplombe des quatre côtés. C'est dans cet appentis que sont les cloches. Le clocher, en forme de pyramide à huit pans, s'accoste de quatre clochetons pareils. Sur les faces principales, on peut distinguer une petite fenêtre à chambranle et à linteau sculptés qui rappelle la Renaissance.

Tout, dans ce monument, malgré les inégalités de style, atteste une haute antiquité. La nef est une simple basilique qui n'affecte aucune forme de croix; le plein cintre domine dans le système des croisées; enfin elle est divisée en chœur et bas-côtés par des colonnes basses, courtes, octogones, sans chapiteaux. Seulement, au-dessus de chacune d'elles, se détache du mur un modillon ou console sculptée représentant quelque monstre difforme ou quelque tête grimaçante. De ces modillons partent des nervures surbaissées qui s'entrecroisent quatre par quatre à la voûte, y dessinant des ogives inégales entre elles, et sont séparées à chaque trouée par un arc doubleau. Ce caractère indique le xie et le xiie siècles. L'ornementation est très-simple, pour ne pas dire très-pauvre. Au-dessus de la porte d'entrée, faisant face au chœur et tenant lieu de la tribune des orgues, se dresse une tribune en charpente qui repose sur une énorme poutre, posée elle-même à cru et sans autre procédé sur deux colonnettes de pierre isolées, très-basses, et qui, en dépit de la singularité du fait, ne peuvent avoir été construites là que pour un usage spécial.

Il y a quelques fresques sur les murs, mais elles sont de l'école primitive, tranchons le mot, de l'école sauvage. La chaire en bois, d'un travail médiocre, est surmontée d'un groupe sculpté, colorié et doré. Des statuettes, du même genre et du même style, ornent le maître autel. Les stalles du chœur sont curieuses. Dans le dossier de chacune d'elles est inscrit un médaillon qui renferme une figure dont le profil anguleux se détache du bois avec une âpre énergie. On prétend que ce sont les portraits des Visigoths qui envahirent le pays à une époque indéterminée; peut-être sont-ce seulement les portraits des ducs de Bourgogne, des seigneurs de la Tour-du-Pin ou des comtes de Savoie, c'est ce que je n'ai pas eu le loisir d'étudier; les bras d'appui ou museaux de ces stalles se terminent en bêtes fantastiques de l'aspect le plus effrayant (1).

Enfin diverses bannières appendues aux murs représentent saint Geoire à cheval et combattant avec sa longue épée; car saint Geoire, c'est saint Georges tout bonnement, dont la prononciation locale a fait autrefois saint Geoirge, puis saint Geoire, pour plus de facilité.

En somme, l'église de Saint-Geoire méritait pour toutes ces étrangetés, d'être revendiquée par l'Etat comme un monument national dont la conservation importe à l'histoire et aux arts. C'est ce qui a été fait. Malheureusement, on s'en est tenu là ; tous les jours

---

(1) Une tradition, dont j'ai eu connaissance tout récemment, porte à croire que ces figures horribles sont la caricature colossale des ennemis de la puissante maison de Clermont-Tonnerre, qui a longtemps possédé la seigneurie de Saint-Geoire.

la ruine augmente, et quelque pierre écartée par les racines du lierre ou de la joubarbe se détache et se pulvérise au pied du monument.

Quand on a vu l'église, on a vu tout Saint-Geoire ; mais à l'autre extrémité du bourg, au bas d'un chemin creux, se dresse une belle et bonne maison, qui domine de quelques pas le cours de l'Ainant : c'est la maison où naquit, le 30 avril 1775, Guillaume Dode, vicomte de la Brunerie, maréchal de France, pair de France et grand-croix de la légion d'honneur.

Peu de personnes ignorent la renommée d'homme de bien du maréchal Dode de la Brunerie ; mais sa gloire militaire, quoique bien appréciée des hommes spéciaux, ne lui a pas valu la popularité qui s'attache à plusieurs de ses illustres compagnons d'armes. C'est que Dode appartenait à une arme spéciale, le génie, dont les services sont immenses sans avoir jamais l'éclat extérieur des grands faits d'armes, dont les périls sont terribles mais inaperçus aux yeux de la foule qui se passionne plus pour les héros de furieuses mêlées que pour le stoïque ingénieur plongé jusqu'à la ceinture dans l'eau du Danube et du Rhin. C'est ainsi que Dode acquit les titres les mieux mérités à la reconnaissance du pays : à Alexandrie, au pont de Vienne, à Brünn, à Ostrolenka, à Saragosse, dont l'héroïque résistance se brisa contre sa science et sa résolution.

Le maréchal a laissé sinon des mémoires du moins une collection très-volumineuse de notes que possède sa famille et dont la publication éclairerait d'un jour nouveau les épisodes les plus dramatiques, hélas ! et les plus tristes de notre histoire. Il était de la campagne de

Russie, dont le début, quoique heureux en apparence, fit naître tant de lugubres pressentiments. On sait que la grande armée envahit d'abord le territoire moscovite sans rencontrer d'obstacles de la part d'un ennemi qui se dérobait et se concentrait en fuyant. Quarante jours s'écoulèrent en poursuites inutiles. « Jusqu'ici, écrivait le maréchal, courir, dormir, boire et manger, c'est là notre existence d'à peu près tous les jours ; existence fort pénible, quoique nous n'ayons, pour ainsi dire, pas encore vu l'ennemi... A cheval, certains jours, depuis trois heures du matin jusqu'à neuf heures du soir par un soleil ardent, dans des routes de sable, au milieu de la poussière des colonnes, sans rencontrer un endroit pour s'arrêter ; n'ayant pour se restaurer que ce que renferment les sacoches ; trouvant enfin à peine de l'eau pour les chevaux, encore plus à plaindre que leurs maîtres... on arrive enfin ; il faut alors se disputer quelques granges, car de maisons il n'y en a pas d'habitables en Lithuanie. On arrache une portion du toit pour donner à manger aux chevaux, et on se sert de ce qui reste pour se garantir du serein et du froid de la nuit. On espère reposer ; mais de subits et monstrueux incendies vous font trembler incessamment. Ici, en effet, tout est en bois, et les soldats prennent un malin plaisir à rapprocher leurs feux de ces chaumières pour les voir cuire, elles et la nombreuse vermine qu'elles renferment. A peine ces angoisses finissent-elles, sans qu'on ait pu fermer l'œil, qu'il est deux heures ; il fait grand jour, tout est déjà en mouvement, et, pour se réparer d'une si bonne nuit, on recommence une nouvelle marche, plus pénible encore que celle de la veille. Voilà quel a été notre régime pendant tout le mois du juin, sans compter quelques autres courses extraordinaires qui nous ont mis à de rudes épreuves. Un jour, par exemple, après avoir fait quatorze lieues, notre actif maréchal (Ney), pour nous délasser, nous en a fait faire de suite quatorze autres au galop, de sorte que, depuis minuit jusqu'au surlendemain deux heures du matin, nous n'avons, pour ainsi dire, pas quitté la selle ; heureux encore d'avoir eu des chevaux capables de résister à un pareil exercice... »

Dode fit des miracles dans cette campagne, et la défense de Polotsk est un trait de génie qui vivra dans nos fastes militaires. Vinrent les désastres du mois de novembre. L'armée était en pleine retraite ; elle n'avait plus, pour se soustraire au fer des Russes et à la faux du climat, plus meurtrière encore, qu'un seul passage : le pont de Borisoff, sur la Bérésina...

Nos lecteurs nous sauront gré de transcrire quelques lignes des mémoires du maréchal. Ici tout est nouveau, tout est tragique, — et je ne crois pas qu'aucun écrivain eût rendu avec tant de simplicité sinistre la scène étrange à laquelle Dode assista.

L'armée marchait vers le pont fatal ; tout à coup un aide-de-camp d'Oudinot remit à Napoléon une lettre ; elle lui annonçait que les Russes venaient de s'emparer du pont de Borisoff. L'empereur ne manifesta aucune émotion ; seulement, peu après il mit pied à terre ; et, s'étant chauffé un instant au feu d'un bivouac, il entra dans une maison voisine, et fit signe au général Dode de le suivre. « A peine nous trouvâmes-nous seuls, raconte celui-ci, qu'il me dit, en les accompagnant d'un regard que je ne saurais décrire, ces seules paroles : *Ils y sont!*... Il suivit du doigt, sur la carte, le cours de la Bérésina, puis celui du Dniéper ; et continuant ainsi, comme par un mouvement machinal, son exploration vers le sud, ses yeux rencontrèrent le mot de Podolie. Alors Napoléon, se relevant et me regardant fixement, s'écria : Podolie! ah! Pultawa, Charles XII!... Et après cette exclamation, en quelque sorte involontaire, il se mit à parcourir la pièce, où nous étions seuls, levant les yeux au ciel et sifflant je ne sais quel air. . . . . »

. . . .

III

Le Pont-de-Beauvoisin. — Le Guiers mort et vif. — France et Savoie.

A deux heures nous étions de retour au Pont-de-Beauvoisin. Notre rentrée ne s'opéra pas sans obstacles. La foule était si compacte, que notre voiture, lancée au grand trot, n'y eût pas fait une trouée : foule variée, composée en grande partie de paysans, venus pour la vogue et la foire ; de chevaux, de mulets, de bœufs, mais surtout de cochons. Les cochons du Dauphiné méritent bien une mention de deux lignes, non pour eux-mêmes, mais pour la façon singulière dont ils sont livrés au commerce. Ce sont de petits cochons noirs, un peu plus gros que des cochons d'Inde, un peu plus petits que des agneaux. Le marchand vante leurs qualités, la finesse de leurs oreilles, le développement de leurs grouins, le brillant de leurs soies ; l'acheteur est défiant et secoue la tête en signe de doute. Le vendeur fait entendre un juron énergique, empoigne le cochon par la queue, l'enlève à un mètre de terre et le met sous le nez de sa pratique, qui peut alors examiner la bête de plus près. Comment décrire le désespoir du cochon suspendu dans cette position anormale! Ce sont des cris gutturaux, déchirants et terribles, qui n'ont rien d'analogue dans aucun des hurlements connus. La première fois que nous les entendîmes, nous fîmes arrêter la voiture, émus et pâles de terreur. Nous étions persuadés qu'un homme venait de tomber sous les roues de notre berline. Ce concert lamentable dura jusqu'au coucher du soleil, c'est-à-dire jusqu'à la vente du dernier cochon noir.

A mesure que nous avancions, le vacarme changeait de nature. Les marchands forains appelaient leurs pratiques avec des voix de Stentor enrhumé; des chanteurs en plein vent célébraient les hauts faits de l'empereur; des buveurs ivres mêlaient leurs refrains bachiques à ces épopées populaires, et une cuivrerie retentissante, exécutant à tour de bras et de poumons l'ouverture de *Fra Diavolo,* annonçait la présence d'un saltimbanque quelconque.

Ce saltimbanque était une saltimbanque de cinq pieds six pouces, en costume d'amazone Louis XIII : un feutre gris à plume rouge s'inclinait sur son oreille rougie, ornée d'un faux diamant gros comme la moitié d'un œuf; un justaucorps de velours grenat à basquines serrait sa forte taille et, avec une jupe gris de lin, complétait le costume. Le théâtre se composait d'une de ces voitures qui participent du panier à salade et de l'omnibus et qui peuvent donner asile à une colonie tout entière. Une vaste impériale était l'orchestre, du haut duquel les musiciens, vêtus pour la plupart en hussards hongrois ou pandours, versaient sur une foule idolâtre des torrents d'harmonie. Enfin sur le siége du cocher, vaste et garni d'un coussin de cuir aussi grand qu'un matelas, gisait étendu, avec le plus parfait stoïcisme, un paysan sexagénaire, le bras nu jusqu'à l'épaule, et qui se laissait gravement frictionner par l'amazone, laquelle n'y allait pas de main-morte, et pour enlever la douleur commençait par enlever la peau. L'ouverture de *Fra Diavolo* allait toujours son train, et l'homme impassible paraissait charmé qu'on l'écorchât avec tant de cadence. Il nous fallut bien un quart d'heure pour franchir l'espace compris entre la tête et la queue du groupe immense rassemblé pour cette séance musico-médicale. L'amazone ne suspendit pas une minute son travail herculéen; des gouttes de sueur tombaient de son front moite. A la fin la respiration du patient, d'abord un peu haletante, devint plus calme ; sa tête se détendit mollement en arrière. Il s'était endormi...

M'éloignant de l'attroupement des badauds, je suis allé visiter la frontière. On ne la voit pas cette frontière, car elle coule au fil de l'eau. Une ligne idéale suit le thalweg du Guiers vif; du côté gauche, c'est la France, du côté droit, c'est la Savoie. Un pont en dos d'âne réunit les deux rives. En franchissant le sommet de ce pont, on entre dans les Etats de S. M. le roi de Sardaigne. Comme le pont n'est pas large, on voit d'un coup-d'œil le corps-de-garde français et le corps-de-garde piémontais : soldats et douaniers des deux nations causent bénévolement, appuyés sur le parapet et fumant leur pipe.

Le Guiers vif est un torrent profondément encaissé dans la traversée du Pont-de-Beauvoisin, et dominé des deux côtés par des collines couvertes de buissons dans lesquels on voit briller de temps à autre la carabine d'un douanier. Entre le Pont-de-Beauvoisin et les Echelles, le Guiers vif reçoit les eaux du Guiers mort, qui descend de la Grande-Chartreuse.

Il y a dans le nom de ces torrents une singularité qui choque toujours le voyageur : le Guiers vif coule paisiblement dans un lit à peu près horizontal et passerait aisément pour la plus inoffensive des rivières. Le Guiers mort est une véritable cascade qui roule de roc en roc dans d'effroyables abîmes. Cependant, les Français et les Savoyards ont dit juste, et la dénomination qu'ils ont imposée aux deux Guiers s'accorde parfaitement avec le vocabulaire de la science. Un torrent mort est celui qui a définitivement assis son lit ; il déborde quelquefois, mais il ne change jamais son cours. Tel est le Guiers mort, qui, malgré ses allures tapageuses, paraît fixé pour l'éternité dans la tranchée qu'il s'est creusée au sein du calcaire jurassique. Au contraire, le Guiers vif, qui court en plaine ou à peu près, est un véritable vagabond qui se déplace chaque année et cause de grands dommages.

Vu du Pont-de-Beauvoisin, le Guiers vif est sinistre. Au surplus, je ne connais rien de plus mélancolique que la frontière ; que ce soit la frontière d'Italie ou la frontière d'Allemagne, l'endroit où le Français sent la terre natale manquer sous ses pas prend des aspects douloureux et devient pour lui une terre d'angoisse. Lorsque j'eus fait vingt pas dans les rues du Pont-de-Beauvoisin-Savoie, je pris à peine le temps d'y acheter quelques-uns de ces mauvais petits cigares dont la Suisse et la Savoie ont le précieux monopole, et je me hâtai de rentrer en France; malgré l'air candide des petits soldats sardes, malgré la physionomie paterne des carabiniers de S. M. le roi Victor-Emmanuel, dignes émules de nos gendarmes, je ne me sentais plus en sûreté.

Je me suis enhardi plus tard, et j'ai parcouru la Savoie. Sept années se sont écoulées depuis cette excursion, dont je supprime le récit, parce qu'on pourrait croire que je l'ai combiné en vue de circonstances récentes. L'actualité n'est pas ce que je recherche; et d'ailleurs, qui me saurait gré de traduire ici le vœu secret des Savoyards, qui n'ont cessé de regarder la France comme leur véritable patrie?

PAUL-LOUIS COURIER

PAUL-LOUIS COURIER

—

I

Voilà une grande renommée. L'a-t-on surfaite ou appréciée justement? Modèle des satiriques pour les uns, pour d'autres penseur de premier ordre, pour tous grand écrivain, restaurateur de la pureté de style, disciple fervent ou même heureux rival de Montaigne, d'Amyot, de La Fontaine et de Pascal, Courier doit-il être laissé à la place où l'ont mis la reconnaissance de ceux qu'il a servis et la facile connivence de ceux qui ne l'ont pas lu, — dans le bleu calme de l'empyrée où trônent les maîtres de l'art?

Question frivole si la littérature seule était en jeu, question grave et d'un intérêt présent, parce qu'après les crises d'où les Etats sortent rajeunis et forts, lorsqu'ils n'y périssent pas, rien n'est plus essentiel que de rechercher et d'expliquer les causes qui les ont amenées. Les écrits de Paul-Louis Courier renferment toutes les idées, toutes les doctrines, toutes les passions et tous les préjugés, c'est-à-dire tout l'esprit d'une époque. Nous en voulons résumer la substance. Un pareil exposé, fait avec la sincérité convenable, peut offrir l'imprévu d'une révélation ; d'honnêtes gens, des gens de bonne foi s'étonneront peut-être de ce qui les charma naguère, et y trouveront de quoi regretter l'entraînement d'une admiration irréfléchie.

J'avoue qu'aujourd'hui, après une lecture nouvelle et complète des pamphlets de Courier (1), j'ai quelque peine à comprendre qu'un homme de cœur les ait écrits, qu'un public éclairé les ait applaudis, qu'un gouvernement qui voulait vivre les ait tolérés. Mais tout en admettant, puisqu'il le faut, les exagérations et les violences de la lutte, on ne peut que plaindre le pays qui s'y abandonnait et qui croyait marcher à la conquête de l'avenir à mesure qu'il roulait plus profondément dans l'abîme.

Que Paul-Louis Courier ait été pour la Restauration un ennemi perfide, cruel, acharné, ce n'est pas ce qui peut nous préoccuper ici. Mais il ne calcula ni la direction, ni la portée de ses coups. Il combattit, ennemi des Bourbons, la monarchie ; du clergé, la religion ; de l'aristocratie, la propriété. Pour avoir raison du gouvernement qu'il voulait perdre, il fallait l'isoler de la magistrature : il déshonora la justice et les juges ; — et de l'armée : — il s'en prit à la discipline, véritable foi du soldat.

---

(1) Toutes les citations qui vont suivre se rapportent à l'édition Paulin. 2 vol. in-18. Paris, 1832.

Cette opposition sans probité a eu son heure de triomphe ; mais la société tout entière en a payé les frais. Le gouvernement a été rendu pour longtemps impossible, et l'esprit public faussé pour plus d'un quart de siècle.

Il y a, en effet, des générations favorisées à qui l'expérience vient au moment opportun, qui, placées de manière à saisir le vrai jour des événements, se trouvent mûres pour les grandes choses, et les font. Les hommes de trente ans, en 1804, avaient assisté jeunes gens à la chute de Louis XVI, au drame de la Terreur, à la comédie d'intrigue du Directoire ; ils aspiraient à un gouvernement définitif et fort. Leur éducation première avait été monarchique et religieuse ; ce premier fonds ne se détruit jamais ; il se retrouva lorsque la France nouvelle voulut être gouvernée par un homme nouveau.

Mais notre génération, j'entends celle dont je fais partie, celle qui a eu trente ans hier, n'a pas été si bien douée ; si elle fit des fautes, si elle s'associa à beaucoup de folies, elle s'en peut excuser sur le malheur des temps. Le canon du Trocadéro marqua l'heure de sa naissance ; le canon de juillet tonnait quand elle s'assit sur les bancs de l'école ; le coup de pistolet du 23 février 1848 a salué sa majorité politique. Elle fit sa première communion au bruit du marteau qui renversait l'archevêché et mutilait Saint-Germain-l'Auxerrois. Les libéraux lui enseignèrent l'histoire ; les éclectiques, la morale et la religion. O notre jeunesse, qu'en a-t-on fait ! Tant d'enthousiasme pour tant de sophismes ! tant d'élan pour tant de vide ! tant de piété pour tant de faux dieux ! Béranger fut notre Virgile ;

Paul-Louis Courier notre Bossuet. « Courbe la tête fier Sicambre, disait saint Rémi au roi Clovis ; brûle ce que tu as adoré, adore ce que tu as brûlé. » Parole digne d'être écoutée encore après quatorze siècles. Brûlons, c'est-à-dire discutons seulement : la discussion sincère est le bûcher où les fausses doctrines se réduisent en cendres.

II

Il importe d'indiquer avec précision l'époque où Courier vécut, le but qu'il poursuivit et les moyens qu'il employa. C'est ce qui se peut faire clairement en très-peu de lignes.

Le gouvernement de la branche aînée des Bourbons était suspect aux yeux de la Révolution. Cette idée préconçue, Louis XVIII la combattit, Charles X l'accrédita. Les écrits de Paul-Louis Courier doivent donc être réputés d'autant plus violents qu'ils s'appliquent à la période la plus libérale de la Restauration.

L'indépendance nationale et le maintien des principes de la Révolution, telle est la donnée générale de ces pamphlets dont le sujet particulier est toujours des plus simples. C'est « une pétition aux chambres » (pour des paysans emprisonnés) ; des lettres aux rédacteurs de divers journaux (*le Censeur, le Constitutionnel*) sur la liberté de la presse, la division de la propriété, la liberté individuelle ; des lettres particulières à propos d'élections, de séditions populaires, d'insubordination dans l'armée ; quelques mémoires à consulter (Paul-Louis était processif) où la politique a le pas sur la chicane ; un « simple discours » à l'occasion de la souscription proposée pour acquérir Chambord et l'offrir au duc de Bordeaux ; une pétition pour des villageois que l'on empêche de danser ; une gazette de village ; un livret où l'écrivain tourangeau note ses impressions pendant un séjour à Paris, etc., etc.

Tous ces pamphlets, qui ont très-peu de pages, sans être cependant très-courts, se distinguent par un style vif, aiguisé, tranchant, alerte, acerbe et sec. Je ne crois pas utile de m'expliquer plus longuement sur le talent littéraire qu'on reconnaît à Paul-Louis Courier ; c'est une périlleuse besogne que de s'attaquer à une réputation établie, et j'en laisse le soin à de plus hardis que moi.

Cependant, le téméraire qui, peu soucieux de sa tranquillité, se chargerait d'attacher ce grelot, trouverait de bonnes choses à dire, mais qui l'entraîneraient un peu loin. Tout ce qu'il peut me convenir d'en laisser entrevoir, c'est que la langue de Paul-Louis Courier n'est point celle de Voltaire, de La Fontaine ni d'Amyot, comme le répètent les bonnes gens ; et qu'en dépit d'une admirable souplesse et d'un art de bien dire qui ne se dément guère, elle n'a pu se garder de l'affectation, j'ose ajouter de la pire de toutes, l'affectation de la naïveté. Courier cherchait avec délices, avec puérilité, la musique du discours ; il s'est trompé sur celle qui convient à la langue française ; il a pris le rhythme pour le nombre, erreur grave ! J'en citerai à témoin les hémistiches multipliés dont fourmille sa prose dansante (1). Son plus fervent admirateur, Armand

---

(1)   Et plaignez-vous un peu,
       adressez-vous au maire,

Carrel, ne signalait-il pas lui-même (1) « le retour fréquent des mêmes formes, le suranné d'expressions qui montrent la recherche et n'ajoutent point au sens ; le maniéré de cette naïveté villageoise un peu trop ingénieuse, etc. ? » Mais c'est peut-être trop insister sur ce point. Il s'agit moins d'examiner scrupuleusement les ciselures de cette lame de poignard que d'analyser le poison dont elle est imprégnée. Poison, c'est

> ayez recours, pour voir,
> aux juges, au préfet...
>
> (*Simple discours*, t. I, p. 154.)

> Actif, infatigable,
> il ne s'endort jamais...
> il n'est affront, dédain,
> outrage ni mépris...
> Econduit, il insiste ;
> repoussé, il tient bon ;
> qu'on le chasse, il revient.
>
> (*Id.*, p. 155.)

Voici un passage de la *Pétition pour les villageois* (liv. XI, p. 5).

> Vous, Messieurs, songez-y
> pendant qu'il en est temps ;
> avisez entre vous
> s'il ne conviendrait pas...
> de vaquer le saint jour, etc.
> Nos dévots, toutefois,
> l'entendent autrement.
> Et combien pensez-vous
> qu'ils soient à notre charge ?
> Vous le savez d'ailleurs,
> et le voyez, Messieurs,
> ceux qui haïssent tant
> le travail du dimanche
> veulent des traitements,
> envoient des garnisaires,
> augmentent le budget ;
> nous devons chaque année,
> selon eux, payer plus.

Ces dix-huit hémistiches se rencontrent en moins d'une seule page.
(1) *Essai sur les ouvrages de P.-L. Courier*. Paris, Paulin, 1832, p. 30.

un gros mot, un mot violent, peut-être ; mais je l'emprunte à mon auteur. « Qui dit pamphlet, dit un écrit tout plein de poison. — De poison? — Oui Monsieur (1). » Je sais bien que Paul-Louis s'exprime ainsi par ironie et pour se moquer d'un honnête libraire, M. Arthus Bertrand, lequel avait eu le malheur, faisant partie du jury, de déclarer Courier coupable. Car ces libéraux sont ainsi faits : ils ont passé nombre d'années à réclamer l'application du jury aux procès de presse ; mais que le jury les condamne, ah ! ne leur en parlez plus ! Ces citoyens indépendants, ces boucliers de la liberté de penser et d'écrire ne sont bons qu'à jeter aux chiens, et j'aurais honte de ramasser ici toutes les injures dont on les couvre. Néanmoins, on voit qu'au fond Courier ne s'effrayait pas précisément d'être taxé de débiter du poison ; on dirait presque qu'il s'en flatte. Je remarque, d'ailleurs, que ce poison est bien éventé et ne peut plus nuire. Le temps des dénigrements systématiques est passé ; on demande aujourd'hui à l'écrivain politique un autre talent que celui de détruire ; l'esprit du siècle est au dogmatisme et à l'affirmation. Cela est si vrai, qu'en ces dernières années, les sectes destructives elles-mêmes n'avaient gagné quelque faveur parmi les diverses classes de la population qu'en produisant de prétendus plans d'organisation sociale. La preuve en est encore qu'un écrivain qui d'abord avait attiré une portion du public autour de sa banque d'échange, demeura voué au plus profond isolement dès que l'insuccès de sa tentative l'eut contraint de chercher un refuge dans le domaine de la critique pure.

(1) *Pamphlet des pamphlets*, t. II, p. 156.

Courier avait le vrai tempérament de l'homme d'opposition, bilieux et sceptique (1). Je pourrais faire la liste des institutions, des sentiments et des hommes qu'il a déprimés ou avilis; je serais embarrassé d'indiquer ce qu'il a défendu, excepté ses bois et ses vignes. La République ne l'a pas charmé; il a vu l'Empereur et ne l'a pas compris; la Restauration le froissait. En pleine paix européenne il rêvait et prêchait la guerre; au milieu des merveilles guerrières de l'Empire, il était resté froid, cachant son esprit contempteur sous le masque d'une philanthropie banale. Il ne croyait pas beaucoup au dévouement : « Le dévouement, disait-il, doit toujours être un peu idiot (2); » ni à la charité : « J'ai vu mille pauvres recevoir mille écuelles de soupe à la porte de Marmoutiers. Le couvent et les terres vendues, je n'ai plus vu ni écuelles, ni soupes, ni pauvres pendant quelques années, jusqu'au règne brillant de l'empereur et roi, qui remit en honneur toute espèce de mendicité. J'ai vu jadis, j'ai vu madame la duchesse donner à la fabrique cinquante louis en or et dix écus aux pauvres. Les pauvres ont acheté ses terres et son château, et ne donnent rien à personne. Chaque jour la charité s'éteint depuis qu'on songe à travailler, et se perdra enfin, si la Sainte-Alliance n'y met ordre (3). » Si cela veut dire que le travail est préférable à la mendicité, et que le jour est

---

(1) Je viens de voir un portrait de Courier, dessiné, je crois, d'après nature. Les yeux sont fins, mais un peu ternes et indécis; la lèvre supérieure un peu pendante et dédaigneuse; le menton, menu, contraste avec le développement des pariétaux; les oreilles sont éloignées, presque rejetées derrière la tête. Gall le classerait parmi les carnassiers. Quelque chose d'indécis, d'inquiet et de rusé dépare cette physionomie d'ailleurs intelligente.

(2) *Livret*, II, 132.

(3) Lettre au rédacteur du *Censeur*, 1819, I, 65.

venu où le laboureur, affranchi des entraves de l'antique servage, prend possession de la terre fécondée par ses sueurs, voilà bien de la rhétorique et bien du fiel perdus !

III

Au fond, je ne suis pas bien persuadé que Paul-Louis ait beaucoup aimé ces paysans qu'il paraît servir et dont il se sert. Du moins ne les voyait-il pas en beau. Pour lui, le paysan, l'homme des champs, le laboureur, n'est à tout prendre qu'un rustre madré, sans foi ni loi, avide, sordide, et qu'il ne fait pas bon de rencontrer au fond d'un bois. Le portrait n'est pas flatté, et, je m'empresse de le dire, il n'est pas ressemblant. Courier a vu les paysans non tels qu'ils sont, mais comme il désirait qu'ils fussent ; il leur prête des opinions extrêmement raffinées sur beaucoup de choses et beaucoup d'hommes qu'ils ne connaissaient guère, tels que la liberté de la presse et M. Benjamin de Constant, et il les fait parler comme Voltaire et le baron d'Holbach sur les matières de religion. Quelle aberration est-ce là ? Quel aveuglement ou quelle mauvaise foi ? « *Le peuple prie* est une thèse un peu sujette à examen (1). » Sans doute : aussi fallait-il l'examiner. C'est ce que Paul-Louis ne fit pas ; il prit la thèse toute rédigée. « Nous allons à la messe le dimanche à la paroisse, pour nos affaires, pour y voir nos amis ou nos débiteurs : nous y allons ; combien reviennent (j'ai

---

(1) Lettre au rédacteur du *Censeur*, I, 69.

grand'honte de le dire) sans l'avoir entendue... Le curé d'Azai, à Pâques dernier, voulant quatre hommes pour porter le dais, qui eussent communié, ne les put trouver dans le village ; il en fallut prendre de dehors (1). » Voilà qui va bien ; l'heureux village ! quelle bonne fortune pour le parti libéral ! Aussi n'en doutez pas, ce fait écrasant va porter le dernier coup au catholicisme qui se meurt ; car « on ne restaure point un culte. Les ruines d'une maison, — c'est le mot du bonhomme, — se peuvent réparer, non les ruines d'un culte (2). » Donc, gloire aux paysans d'Azai qui ne communient point. « Dieu a permis que l'Eglise romaine, depuis le temps de Léon X, déchût constamment jusqu'à ce jour (3). — En matière de religion, le peuple fait la loi ; le peuple de tout temps a converti les rois. Il les a fait chrétiens de païens qu'ils étaient ; de chrétiens catholiques, schismatiques, hérétiques ; il les fera raisonnables s'il le devient lui-même (4). » Allons ! sus ! écrasons l'infâme ! Mais Voltaire s'adressait à d'Alembert, à Damilaville et au marquis d'Argens. Courier parle au peuple et croit être compris ; cette erreur est le signe d'une excessive faiblesse de jugement, d'où naît la langueur secrète de ces pages si vigoureuses en apparence et si vivaces.

Au reste, pour un ami du peuple, Courier avait de singulières façons de le comprendre. Que, dans sa verve amère, il montre le duc d'Angoulême qui visite les églises et baise les reliques, et qu'il s'écrie : « Le peuple

---

(1) *Pétition pour les villageois,* II, 14.
(2) Lettre au rédacteur du *Censeur,* I, 69.
(3) Lettre au rédacteur du *Censeur,* 72.
(4) Lettre au rédacteur du *Censeur,* 73.

en aime d'autant moins l'Eglise et les reliques (1), » je le comprends ; c'est haineux, voilà tout ; mais quand il dit : « Défendez la messe, demain le peuple sera dévot, » j'incline à penser que notre homme s'est fait un peuple à son image, je veux dire à l'image de ces honnêtes opposants, qui, sous le régime parlementaire, rejetaient une mesure quand le ministère la proposait, et la proposaient quand le ministère n'en voulait pas.

IV

Ces déclamations, assez puériles, ont sans doute porté coup en leur temps, je le veux croire, tout en soupçonnant qu'on s'en exagère aujourd'hui l'influence ; toutefois, elles s'opposent à ce que l'homme qui les a écrites soit classé parmi les écrivains supérieurs. La grande pensée fait la grande parole. Le pamphlet, par lui-même, n'est ni plus durable ni plus éphémère que telle autre production de l'esprit humain ; s'il peut briller un instant par le scintillement du style et par l'éclat de la passion, il ne se préserve de l'oubli que par une conviction forte ; il faut qu'il attaque quelque chose, c'est là son succès ; il faut aussi qu'il ait quelque chose à défendre, et c'est là sa gloire. Camille Desmoulins mérite d'être flétri pour le *Discours de la Lanterne*, qui lui valut tant de bravos ; il a mérité d'être glorifié pour *le Vieux Cordelier*, dont une page lui coûta la vie.

Courier n'a rien défendu, mais peut-être a-t-il tout envié.

(1) *Livret*, II, 137.

Il voulait entrer à l'Académie des Inscriptions, et n'y réussit point. Vite un pamphlet contre l'Académie ! « Tu ne seras jamais rien, c'est-à-dire tu ne seras ni gendarme, ni rat de cave, ni espion, ni duc, ni laquais, ni académicien (1). » Le style épigrammatique est le plus mauvais fruit du xviiie siècle ; ne retrouve-t-on pas, dans la phrase que je viens de citer, le double arome de Beaumarchais et de Piron ?

La moquerie infinie, le sarcasme sans trêve, sont incompatibles avec la hauteur du caractère et du talent. Il est dans le cœur humain de respecter quelqu'un et quelque chose ; prenez-en votre parti, et si vous ne respectez pas le duc, alors respectez le gendarme. Aux mauvaises époques de la vie des nations, les rhéteurs et les sophistes transposent ce respect et l'appliquent à des abstractions pures. Les philosophes du dernier siècle, qui ont tout vilipendé, adoraient « la Nature. » La philosophie fut ensuite remplacée par le libéralisme, et la statue de la Nature par un exemplaire de la Charte délicatement inscrit dans la périphérie d'une tabatière-Touquet. Le costume et le jargon ont changé ; la doctrine subsiste. Un profond critique, M. Jules Barbey d'Aurevilly, signalait l'autre jour cette erreur étrange de s'imaginer que le xviiie siècle est mort. Oh ! que non ! du moins vivait-il encore en 1820. Il ne s'appelait plus Voltaire, ni Grimm, ni d'Holbach, ni Morellet ; il s'appelait Courier et n'en valait pas mieux. Voyez ces hommes doués de rares facultés, préparés par la richesse de leur organisation à devenir les précepteurs et l'exemple des autres hommes ! Ils ont éteint dans

---

(1) Lettre à MM. de l'Académie, II, 120.

leur âme le flambeau de la religion, et, effaçant de leurs écrits le nom du Christ et le signe de la croix, ils ont voulu y substituer, qui un mot, qui un chiffre, qui une entité, qui une antinomie. Fous fieffés qui suppriment le soleil et veulent éclairer l'univers avec des bouts de chandelle! Aussi quel chaos dans leurs œuvres! quelle faiblesse dans leurs conceptions! quelle humiliation dans leur chute! Comme ils se trouvent hors de l'idée chrétienne, parce qu'ils en ont voulu sortir! Ils ont ceci de très-particulier qu'ils ne comprennent plus rien à l'histoire. Courier a pris une certaine part, assez minime, aux guerres de la Révolution et de l'Empire, et jamais son esprit n'a pu pénétrer le sens de cette épopée grandiose, qui pour lui est restée une énigme. La Révolution organisée, agrandie, jetée dans un moule d'airain, voilà l'œuvre de Napoléon. Courier n'en vit que l'accident; l'empereur ne fut jamais pour lui que l'officier d'artillerie arrivé à travers mille hasards parce qu'il a eu du bonheur. D'où Courrier, qui, lui aussi, avait chargé des canons et compté des gargousses, se disait peut-être en soi-même qu'il ne lui avait manqué que la bonne chance pour succéder à Charlemagne. Que si Courier eût vécu jusqu'à nos jours et contemplé nos dernières crises, je doute qu'il se fût corrigé.

Il est à supposer même que les doctrines socialistes ne l'auraient que médiocrement effarouché. « Il se passera longtemps avant qu'on s'accoutume, dans la plupart de nos provinces, à voir un paysan vêtu, semer et recueillir pour lui, à voir un homme de bien posséder quelque chose. Ces nouveautés choquent furieusement les propriétaires ; j'entends ceux qui, pour le devenir, n'ont eu que la peine de naître (1). »

N'entendez-vous pas d'ici le cri : *A bas les riches !* Mais qu'un homme hérite de cent mille livres de rente ou d'un écu de six francs, c'est tout un quant au principe ; et le paysan à qui son père a laissé un moulin à vent et deux arpents de terre, qu'a-t-il fait pour devenir propriétaire, sinon qu'il a pris la peine de naître ?

Au surplus, si Courier n'avait pas même une compréhension très-nette de l'histoire moderne, telle qu'elle s'était accomplie sous ses yeux, il ne portait guère plus de sagacité instinctive dans l'étude du passé. Institutions d'ancien ou de nouveau régime, il les juge avec une égale malveillance en les mesurant toujours par le petit côté. Dans l'ouragan des mauvaises passions déchaînées contre le catholicisme par l'esprit parlementaire et bourgeois, Courier susurre sa calomnie et siffle son propos libertin. Par son procédé les questions religieuses sont bien vite tranchées. « Du dogme on n'en dit rien... Il est question de savoir si les évêques auront de quoi entretenir des chevaux, des laquais, des..... (2). » Pour un homme qui vise au goût littéraire et qui, de fait, en avait, et du plus fin, Paul-Louis ne sut pas se préserver assez des tristes plaisanteries dans le style des *Visitandines* et de Pigault-Lebrun. Sous le prétexte de battre en brèche la congrégation et les missionnaires, fallait-il déverser le sarcasme graveleux et grossier sur de pieuses filles en qui le peuple vénère l'image vivante et sublime de la

---

(1) Lettre au rédacteur du *Censeur*, 1819, I, 49.
(2) Lettre au rédacteur du *Censeur*, 1619, I, 75.

charité (1)? Mais comment auraient-elles échappé aux épanchements de cette bile qui a gâté les dons naturels de Paul-Louis Courier? S'il évoque les plus grands noms, les plus pures gloires de nos fastes patriotiques, c'est pour les souffleter du revers de sa plume, et c'est pitié de voir cette encre corrosive filtrer goutte à goutte à travers le cercueil où gisent tant de grands hommes. Napoléon, Louis XIV, Henri IV et François Ier ne trouvent pas de grâce devant le vigneron de la Chavonnière, qui, pour ne s'en point tenir à de si hauts noms, ne dédaigne pas d'insulter en passant Lannes (2), le héros d'Essling, et Junot (3), l'ancien sergent de la batterie des « hommes sans peur. » Courier prétend bafouer en eux la noblesse moderne, celle qui « traînait dans les antichambres de Bonaparte. »

Mais Courier s'inquiète fort peu de savoir de quel sang généreux la noblesse nouvelle avait payé ses blasons. Noblesse ancienne et nouvelle excitent avant tout sa noire fureur égalitaire; il ne veut pas être dérangé dans sa thèse contre la noblesse, dont la signification historique lui échappe absolument.

« Sachez, disait-il (4), qu'il n'y a pas en France une seule famille noble, mais je dis noble de race et d'origine antique, qui ne doive sa fortune aux femmes. Vous m'entendez... »

Puis au revers de la page, craignant sans doute qu'on ne l'entendît pas, il ajoute : « Il n'est, ne fut, ni ne sera jamais, pour nous autres vilains, qu'un moyen de for-

---

(1) Lettre au rédacteur du *Censeur*, I, p. 100. *Ibid.*, I, 49.
(2) Lettre au rédacteur du *Censeur*, I, 100.
(3) Lettre au rédacteur du *Censeur*, I, 100.
(4) Lettre sur l'acquisition du château de Chambord, 1, 159.

tune, c'est le travail ; pour la noblesse non plus, il n'y en a qu'un, et c'est..... la prostitution (1). »

A ce propos, Courier fut traduit en cour d'assises, et, mieux que par les rigueurs du jury, la justice, la vérité, la morale publique outragées furent vengées d'un seul mot. « Les faveurs de la cour, disait le président des assises, s'obtiennent sur le champ de bataille par des services. — Par des femmes ! monsieur le président, interrompit vivement Courier. — Votre décoration de la légion d'honneur, reprit le président avec gravité, l'avez-vous donc eue par les femmes (2) ? »

Cette noble et terrible réplique, Courier ne la sentit pas, car il l'a publiée lui-même, et paraît croire que c'est lui qui a reçu les applaudissements de l'auditoire. Il est possible, après tout, qu'il ne se soit pas mépris et que nous nous trompions. Le président de la cour fut peut-être hué et Courier acclamé. Une telle interversion du sens moral n'aurait rien qui nous surprît outre mesure. Entre ce temps-là et le nôtre, il y a tout un monde : la politique a changé de pôles, comme la terre aux temps antédiluviens. En relisant quelques-unes des appréciations qui précèdent, je crains de m'être laissé emporter et de m'être montré inéquitable envers Courier et ses écrits. Mais il faut convenir d'une chose : c'est que le point de vue est perdu. Le *Pamphlet des pamphlets,* son triomphe, laisse le lecteur parfaitement froid. Ce qui, dans le temps, parut énormément comique, ne serait plus, du nôtre, que matière à scandale. Nous ne voyons plus le petit mot pour rire dans des attaques contre la religion, la justice et l'au-

---

(1) Lettre sur l'acquisition du château de Chambord, I, 160.
(2) Procès de Paul-Louis Courier, I. 179.

torité. Au moment où il est visible que l'auteur se grise un peu de sa propre parole, parce qu'il s'adresse moins à un lecteur qu'à un complice, nous restons sérieux, et notre gravité déconcerte la plaisanterie posthume.

V

Mais, en réalité, quel triste spectacle que celui de l'intelligence humaine aveuglée par la passion, et n'employant sa force qu'à lutter contre la notion divine du juste et de l'injuste ! Dans ce combat sans issue, Courier abandonna sa plume aux plus incroyables excès.

Le droit qu'a la société de punir les délits commis contre elle ou ses membres est parfaitement évident pour les honnêtes gens que la justice préserve ; il l'est moins aux yeux des hommes pervers qu'elle poursuit. Or, c'est à ceux-ci que Courier ne dédaignait pas de s'adresser, défendant « la victime, » c'est-à-dire le criminel, contre le « bourreau, » c'est-à-dire contre le juge qui représente la société. « On va ici couper le col à un pauvre diable pour tentative d'homicide. Il se plaint et dit à ses juges : Supposons qu'en effet j'aie voulu tuer un homme. Vous connaissez des gens qui ont tenté de faire tuer la moitié de la France par les puissances étrangères. Ils voulaient de l'argent, et moi aussi. Le cas est tout pareil. Vous n'avez contre moi que des preuves douteuses ; vous avez leurs notes secrètes signées d'eux ; vous me coupez le cou, et vous leur faites la révérence (1). » Ainsi, entre l'assassin et

(1) Lettre II.

le gouvernement qui a le malheur de déplaire au libelliste, la comparaison est poursuivie au bénéfice de l'assassin. Le voleur n'est pas moins bien traité, toujours par comparaison au gouvernement : « Peu de gens aujourd'hui mettent dans un contrat le vrai prix de la vente. Le gouvernement trompe, et qui peut le tromper est approuvé de tous (1). »

Le parti libéral applaudissait à ce langage, qui satisfaisait ses haines secrètes plus que ses véritables intérêts. Courier démontrait qu'être ministre c'était faire pis que de tuer et voler ; cependant les bourgeois libéraux voulaient être ministres, et ne souhaitaient pas qu'on les tuât pour les voler. Dans leur inconséquence, ils recommençaient la Gironde et oubliaient 93. Sans prévoir qu'un jour ils auraient à leur tour besoin de s'appuyer sur la magistrature, ils encourageaient Courier à cette guerre perverse. Tout lui était bon : bois ou pierre, fer ou plomb, pois chiches ou mie de pain. Qu'importe le projectile, pourvu qu'il touche et qu'il meurtrisse ! Le hasard met entre les mains de Courier certain ordre donné par le procureur du roi à un gendarme, et qui se termine par : « Je suis votre serviteur. » Eh bien, voilà matière à diatribe, et vous verrez ce qu'il en sortira : « Le procureur du roi est serviteur du gendarme, qui, au besoin, sera le sien ; ils sont serviteurs l'un de l'autre contre l'administré qui les paie tous deux, car l'homme qu'on emprisonne est un cultivateur. C'est un bon paysan qui a déplu au maire en lui demandant de l'argent. Celui-ci, par le moyen du procureur du roi, dont il est serviteur, a fait

---

(1) *Gazette du village*, II, p. 115.

juger et condamner l'insolent vilain, que ledit procureur du roi, par son serviteur le gendarme, a fait constituer ès-prisons. C'est l'histoire connue; cela se voit partout.

» Oh! que nos magistrats donnent de grands exemples! Quelle sévérité! Quelle exactitude scrupuleuse dans l'observation de toutes les formes de la civilité! Celui-ci a peut-être oublié dans sa lettre quelque chose, comme de faire mention d'un jugement; mais il n'oubliera pas le très-humble serviteur, l'honneur d'être, et le reste, bien plus important que le jugement, et tout pour monsieur le gendarme. Au bourreau, sans doute, il écrit : Monsieur le bourreau, veuillez tuer, et, je suis votre serviteur (1)..... »

A de pareilles phrases il n'y a point de commentaires. Il faut les présenter telles qu'elles furent écrites, et livrer le lecteur à ses réflexions. Mais du moins ne laissons point passer sans la flétrir l'hypocrisie des rhéteurs qui, sous prétexte d'humanité, n'arrachent des mains de la société son arme que pour la donner à l'assassin. Ah! c'est un beau rôle que de défendre la vie humaine contre l'erreur irréparable des passions politiques! Mais se placer entre la société et l'ennemi social, dire à celle-là : Jette ton glaive! Si tu frappes, tu seras maudite ; — et à celui-ci : Voilà le poignard, frappe et tu seras grand ; c'est le plus grand crime qui se puisse commettre; et je regrette de n'en pouvoir absoudre Courier.

Que l'on médite ces lignes, à propos d'une noce qui fut troublée par une arrestation :

---

(1) Lettre au rédacteur du *Censeur*, 1819, I, 58.

« L'italien (un des convives) prétend que notre nation est lâche et capable de tout endurer désormais ; que ces choses, chez lui, ne se font point. Ils ont, dit-il, dans son pays, deux remèdes contre l'insolence de messieurs les maires, l'un appelé *stilettata*, l'autre *scopiettata*. Ce sont leurs garanties, bien meilleures, selon lui, que notre conseil d'Etat. Où scopettade manque, stilettade s'emploie ; au moyen de quoi le peuple se fait respecter. Sans cela, dit-il, le pays ne serait pas tenable (1). »

M. Mazzini n'a rien écrit de si farouche ni de si clair.

« Le plus bel acte dont l'homme soit capable, avait dit Courier, est de résister au pouvoir (2). » Cette traduction libre d'une phrase célèbre sur la sainteté de l'insurrection devait aboutir aux poignards de la jeune Italie ; et le libéralisme ne reculait pas devant de telles conclusions nettement formulées !

VI

Mais enfin que faut-il donc penser ? Que veut Courier ? Quel but poursuit-il ? Est-ce un illuminé qui veut dresser sur les ruines de la monarchie la statue d'airain d'une république sans entrailles ? Est-ce un économiste de l'école de Saint-Simon, qui n'aperçoit dans le gouvernement d'un grand peuple que la gérance d'une société en commandite ? Est-ce un spartiate affamé de brouet noir ? Est-un Caïus Gracchus armé pour la loi

---

(1) *Gazette du village,* II, 122.
(2) *Livret,* II, 135.

agraire ? Est-ce un an-archiste qui veut que l'individu soit son législateur, son pontife et son roi ?

Non !

C'est un bourgeois ami des lettres, grand possesseur de bois qu'il ne veut pas qu'on pille (1) ; il est électeur, éligible (2) et tient à ses droits politiques (3) ; c'est un constitutionnel, enamouré des beaux yeux de la Charte. Que lui faut-il donc, et pourquoi ces haines, pourquoi ces violences, ces provocations, ces colères? Pourquoi sape-t-il à la fois les institutions, les lois et la société? Pourquoi? je vais vous le dire : pour que les Bourbons de la branche aînée cèdent la place aux Bourbons d'Orléans ; pour que le roi ne s'appelle plus Louis ou Charles, mais Philippe (4).

Cet ennemi du gouvernement combat l'hérédité dans la ligne directe, mais il l'admet dans la ligne collatérale ; il regarderait le fils de l'empereur comme un usurpateur, mais il accepterait le fils d'Egalité comme un roi légitime ; il travaille au renversement de la monarchie, mais il veut la monarchie ; il excite au mépris des princes, mais tout est perdu si un certain prince ne règne pas ; il injurie la cour, les ministres, les prêtres, les magistrats, cependant il veut une cour, des ministres, des prêtres, des magistrats, qui feront sans doute respecter Louis-Philippe mieux que maître

---

(1) *Livret*, II, 19 et suiv.
(2) Lettre particulière, I, 119.
(3) A MM. du conseil de préfecture, I, 131.
(4) Ce n'est pas une induction, mais un fait. Voir le *Simple discours à l'occasion d'une souscription pour l'acquisition de Chambord* (t. I, p. 150 et 151) ; le *Procès de Paul-Louis Courier* (t. I, p. 232) ; le *Constitutionnel* du 8 octobre 1823 (II, 61) ; le *Journal du Commerce* du 3 novembre 1823 (II, 67) ; la *Réponse aux anonymes* (II, 74, 82, 84) ; le *Livret* (II, 129), etc.

Marchangy et maître de Broë ne firent respecter Louis XVIII et Charles X.

Dira-t-on qu'il attaquait non le droit, mais les abus; non les principes, mais les personnes ? Pure défaite ! On nous a en effet enseigné bien longtemps qu'on pouvait diffamer le clergé sans blesser la religion, attaquer les ministres sans offenser le monarque, et les propriétaires sans toucher à la propriété ; mais la pratique n'a guère répondu à la théorie ; si bien que les patriotes de la Convention, après avoir hué les prêtres, les chassèrent, puis, se ravisant, les tuèrent, et pour en finir supprimèrent la religion ; si bien aussi que M. de Polignac emporta Charles X, et M. Guizot Louis-Philippe ; d'où l'on peut dire qu'en ces matières la forme emporte le fond. Courier s'y était laissé prendre, et y fut bien pris ; car, propriétaire, il voulut défendre sa propriété, et fut tué au coin de son bois par quelques paysans tourangeaux qui n'étaient pas en état de faire des distinctions si subtiles.

VII

Je me suis efforcé d'abstraire autant que possible de cette étude la portée purement politique de l'œuvre de Courier ; je ne défends pas ses adversaires et ne les juge point. Qu'il ait maltraité M. de Peyronnet, qu'il ait vilipendé M. Decazes, qu'il lance des plaisanteries d'un goût douteux sur M. *Marcassus* de Marcellus, je m'abstiens de prononcer ; l'histoire impartiale condamnera ou fera triompher leur mémoire ; mais ce dont je l'accuse hautement, c'est d'avoir confondu ce qui est discutable et ce qui ne l'est pas ; d'avoir sacrifié les principes aux circonstances ; d'avoir ébranlé la religion, la propriété, l'autorité, en vue de l'œuvre d'un jour, d'une heure, d'un instant ; jour, heure, instant dont il n'a même pu jouir.

Ses pamphlets méritent-ils encore l'honneur de la lecture? Pour l'histoire, oui ; car le procès de la Restauration est pendant, et les écrits de Courier sont un document qui doit trouver place au dossier de l'affaire ; pour la postérité, non ; car il n'est pas une seule de ces pages que l'auteur puisse se glorifier d'avoir écrite pour défendre ou pour établir une vérité. Chacune d'elles porte l'empreinte de mort due à l'alliance, malheureusement moins rare qu'on ne le suppose, d'un grand talent et d'un petit esprit.

L'ALMANACH ROYAL

L'ALMANACH ROYAL

I

On appelle ordinairement l'histoire une science positive ; j'aimerais mieux qu'on la pût appeler une science exacte. Malheureusement, nous n'en sommes pas encore là. Le dix-huitième siècle, qui mettait de la philosophie partout, a inventé la philosophie de l'histoire, et si tout n'a pas été perdu, beaucoup de choses ont été gâtées. Je ne prétends pas que la vie des peuples soit un amas de faits sans lien et sans signification morale. Mais pour retrouver ce lien, pour formuler cette synthèse, il faudrait de toute nécessité que les faits fussent parfaitement connus et mis hors de discussion par cette exégèse qui est le suprême effort de la critique.

Avant d'expliquer le droit, le magistrat commence

par établir le fait. Ainsi la connaissance exacte doit précéder le jugement. Mais si l'esprit cherche à conclure lorsque les faits sont encore ignorés ou douteux, dans ce cas la philosophie de l'histoire risque d'inventer l'histoire. Au lieu d'un arrêt solennel et motivé, la philosophie de l'histoire ne fournit plus qu'une conception *à priori,* cadre élastique et vague d'une fiction romanesque. A qui sait lire et penser, un document authentique en dit plus qu'un volume de philosophie. Les Capitulaires racontent mieux le règne de Charlemagne que ne saurait le faire le plus éloquent des philosophes historiens.

Dans cet ordre d'idées, je ne connais rien de précieux, d'instructif et d'intéressant à la fois comme l'*Almanach royal,* véritable encyclopédie du gouvernement, de l'administration et des finances depuis Louis XIV. Cette collection se trouve rarement dans son intégrité, et de nos jours il devient difficile de la reconstituer pièce à pièce. Après dix ans de patience et de recherches, il manque à la mienne cinq années du règne de Louis XIV, à savoir : 1699, 1700, 1701, 1711 et 1715. La difficulté deviendra plus grande encore dans l'avenir. Quelques notes sur ce vaste recueil ne seront donc pas sans intérêt pour les curieux de bibliographie et d'histoire.

II

Par lettres patentes données à Versailles le 29 janvier 1699, signées Carpot, il fut permis à Laurent d'Houry, libraire à Paris, rue Saint-Séverin, au Saint-

Esprit, devant la rue Zacharie, d'imprimer « l'*Almanach royal,* calculé sur le méridien de Paris, avec la liste des courriers, messagers, etc. »

Laurent d'Houry mourut en 1725 ; en 1726, l'*Almanach* parut sous les noms de la veuve d'Houry et de Charles-Maurice d'Houry, seul imprimeur de monseigneur le duc d'Orléans, qui publièrent l'avis suivant, où se trouve éclairci ce qui concerne la fondation de l'*Almanach :*

> Feu LAURENT D'HOURY, imprimeur-libraire à Paris, imagina cet ouvrage, qu'il donna d'abord sous le titre d'*Almanach* ou *Calendrier,* etc. Louis XIV, de glorieuse mémoire, ayant souhaité cet almanach, le fit demander à l'auteur, qui eut l'honneur de le présenter à Sa Majesté : c'est ce qui le détermina à le donner sous le titre d'*Almanach royal,* et à faire sa principale occupation de ce travail.

Un autre avis publié plus tard nous apprend que la présentation de l'*Almanach* à Louis XIV eut lieu en 1699.

Ch.-M. d'Houry ne survécut à son père qu'une année. Le nom de la veuve d'Houry figure seul sur l'*Almanach* depuis 1727 jusqu'à 1745 ; en 1746, l'*Almanach* est publié conjointement par la veuve d'Houry et par Le Breton, petit-fils de d'Houry, libraire et imprimeur ordinaire du Roi. La veuve d'Houry mourut en 1750 et Le Breton en 1779. Laurent-Charles d'Houry, petit-fils de Laurent d'Houry et cousin germain de Le Breton, devint alors éditeur de l'*Almanach ;* il était, comme l'avait été son père, imprimeur-libraire du duc d'Orléans. En 1787, on voit apparaître sur l'*Almanach royal* un nom justement honoré dans les annales de la librairie et de l'imprimerie. Laurent-Charles d'Houry étant mort en 1786, l'*Almanach* passa dans les mains de son gendre, François-Jean-Noël de Bure, qui s'associa à sa belle-mère pour l'exploitation de son imprimerie et de sa librairie. De Bure signa l'*Almanach royal* jusqu'à l'année 1790 ; celui de 1791 est signé par la veuve d'Houry, qui ne parle plus de la clientèle de monseigneur le duc d'Orléans ; le récit de la présentation de l'*Almanach* au roi Louis XIV, « de glorieuse mémoire, » a également disparu. De 1792 à 1819, l'*Almanach*, devenu national en 1793, impérial en 1805 et redevenu royal en 1814-15, fut publié par M. Testu, successeur de la veuve d'Houry. A partir de 1820, il devint la propriété de M. Guyot, qui le possède encore aujourd'hui.

III

La collection de l'*Almanach royal*, depuis 1699 jusques et y compris 1859, comporte 158 volumes in-octavo. Elle en devrait avoir 161 ; mais il n'y a eu qu'un volume pour les deux années 1814-1815, et qu'un volume pour les trois années 1848-1849-1850 ; ensemble deux volumes au lieu de cinq.

Heureux l'amateur qui les possède tous ! mais rares sont ces élus. Ce n'est vraiment pas une question d'argent. Achetés un à un, les *Almanachs* sont d'une valeur minime. Un assez petit nombre de volumes sont taxés à plus haut prix. C'est qu'ils portent un millésime célèbre dans l'histoire : 1715, mort de Louis XIV ; 1789, les Etats-généraux ; 1793, la Terreur ; 1848-49-50, révolution de février. Le volume daté de 1814-1815, qui se trouve communément sur les quais et qui ne vaut guère plus d'un franc, acquiert un prix considérable si l'on y trouve le carton qui renferme l'administration des Cent-Jours ; je parle de ce carton par ouï dire, car je ne l'ai jamais vu, et j'ai touché plus de cent exemplaires où il n'était pas. L'année 1774 (mort de Louis XV) est extrêmement recherchée, uniquement pour deux lignes qui se trouvent à la page 553, et qui, dans leur brièveté, sont un terrible réquisitoire contre l'arrière-petit-fils de Louis XIV :

« Trésorier des grains *au compte du roi :* M. Demirlavaud, rue Saint-Martin, vis-à-vis la fontaine Maubué. »

Le pacte de famine fut-il donc une réalité? Chose étrange ! l'*Almanach royal* n'avait jamais constaté l'existence d'une charge de trésorier des grains au compte du roi avant l'année 1773-74, et cette charge suspecte disparut à l'avénement de Louis XVI.

D'autres années de l'*Almanach* sont devenues rares sans qu'on puisse deviner pourquoi. L'an IV de la République surpasse en cherté tout le reste de la collection ; aucun motif plausible n'a été proposé jusqu'à présent pour expliquer cette rareté, si grande qu'un riche bibliophile, à son lit de mort, s'écriait : « Je meurs avec le regret de ne pas posséder l'an IV ! » Cet an IV se recommande par une autre particularité : le peu d'exemplaires qu'on en connaît se présente dans un état de saleté horrible : marges coupées, taches d'encre oxydée qui semblent des taches de sang ; jamais de reliure ; un simple brochage en papier rouge ou jaune, doublé de quelque *défait* de librairie. L'exemplaire que je possède est enveloppé dans une feuille du *Roman comique,* édition stéréotype, et, par un contraste saisissant, le titre porte cette inscription : *Liberté, Egalité, Fraternité, ou la mort!* C'est l'exclamation d'un terroriste en retard qui n'avait pas entendu le canon de vendémiaire. En revanche, mon exemplaire de 1793 porte en légende ces mots, écrits en bâtarde avec ornements calligraphiques : *Respect aux propriétés!* Celui-ci ne manquait pas de courage, et tenait sans doute à son livre.

Du reste, toutes les années rares manquent ordinairement de reliure ; elles sont brochées, ou ont été cartonnées récemment par les soins d'un libraire.

La reliure compte pour beaucoup dans la valeur intrinsèque d'une collection de l'*Almanach royal*. Un bel *Almanach*, bien relié en maroquin plein, rouge ou vert, aux armes de quelque grande famille, et doublé de ces beaux papiers gaufrés d'or jaune et vert à reflets, qui faisaient la joie de nos aïeux, acquiert un prix inestimable aux yeux du bibliophile. Mais il n'est pas rare de rencontrer des volumes de reliure uniforme, évidemment exécutée par l'éditeur même de l'*Almanach*. Cette reliure courante, mais non méprisable, était en veau ou en maroquin plein, encadrée d'un triple filet d'or portant une fleur de lis à chaque encoignure ; quatre fleurs de lis emplissaient les quatre caissons formés par les nerfs sur le dos du volume. Ce modèle se conserva longtemps ; et, sous la Terreur, des bonnets phrygiens à cocardes remplacèrent les fleurs de lis.

Ainsi, pour se vanter d'avoir une collection parfaite, il faut posséder toute la série depuis 1699, y compris l'an IV en bonne condition, si faire se peut, et l'année 1814-15 avec le fameux carton, le tout couvert en maroquin, aux armes des rois, des princes ou des seigneurs les plus qualifiés.

Mais, hélas! il n'est pas de félicité parfaite pour les bibliophiles. Voici le pli qui les blesse sur leur lit de roses. On a vu plus haut que Laurent d'Houry eut l'honneur de présenter son *Almanach* à Louis XIV en 1699, et que, depuis ce moment, l'*Almanach* d'Houry devint l'*Almanach royal*. Avant l'*Almanach royal*, il y avait donc l'*Almanach* d'Houry? Mais où se trouve-t-il? Qui l'a jamais vu? En quelle année parut-il? Combien de volumes ont précédé l'*Almanach royal*? Accablantes questions, car là-dessus l'histoire est muette, et le passé a emporté son secret. Faisons une supposition au hasard. Admettons la plus heureuse, la plus imprévue des trouvailles : l'*Almanach* d'Houry est retrouvé! Eh bien! le bibliophile, mon bibliophile type, ne serait pas content. Il se dirait qu'avant de devenir un livre, l'*Almanach* était une simple feuille collée sur carton, et il détruirait un millier de vieux cartonnages pour y retrouver cet ancêtre de nos almanachs de cabinet.

Ainsi le vrai bonheur n'est pas de ce monde!

IV

De l'extérieur, passons à l'intérieur. L'*Almanach impérial*, tel qu'il existe de nos jours, donne une idée assez exacte de ce qu'était l'*Almanach royal* pour que nous nous dispensions de décrire celui-ci. Il suffit de signaler les différences et les transformations successives.

Les premiers volumes sont fidèles au titre de l'ouvrage : le calendrier proprement dit y tient une place prédominante, et les accessoires dont il est relevé ne le cèdent en rien, pour la naïveté facétieuse, au célèbre Mathieu Laensberg. Chaque phase de la lune est marquée par une prédiction en manière d'apophtegme : « Froid, venteux, sec et rude : changement dans les affaires. — Air humide et pluvieux : stratagème sans réussite. » Quelques-uns de ces dictons se risquent gaillardement sur le terrain de la politique : « Beau temps avec froidure : remuement dans les monnaies. — Pluie froide et brouillard au matin : courtisan disgracié. — Temps agréable avec chaleur : naissance d'un grand. — Menues pluies et neiges fondues : jalousie de grands seigneurs. » Après ces menus propos, vient un « discours général sur les changements de l'air et autres événements de l'année » entièrement rempli de prédictions politiques où l'on prétend que « le Turc » pourrait bien s'agrandir, et que « les grands emplois dans les fermes seront toujours recherchés avec empressement. »

Le surplus est un véritable annuaire du conseil d'Etat, du parlement, des finances, des postes, et du commerce. Mais on n'y trouve ni la maison du roi, ni l'armée. Les ressorts du gouvernement s'enveloppaient en ces temps d'un mystère profond, que nulle main indiscrète n'aurait osé profaner en en parlant.

En 1705, le cadre s'étend : la liste des chevaliers du Saint-Esprit, des pairs et des maréchaux de France remplace le « discours général sur les changements de l'air. » En 1707, Laurent d'Houry commence à donner l'état du clergé. En 1712, nouvel agrandissement : on annonce la naissance des souverains, des princes et princesses de l'Europe. A l'avénement de Louis XV, le régent fit mettre dans l'*Almanach royal* la liste des membres qui composaient le conseil de la maison d'Orléans, et le nom des personnes illustres chargées de l'éducation de Sa Majesté. Quand le roi fut majeur, on publia toute sa maison ; plus tard, celle de la reine et des princes. Depuis cette époque, l'*Almanach* n'a pas subi de changements essentiels ; il a seulement reçu des développements successifs qu'il est inutile d'indiquer ici.

V

La vie de l'homme est si courte, qu'il est porté naturellement à multiplier les traces de son passage hâtif sur la terre. L'homme ne désire rien si ardemment qu'un souvenir dans la mémoire des autres hommes : c'est ce qu'on appelle l'amour de la gloire. Mais la cause secrète qui, dans les grandes âmes, enfante les grandes actions, produit, chez le vulgaire, des effets disproportionnés, et qui n'appartiennent guère qu'au domaine du grotesque. C'est ainsi qu'on expliquerait la manie si commune à tous les citoyens du monde d'inscrire leurs noms, profondément obscurs, sur toutes les murailles et sur tous les albums.

De toutes les choses blanches qui ont à souffrir de cette barbarie, le livre est la victime la plus douloureuse et la plus propre à exciter la compassion. Quand la muraille est par trop maculée, un lavage à l'eau de chaux lui rend sa première candeur : Quand l'album est plein, on le met sous clef ou on le déchire, et ce n'est qu'un album de moins.

Mais un livre ! objet pieux ! objet sacré ! qui ne doit être touché qu'avec respect, et que le lavage déshonore, comment maudire avec assez d'énergie les profanateurs qui osent inscrire sur ses marges leur insignifiante et insolente personnalité, et qui marquent d'une encre indélébile ce qu'il est précisément le moins urgent de conserver, le souvenir d'un Philistin !

Et cependant, j'éprouve un plaisir mêlé de mélancolie à retrouver sur les feuillets usés de l'*Almanach royal* quelques stigmates laissés par d'anciens possesseurs de ces chers et vénérés bouquins. Certaines de ces notes ne contiennent que des confidences bouffonnes ; d'autres sont lugubres comme le tocsin, et me donnent le froid de la mort.

VI

Il paraît que Laurent d'Houry, le fondateur de l'*Almanach*, n'était pas moins ingénieux dans les détails que profond dans ses conceptions. Les plus anciens volumes contiennent des feuillets blancs intercalaires entre chaque feuille de l'*Almanach* proprement dit, de manière à constituer une espèce d'agenda où le lecteur pouvait inscrire ses éphémérides d'affaires, de souvenirs, ou d'imagination. J'ai entre les mains un certain nombre de ces agendas manuscrits. J'avoue que la plupart d'entre eux dépassent les bornes de la naïveté : l'un, daté de 1704, a enregistré soigneusement ses achats de sel : il a renouvelé quarante-six fois sa provision dans l'année ! en revanche, il constate trois fois son « vin persé. » C'est peu pour tant de sel. En mars, l'inconnu inscrit une mise en volière, et quelques jours après un achat de trois œufs pour « madame Isabelle. » Au vingt-cinquième de juin, il note que « M. le duc de Bretagne, fils de M. le duc de Bourgogne, est né « entre quatre et cinq heures aprest midy. » Et c'est tout.

Le suivant, daté de 1705, est tout bonnement l'aide-mémoire d'un procureur, qui donne à son clerc des instructions pour la succession d'une certaine madame Mathon; monument précieux à consulter par les curieux de science bazochienne.

Plusieurs autres volumes sont de véritables éphémérides de la naissance ou de la mort de tous les princes ou princesses de l'Europe. On y pourrait retrouver certaines dates douteuses ou inconnues. Il m'a paru, au premier abord, que le volume de 1710 avait passé par les mains de quelqu'un de la cour; cela se voyait à une foule de menus détails :

3 janvier. Mort de M. de La Touche, premier commis de Mgr de Pontchartrain.
17 février. La Boissaye a commencé à travailler à la fauconnerie.
4 mars, à 3 heures du matin. Mgr. le duc mort presque subitement.

On sait que le célèbre Etienne Baluze, convaincu d'avoir supposé une ancienne charte favorable aux prétentions souveraines de la maison de Rohan, fut sévèrement puni pour cet acte coupable ; on peut voir dans Saint-Simon les détails de la querelle. Notre annaliste anonyme nous a gardé la date précise de la punition infligée au savant éditeur des *Capitulaires* :

4 juillet. M. Baluze, professeur au Collége royal et directeur, exilé à trente

lieues de Paris. M. Nouët lui succède dans la chaire du droit canon, et M. Couture est directeur. M. Nouët a refusé cette place.

Autres détails du temps :

20 juillet. Mesdames Villon et Le Gendre mises au Chastelet par lettres patentes, à cause des billets de monnoye.
29 juillet. Les plénipotentiaires (M. d'Uxelles et l'abbé Polignac) venus de Hollande.
28 aoust. M. Alexandre, premier commis de M. de Louvois, mort.

J'ai bientôt découvert le nom et la qualité de ce chroniqueur minutieux. C'est le célèbre mathématicien et astronome La Hire, qui enseignait les sciences exactes aux princes du sang et à Jacques-François-Edouard Stuart, fils de Jacques II. Le journal inédit de La Hire prouve que le prétendant était reconnu par Louis XIV comme roi légitime d'Angleterre, et qu'il tenait rang en cette qualité. Non-seulement La Hire ne manque pas de le qualifier de roi d'Angleterre en toute occasion; mais il nous apprend qu'à la date du 14 février, S. M. B. a daigné créer chevalier M. Joseph Sauveur, ami de La Hire, et comme lui professeur de mathématiques à l'université de Paris, sous le titre de sir Joseph Sauveur.

D'autres annalistes, moins curieux à interroger, se sont bornés à pointer les jours de Marly et quelques menus détails sans intérêt saisissable aujourd'hui.

VII

Depuis la fin du règne de Louis XIV jusqu'à la Révolution française, l'autographe se fait rare, et je ne vois plus l'homme derrière le livre. Quant aux volumes de l'époque révolutionnaire, ils portent des empreintes dont le caractère est uniforme et bien marqué : celui de la Terreur. Là, ce sont des fleurs de lis grattées à vif dans le maroquin de la reliure; là, ce sont des lamentations et des *memento* funèbres : « Mort du roi... mort de la reine... mort de madame Elisabeth... mort de Danton... mort de Robespierre... »

Je possède un monument de la lâcheté, de la bêtise et de la patience humaines sous la forme d'un exemplaire, relié en veau, de l'*Almanach* pour 1765, au titre duquel on a dissimulé les mots royal et roi par de petits morceaux de papiers artistement collés ; ce qui donne le résultat suivant :

Almanach   , année M.DCC.LXV., contenant.. les conseils du   , les départements des secrétaires d'Etat, etc. A Paris, chez Le Breton, premier imprimeur ordinaire du   , au bas de la rue de la Harpe. — Avec approbation et privilége du   . 1765.

Ne voilà-t-il pas une bonne précaution ? Si le timide recéleur de ce bon vieil almanach n'avait pour préserver sa vie aucun moyen plus ingénieux que ces petits parallélogrammes de papier, je crains qu'il n'ait été dûment guillotiné.

VIII

En vérité, cet *Almanach royal* est la nécropole de l'histoire de France. Ces interminables listes de personnages depuis si longtemps ensevelis semblent une collection imprimée de légendes tombales, et les institutions de la monarchie sont mortes comme ses serviteurs.

Nous n'essayerons pas d'en retracer l'ensemble dans ces lignes rapides. Les institutions de l'ancien régime ont été exposées avec une précision merveilleuse par M. de Cassagnac, dans son beau livre des *Causes de la Révolution française :* un pareil travail n'est pas à refaire. Il me suffira de glaner dans les détails, où je trouverai de singuliers contrastes.

Par exemple, la maison du roi Louis XVI, les grandes charges de la couronne mises à part, est d'une assez grande simplicité et ne comprend que des emplois répondant à un service clair et défini : un premier aumônier, un aumônier ordinaire, un maître de l'oratoire, un confesseur, huit aumôniers par quartier, un chapelain ordinaire, huit chapelains par quartier, — quatre premiers gentilshommes de la chambre, — deux maîtres de la garde-robe, — quatre capitaines des gardes, — un premier écuyer, un écuyer ordinaire, — un premier échanson, — un premier tranchant, — un premier maître d'hôtel, un maître d'hôtel ordinaire, — un maître et un aide des cérémonies ; — pour le cabinet : quatre secrétaires, deux lecteurs et deux écrivains.

Mais la maison de Monsieur, comte de Provence, c'est bien une autre affaire :

Un évêque premier aumônier, un maître de l'oratoire, un aumônier ordinaire, quatre aumôniers par quartier, un confesseur, un chapelain ordinaire, — deux premiers gentilshommes de la chambre, — onze gentilshommes d'honneur, — trois premiers chambellans, dont un adjoint, — huit gentilshommes de la chambre, — deux maîtres de la garde-robe, — un premier maître d'hôtel, — un premier écuyer ordinaire,

— un premier maréchal-des-logis, — deux capitaines des gardes du corps, — un capitaine-colonel des Suisses de la garde, — un capitaine des gardes de la Porte, — un premier veneur conservateur général des chasses des forêts de l'apanage, — un capitaine des chasses et conservateur général des chasses des plaines de l'apanage, — deux commissaires des guerres de la maison militaire de Monsieur, — un contrôleur des guerres, — un trésorier général de la maison militaire, — un surintendant des bâtiments, deux intendants des bâtiments, un premier architecte, un contrôleur et un expert vérificateur, — trois inspecteurs des bâtiments, — un intendant et contrôleur général des meubles, — un intendant et contrôleur général des écuries, — huit secrétaires ordinaires, dont deux historiographes ! — un ingénieur géographe militaire...

Est-ce là tout ?

Il nous reste à consigner dans cette nomenclature deux charges assez extraordinaires pour que nous pensions devoir copier textuellement la page 132 de l'*Almanach royal* pour 1788 :

Premier fauconnier en chef des oiseaux du cabinet :
M. le baron de Cadignan, rue Notre-Dame-des-Victoires.

Capitaine des levrettes de la chambre :
M. le comte du Mouret, rue de Taranne.

Il faut dire, à titre de circonstances atténuantes, que de pareilles charges ne prouvaient qu'une chose : le délabrement des finances princières. Dans les besoins urgents, on créait une charge nouvelle, et, quel qu'en fût le ridicule, elle trouvait toujours un acquéreur à beaux deniers comptants. Mirabeau raconte très-plaisamment, dans *l'Espion dévalisé*, l'histoire d'un hobereau de province à qui l'on avait promis la charge d'écran du roi, et qui s'essayait à rôtir devant un grand feu pour faire son apprentissage.

Mais la scène change : les apanages disparaissent, et avec eux la maison des princes et les princes eux-mêmes. La Convention nationale prend la place d'honneur : celle du clergé ; les comités et les bureaux ont pris celle de la maison du roi. Dans l'*Almanach* de 1793, la liste du corps diplomatique français est significative : sur trente-quatre légations, vingt-six sont vacantes ; les huit autres sont occupées par le citoyen Sémonville, à Constantinople ; le citoyen Bourgoing, à Madrid ; le citoyen Chauvelin, à Londres ; le citoyen Barthélemy, en Suisse ; le citoyen Mackau, à Naples ; le citoyen Caillard, à la Haye ; le citoyen Nayac, à Gênes ; le citoyen Genet, aux Etats-Unis.

IX

Avec l'*Almanach* de l'an II (21 septembre 1793 au 20 septembre 1794), nous avons vu apparaître le fameux calendrier républicain ; la semaine est remplacée par la décade ; au nom des fêtes de l'Eglise et des saints, on a substitué des appellations agricoles, soit végétales, soit animales. Le nom particulier de chaque décadi est imprimé en grosses capitales ; le nom de chaque quintidi ou demi-décadi est distingué par des petites capitales. Bon nombre de gens s'imaginent que le calendrier républicain est une plaisanterie inventée par les réactionnaires et les aristocrates. Malheureusement, cette grossière et scandaleuse bouffonnerie est imprimée tout du long en tête de l'*Almanach national* jusqu'à l'année 1796, où le Directoire eut le courage de la faire disparaître, tout en maintenant l'ère républicaine. Voici les noms des trente-six décadis :

Cuve ;	Fléau ;	Couvoir ;	Faucille ;
Pressoir ;	Van ;	Ruche ;	Parc ;
Tonneau ;	Crible ;	Greffoir ;	Chalumeau ;
Charrue ;	Coignée ;	Rateau ;	Arrosoir ;
Herse ;	Serpette ;	Sarcloir ;	Écluse ;
Rouleau ;	Traîneau ;	Houlette ;	Moulin ;
Pioche ;	Bêche ;	Faux ;	Echelle ;
Hoyau ;	Cordeau ;	Fourche ;	Hotte ;
Pelle ;	Plantoir ;	Chariot ;	Panier.

Suivent les sans-culottides ou jours complémentaires, au nombre de cinq, consacrés à des fêtes nationales, savoir :

Fête de la Vertu ;	Fête du Travail ;	Fête des Récompenses.
Fête du Génie ;	Fête de l'Opinion ;	

1793 ! 1794 ! Funèbres années ! éternellement marquées de rouge et de noir dans les fastes de notre pays. Qui lirait sans frémir d'un rire indigné les notes suivantes, inscrites d'une main inconnue sur les feuillets de cet almanach stupide, bourré de foin et de légumes, par lequel les Conventionnels essayaient de faire oublier l'œuvre de César et de Grégoire ?

25 vendémiaire.	Quintidi.	Jour de Bœuf......	Mort de la reine.
16 brumaire.	Sextidi.	— Chèvre....	Mort du duc d'Orléans.
3 germinal.	Tridi.	— Asperges..	Jour de la Passion.
10 —	Décadi.	— Couvoir...	Fête des Rameaux.
17 —	Septidi.	— Mélèze.....	Fête de Pâques.
3 floréal.	Tridi.	— Fougère...	Mort de Malesherbes.
20 —	Décadi.	— Sarcloir...	Mort de Lavoisier.
24 —	Primidi.	— Saticé.....	Mort de Mme Elisabeth.

20 prairial.	Décadi.	Jour de Fourche...	Fête de l'Être-Suprême.
9 thermidor.	Nonidi.	— Mûres......	Chute de Robespierre.
10 —	Décadi.	— Arrosoir...	Mort de Robespierre.

X

C'en est assez... Voici l'*Almanach* de l'an III ; il contient un nom nouveau, un nom magique, qui brûle et perce les feuillets du livre ; le général Bonaparte est entré tout éperonné dans l'*Almanach national*. Le sauveur est venu ; et la France désouillée marche au pas de charge vers un horizon éclatant de splendeurs. L'ancienne ère est close. Il est temps de nous arrêter.

Puisse notre travail de bibliophile avoir excité quelque intérêt pour ce pauvre *Almanach royal*, si longtemps dédaigné ! Puisse-t-il, surtout, arrêter les vandales ! N'assure-t-on pas qu'un jour, en vente publique, une collection de l'*Almanach*, grand papier, reliée en vélin blanc, aux armes de France, a été adjugée pour vingt-cinq francs à un Auvergnat qui l'a mise au feu, ne gardant que le vélin pour en garnir des boîtes ?

LA PARESSE

ET

LES PARESSEUX

LA PARESSE

ET

LES PARESSEUX

M. Royer-Collard a dit : « Les paresseux sont la réserve de la France. »

Ce mot serait beau s'il était juste, et profond s'il était vrai.

Ce mot avait-il été bien médité? s'était-on demandé ce que c'était que la paresse, et si, la paresse étant donnée, il existait des paresseux?

La paresse est une et compacte; mais les paresseux varient.

Il y a des paresseux par tempérament. Ceux-là ont une profession qu'ils oublient à moitié. Cependant il faut qu'ils vivent de cet état qu'ils ne font pas. Entraînés par les nécessités de la vie sociale, et retenus par leurs penchants apathiques, ils sont les plus malheureux des hommes et subissent toute leur vie — ils vivent fort longtemps — le supplice de l'écartellement.

Ils meurent sans avoir satisfait leurs désirs de fortune, de gloire et d'amour, et cependant ils n'ont pas goûté le bonheur ineffable de la paresse absolue.

Il me semble que cette classe appartient plutôt au domaine de la médecine qu'à celui de la psychologie. Tous ces gens-là sont sous l'influence d'un état pathologique; ils s'abrutissent très-jeunes, à moins qu'une saignée opportune et quelques moxas ne les sauvent.

Ne trouvant pas là les paresseux que nous cherchons, que ferions-nous des paresseux par impuissance : critiques d'art, musiciens-poètes, peintres-littérateurs? hommes chers au budget; car, grâce à eux, l'administration des tabacs voit ses recettes s'accroître chaque année. A peine trouverons-nous, parmi les impuissants, quelques nullités bruyantes et sonores sur qui les partis battront tour-à-tour la charge, sauf à les crever le lendemain de la victoire. Mais après tout ce ne sont que des tambours : une peau d'âne sur une caisse vide.

Il nous faut donc en venir aux paresseux par conviction, dont l'unique préoccupation est de ne rien faire, rien absolument, et cela par suite d'un système politique fortement arrêté.

Cette classe curieuse se restreint nécessairement à un petit nombre de gens d'élite. Penseurs éminents, esprits féconds et ingénieux, mais volontairement inutiles, ils connaissent leur époque et lisent couramment l'avenir.

Assez de niais font l'office de soc de charrue pour labourer le champ. Les paresseux, les vrais, se lèveront pour faucher les gerbes quand la moisson sera mûre.

Pourquoi ne se font-ils pas hommes d'Etat, philosophes, poètes, peintres ou négrophiles? Ils ont plus qu'il n'en faut, — il n'en faut guère! — des idées, de l'esprit, de la verve, du scepticisme à froid. Ils seraient Chatam ou Wilberforce. Mais quoi! Comptez-vous les luttes, les souffrances, les périls! Combien d'énergie perdue, et que de chutes prématurées!

Pourquoi combattre? s'il suffit d'attendre. Pourquoi chercher le flot? la marée montera. Que sert-il de fatiguer la vapeur, puisque le vent doit souffler et conduire la barque?

Ne soyez rien, vous arriverez à tout. En adoptant une carrière vous vous mettez les fers aux pieds; vous travaillez soit! mais vous n'avancerez pas. Vous vous condamnerez à tourner éternellement la meule pour toutes les moissons; trois fois fortuné si les Philistins ne vous crèvent pas les yeux!

La paresse n'est pas un mal; la bonne paresse est difficile. Elle exige une santé de fer, un esprit libre de préjugés, une fortune indépendante, une volonté indomptable.

Un homme à préjugés ne saurait être vraiment paresseux. Il aurait lu quelque part que le travail est la loi de la nature; et ce proverbe ironique pèserait sur lui comme un cauchemar. Il se ferait une conscience, pour que cette conscience lui parlât de temps en temps et prît la peine de lui montrer sa turpitude secrète. Il serait bourrelé de remords, et le remords conduit à tous les crimes. Le vrai paresseux ne saurait être criminel : le crime est un travail. Retournez la phrase si vous voulez : le travail est un crime.

Les considérations précédentes s'appliquent aussi

bien à la pauvreté; il est inutile de démontrer l'enchaînement logique de ces deux termes : pauvreté — crime; — enchaînement si étroit, qu'ils se confondent souvent dans la synonymie des langues modernes.

Povreté empesche les bons esprits de parvenir! disait Bernard de Palissy. Masaniello, lazzarone, devint roi; mais il fut massacré le troisième jour de son règne. D'ailleurs, Masaniello, qui ne pouvait pas acheter de poisson tous les jours, avait la faiblesse d'en vendre quelquefois. D'après ce trait, je le juge un homme médiocre; il fut tué justement.

Je veux donc un paresseux riche et sain d'esprit.

Riche seulement, il briguerait la députation. Sain d'esprit, il n'y songera pas.

Sain d'esprit, il deviendrait amoureux peut-être, et alors adieu la noble ordonnance de sa paresse! Riche, il prend l'amour tout fait et l'emploie à bourrer le chibouck de sa sécurité.

Admirable équation! Pondération miraculeuse!

La volonté opère cet accord merveilleux; je dis une volonté inexorable, féroce, car elle doit dompter l'amour et comprimer l'ambition. Sans cette volonté droite et dure comme une règle de fer, la machine oscillerait et perdrait son équilibre.

Cette volonté n'est pas moins nécessaire pour résister aux chocs extérieurs. Le catéchisme social a besoin qu'on le refonde, ne fût-ce que pour y inscrire la paresse au nombre des vertus théologales. Jusqu'à l'accomplissement de cette réforme essentielle, les paresseux seront méconnus et traqués. La bourgeoisie permet qu'on l'attaque, mais elle s'offense d'un silence dédaigneux. Elle a beau faire : un jour vient où le millionnaire, fils de ses œuvres, laisse sa fortune à ses neveux, jeunes et oisifs. Les déshériter est impossible. A qui la bourgeoisie léguerait-elle son coffre?

On ne peut calculer la force du tourbillon qui nous enveloppe et tend à nous entraîner dans la sphère active. Heureux ceux qui résistent; ils restent plus purs que la vertu et plus redoutables que la force. Il est si facile de travailler ! Il suffit de ne rien vouloir.

Mais il faut tout un art trismégiste, tout un système de conjurations pour écarter de son foyer les intrus malfaisants et les amis perfides, pour garder sa liberté, pour fermer son cœur aux espérances prématurées, pour tracer autour de son coussin un cercle magique que personne ne puisse franchir.

Cette opiniâtreté sublime est tout simplement du génie, mais de l'espèce la plus singulière, la plus rare et la moins appréciée. C'est une ardeur concentrée, une force latente, qui ne peut se manifester sous peine de se nommer activité et de tuer l'homme et son œuvre.

La belle affaire! vraiment, que de mettre dehors toutes ses voiles et de courir sus à un but. Vous cherchez la pierre philosophale et vous découvrez le mercure; vous voulez être Homère, vous mourez à l'Académie; vous rêviez l'empire du monde, on vous fait maître des requêtes.

Non pas, non pas! restez chez vous! dormez! rêvez! faites-vous moins qu'une plante, moins qu'une pierre, plus qu'un homme, et quelque jour on vous saluera roi! Qu'une comète intelligente s'arrête dans le ciel, tous les astres se grouperont autour d'elle; et la vagabonde, qui se fût perdue dans sa course sans but, aura détrôné le soleil.

A la vérité, si les comètes ne s'arrêtent jamais, c'est qu'apparemment elles n'en ont pas la puissance, diraient monsieur de la Palisse ou les économistes qui affirment la nécessité du travail; mais, si les géologues ne mentent pas, la terre a deux fois changé son axe et laissé tomber son anneau sur quelque astre indolent. La lune est morte, dit M. Toussenel. Pourquoi les comètes ne prendraient-elles pas une grande résolution?

Qu'importe à l'univers que nous tournions par ici plutôt que par là, à droite plutôt qu'à gauche? Si l'univers avait un centre, la question changerait.

La paresse seule peut exister toujours égale à elle-même. Elle se confond avec le fluide général; elle est impondérable, indécomposable, incolore. On ne s'en pénètre que par un procédé semblable à celui du magnétiseur : par la confiance, par la volonté.

Le magnétiseur n'a pas le droit d'être malade ou faible. Il perdrait toutes ses facultés. Le paresseux que la nature n'a pas doué d'un cerveau de bronze, de vertèbres de fer et d'un estomac inexpugnable, doit renoncer à son culte. Il le trahirait au moment décisif.

La maladie détruit les avantages qui résultent d'un grand caractère et d'une opulence suffisante. Le médecin peut tuer le paresseux en ressuscitant l'homme.

A ce compte, combien y a-t-il en France de paresseux possibles, de paresseux réels et par conviction? Question grave, profonde, insoluble! Outre que j'irais droit à la discussion de noms propres, ce qui m'est interdit, j'avoue mon insuffisance. Les incarnations de Wishnou sont moins nombreuses que les transformations de la paresse. Ne prend-elle pas tour-à-tour l'apparence de la philosophie la plus sublime et de la folie la plus endiablée? Ne va-t-elle pas jusqu'à se déguiser en courage, en stoïcisme, en grandeur d'âme?

Rien ne me guiderait dans cette recherche ardue. La conviction même me ferait défaut; car faut-il dire toute ma pensée, la paresse, telle que je la décris, dépasse les forces de l'homme. Si nous avions bien la conscience de notre être, certes nous nous dépenserions moins en agitations stériles. La vie est un chemin qui marche. En restant immobiles, nous arriverions toujours au rendez-vous commun — la mort.

Les partisans de la métempsychose se sont fait une douce illusion : ils croyaient fermement que la prévoyante nature nous faisait elle-même la variété de destinées que nous cherchons dans l'activité.

Mais Dieu seul embrasse le passé, le présent, le futur et le post-futur. Lui seul joint mentalement les deux bouts de la chaîne, ce qui a été, ce qui sera. Lui seul est éternel, fort et grand.

Il n'y a pas d'autre paresseux que Dieu. Et encore a-t-il créé le monde.

TABLE

LA GRANGE-BATELIÈRE.	1
FRANÇOIS SULEAU.	31
LE CHATEAU DE TOURNOEL.	117
LA LANTERNE.	139
L'ERMITE DE LA CHAUSSÉE D'ANTIN.	165
LE LENDEMAIN DU MASSACRE.	177
LE CHATEAU DE LESDIGUIÈRES.	199
LE RHUM ET LA GUILLOTINE.	221
LE PONT-DE-BEAUVOISIN. — SAINT-GEOIRE.	231
PAUL-LOUIS COURIER	249
L'ALMANACH ROYAL.	275
LA PARESSE ET LES PARESSEUX.	295

FIN

LIBRAIRIE POULET-MALASSIS ET DE BROISE
Editeurs, rue des Beaux-Arts, 9.

ŒUVRES NOUVELLES

DE

CHAMPFLEURY

A 2 FRANCS LE VOLUME

ILLUSTRÉES

PAR

COURBET, BONVIN, BRACQUEMOND, FLAMENG
AMAND GAUTIER, HANOTEAU

L'œuvre de M. Champfleury voulait une édition plus convenable que celle des collections à 1 franc.

Au moment où la librairie tend à rentrer dans les voies d'une typographie décente, nous avons dû songer à nous attacher l'écrivain qu'on a appelé « le plus vaillant de nos jeunes romanciers. »

Chaque livre de M. Champfleury a été, pour ainsi dire, une lutte dont il est sorti victorieux. —

Et quatre éditions des *Aventures de mademoiselle Mariette*, plus de vingt mille exemplaires vendus des *Bourgeois de Molinchart* prouvent l'intérêt que le public porte au jeune écrivain. — Aucun de ses livres n'a eu moins de trois éditions.

Nous réimprimons aujourd'hui les œuvres dites *Nouvelles*, c'est-à-dire celles qui n'ont pas encore été publiées dans un format accessible au public :

Les Amis de la Nature;
Monsieur de Boisdhyver;
La succession Le Camus.

D'autres publications, dans le courant de l'année 1860, montreront la variété et la fertilité de cet esprit laborieux.

Des peintres et des graveurs de la nouvelle génération devaient être appelés à prêter leur concours à l'écrivain qui, depuis quatorze ans, travaille sans relâche, enrichissant les revues et les journaux de sa collaboration, semant, çà et là, des romans, des contes, des nouvelles, des fantaisies, des études biographiques et d'importants morceaux esthétiques.

A côté de M. Champfleury se place naturellement M. Courbet, et autour d'eux MM. Bonvin, A. Gautier, Hanoteau, qui seront interprétés par de jeunes maîtres graveurs : MM. Bracquemond et Flameng.

Les éditeurs n'ont pas besoin de faire d'autre appel au public qui jugera de leurs efforts consciencieux.

A. Poulet-Malassis ; E. De Broise.

En cours de publication à la même Librairie

HISTOIRE DE SOIXANTE ANS

PAR

HIPPOLYTE CASTILLE

10 VOL. IN-8° AVEC 40 PORTRAITS

A une époque où les *Mémoires* et les *Correspondances* posthumes viennent contredire l'histoire écrite il y a vingt et trente ans sur les documents officiels, si souvent contraires à la vérité, notre chronique nationale des soixante dernières années qui suivent la Révolution s'altère. La connaissance de cette période de notre histoire est cependant le complément nécessaire de l'éducation de tout Français, à quelque classe qu'il appartienne.

Or l'éparpillement de cette période historique est aujourd'hui tel, que le seul épisode des Girondins, sous la plume féconde de M. de Lamartine, forme huit volumes in-8°. Les redites qui sont la conséquence de cet éparpillement ne sont pas moins frappantes. Il est évident, par exemple, que le récit de la bataille de Waterloo clora l'œuvre de M. Thiers et commence celle de M. de Vaulabelle; que la Révolution de juillet finit le livre de M. de Vaulabelle et commence celui de M. Louis Blanc. L'enchaînement des faits en est rompu, et ces doubles récits forment pour le lecteur des volumes à peu près superflus.

La refonte et la condensation de ces vastes matériaux devient chaque jour d'une utilité plus pressante. M. Hippolyte Castille a entrepris depuis plusieurs années ce grand travail que nous publions sous un titre qui en précise le cadre : *Histoire de soixante ans*. C'est une œuvre que ses difficultés et son importance recommandent à la plus sérieuse attention.

L'*Histoire de soixante ans*, en dehors des hautes considérations qui ont déterminé à son auteur à l'écrire, offre, au point de vue matériel, des avantages qu'il ressort des attributions des éditeurs d'exposer au public.

Pour connaître aujourd'hui l'histoire des faits qui se sont écoulés en France depuis 1788 jusqu'à la Révolution de février 1848, on est obligé, en se bornant à un seul écrivain par époque, de lire, je suppose, le nombre de volumes suivants :

THIERS, *Histoire de la Révolution*............	10 vol.
— *Histoire du Consulat et de l'Empire.*	18 vol.
VAULABELLE, *Histoire des Deux Restaurations*	8 vol.
LOUIS BLANC, *Histoire de Dix ans*............	5 vol.
ÉLIAS REGNAULT, *Histoire de Huit ans*......	3 vol.
TOTAL..................	44 vol.

Outre une dépense de temps considérable, c'est une dépense d'argent qui ne s'élève pas à moins de *deux à trois cents francs*.

Une histoire en dix volumes, comprenant la même période historique, offre donc une économie de temps et une économie d'argent considérables.

Dix volumes permettent facilement à tous les faits de trouver leur place. Ils n'offrent pas l'inconvénient des précis. Ce qu'on nomme en littérature l'*intérêt*, la *couleur*, le *détail intime*, peut se produire à l'aise dans l'espace de dix volumes, sans que la matière historique, contenue dans de justes limites, puisse s'étendre et dégénérer en roman.

Unité de doctrine, unité de méthode, unité de récit, précision et condensation des faits ; économie de temps ; bon marché ; tels sont les avantages que cette publication offre au public.

Une table de classement des portraits sera imprimée à la fin du dernier volume de chacune des séries dont se composera l'*Histoire de soixante ans*. La La première série, *La Révolution*, 1789–1800, formera 4 volumes.

Les deux premiers volumes sont en vente avec les portraits de Louis XVI, Marie-Antoinette, Mme de Lamballe, Mirabeau, Danton, Robespierre, Saint-Just, Mme Roland.

Prix du volume avec quatre portraits : 5 fr.

Alençon. — Typ. de POULET-MALASSIS et DE BROISE.

CATALOGUE
DE LA LIBRAIRIE
POULET-MALASSIS ET DE BROISE

15 OCTOBRE 1859

Le prix des Livres de ce Catalogue augmente de 25 cent. par volume pour l'étranger.

Bibliothèque Moderne.
FORMAT GRAND IN-12.

Livres à 3 fr.

LES OUBLIÉS ET LES DÉDAIGNÉS, figures littéraires du XVIIIe siècle, par Ch. Monselet (*Linguet — Mercier — Dorat-Cubières — Olympe de Gouges — Le Cousin Jacques — Le Chevalier de la Morlière — Le Chevalier de Mouhy — Desforges — Gorgy — La Morency — Plancher-Valcour — Baculard d'Arnaud — Grimod de la Reynière*), 1 vol.

LES FLEURS DU MAL, par Charles Baudelaire, 1 vol. (épuisé).

POÉSIES COMPLÈTES de Théodore de Banville (*Les Stalactites; Odelettes; Le Sang de la Coupe, La Malédiction de Vénus*, etc.), avec une eau-forte titre, dessinée et gravée par Louis Duveau, 1 vol.

POÉSIES COMPLÈTES de Leconte de Lisle (*Poèmes antiques — Poèmes et Poésies*, ouvrages couronnés par l'Académie française — *Poésies nouvelles*), in-12, avec une eau-forte, dessinée et gravée par Louis Duveau, 1 vol.

LES PHILIPPIQUES de Lagrange-Chancel, nouvelle édition, revue sur les éditions de Hollande, sur le manuscrit de la bibliothèque de Vesoul, et sur un manuscrit aux armes du Régent, précédée de Mémoires pour servir à l'Histoire de Lagrange-Chancel et de son temps, en partie écrits par lui-même, avec des Notes historiques et littéraires, par M. de Lescure, 1 vol.

Affaire du Collier. — MÉMOIRES INÉDITS DU COMTE DE LAMOTTE-VALOIS, sur sa vie et son époque, — 1754-1830 — publiés d'après le manuscrit autographe, avec un historique préliminaire, des pièces justificatives et des notes, par Louis Lacour, 1 vol.

EN HOLLANDE, lettres à un ami, par Maxime Du Camp, suivies des catalogues des musées de Rotterdam, La Haye et Amsterdam, 1 vol.

IMPRESSIONS ET VISIONS., par Henri Cantel, précédées d'une préface par Hippolyte Babou, 1 vol.

CAMPAGNES D'ITALIE de 1848 et 1849, par le général Schoenhals, aide-de-camp de Radetsky, ouvrage traduit sur la 7e édition allemande, par Théophile Gautier fils, avec une préface et une carte, 1 vol.

Livres à 2 fr.

LETTRES FAMILIÈRES ÉCRITES D'ITALIE A QUELQUES AMIS, DE 1739 A 1740, par Ch. de Brosses, avec une étude littéraire et des notes par Hippolyte Babou. (Seule édition sans suppressions). 2 vol.

LETTRES D'UN MINEUR EN AUSTRALIE, par Antoine Fauchery, 1 vol.

COURONNE, histoire juive, par Alexandre Weill, 1 vol.

EMERAUDE, par Alexandre Weill, 2e édit., revue, 1 vol.

ESQUISSES PARISIENNES, scènes de la vie, par Théodore de Banville (*Les Parisiennes de Paris.* — *Les Noces de Médéric.* — *Un Valet comme on n'en voit pas.* — *La vie et la mort de Minette.* — *Sylvanie.* — *Le Festin des Titans.* — *L'illustre Théâtre.*) 1 vol.

LES PAYENS INNOCENTS, nouvelles, par Hippolyte Babou (*La Gloriette* — *Le Curé de Minerve* — *Le dernier Flagellant* — *L'Hercule chrétien, Jean de l'Ours* — *Histoire de Pierre Azam* — *La chambre des belles saintes*), 1 vol.

ESSAIS SUR L'ÉPOQUE ACTUELLE. — LIBRES OPINIONS MORALES ET HISTORIQUES, par Emile Montégut (*Du Génie français* — *La Renaissance et la Réformation* — *Des Controverses sur le XVIIIe siècle* — *De la Toute-Puissance de l'Industrie* — *De l'Individualité humaine dans la Société moderne* — *De l'Idée de monarchie universelle* — *De l'Homme éclairé* — *De l'Italie et du Piémont* — *Fragment sur le Génie italien* — *Werther* — *Hamlet* — *Confidences d'un Hypocondriaque*), 1 vol.

LA DOUBLE VIE, nouvelles, par Charles Asselineau (*Le Cabaret des Sabliers — L'Auberge — Les Promesses de Timothée — Mon Cousin don Quixote — Le Roman d'une Dévote — Le Mensonge — Le plus beau Temps de la Vie — La Jambe — La Seconde Vie — L'Enfer du Musicien — Le Presbytère.*) 1 vol.

CONTES DE LA MÉRIDIENNE, par Henri de Lacretelle (*Lucciola. — La Robe blanche. — Serena. — Le Cygne de Mantoue. — Le Banc du Jardin. — La Terrasse du Docteur.* 1 vol.

LES TRÉTEAUX DE CHARLES MONSELET, farces et dialogues, avec un frontispice dessiné et gravé par Bracquemond (*L'Académie. — Le Siége de la Revue des Deux-Mondes. — La Bibliothèque. — Le Vaudeville du Crocodile. — Les Pastilles de Richelieu. — Les deux Dumas. — Les Fils. — Quatre hommes et un caporal. — La Police littéraire. — L'Enfer des gens de lettres. — La Semaine d'un Jeune Homme pauvre. — Le Duel. — La Distribution des Prix. — Mon Ennemi.*) 1 vol.

HONORÉ DE BALZAC, par Théophile Gautier, édition revue et augmentée, avec un portrait gravé à l'eau-forte par E. Hédouin, et des fac-simile d'autographes, 1 vol.

LES AMIS DE LA NATURE, par Champfleury, avec un frontispice gravé par Bracquemond, d'après un dessin de Gustave Courbet, et une caractéristique des œuvres de l'auteur par Edmond Duranty, 1 vol.

Livres de Formats divers.

ÉMAUX ET CAMÉES, par Théophile Gautier, seconde édition augmentée, avec fleurons, culs-de-lampe et en-tête dessinés par E. Therond, 1 vol. in-8º. 3 fr.

SOPHIE ARNOULD, d'après sa correspondance et ses mémoires inédits, par Ed. et J. de Goncourt, 2e édition, 1 vol. 1 fr.

ŒUVRES INÉDITES DE PIRON, prose et vers, accompagnées de Lettres également inédites adressées à Piron par Mesdemoiselles Quinault et de Bar, avec une introduction et des notes par Honoré Bonhomme. — 1 v. in-8º avec fac-simile. 6 fr.
                        1 v. in-12 *id* 3 fr. 50

RECUEIL DES FACTUMS d'Antoine Furetière, de l'Académie françoise, contre quelques-uns de cette académie, suivi des preuves et pièces historiques données dans l'édition de 1694, avec une introduction et des notes historiques et critiques, par Charles Asselineau, 2 vol. in-16. 7 fr.

LA DÉFECTION DE MARMONT EN 1814, ouvrage suivi d'un grand nombre de documents inédits ou peu connus, d'un précis des jugements de Napoléon 1er sur le maréchal Marmont, d'une notice bibliographique avec extraits de tous les ouvrages publiés sur le même sujet, par Rapetti, 1 vol. in-8° 6 fr.

LE COMTE GASTON DE RAOUSSET-BOULBON, SA VIE ET SES AVENTURES, D'APRÈS SES PAPIERS ET SA CORRESPONDANCE, par Henry de la Madelène, 1 vol. in-12, 2e édition. 1 fr.

HISTOIRE CRITIQUE ET ANECDOTIQUE DE LA PRESSE PARISIENNE, 2e et 3e années (1857-1858), par Firmin Maillard, 1 vol. in-18. 2 fr.

LA LORGNETTE LITTÉRAIRE, DICTIONNAIRE DES GRANDS ET DES PETITS AUTEURS DE MON TEMPS, par Ch. Monselet, 2e édition, 1 vol. in-16. 1 fr.

LA FOIRE AUX ARTISTES, petites comédies parisiennes, par Aurélien Scholl, 2e édition, 1 vol. in-16. 1 fr.

PHILOSOPHIE DU SALON DE 1857, par Castagnary, 1 vol. in-16 sur papier vergé. 1 fr.

LES 14 STATIONS DU SALON DE 1859, suivies d'un récit douloureux, par Zacharie Astruc, 1 vol. in-18. 2 fr.

DU GÉNIE FRANÇAIS, par Emile Montégut, 1 vol. in-16. 1 fr.

LANDES FLEURIES, poésies, par Paul Vrignault, fort in-18. 3 fr.

PARIS ET LE NOUVEAU LOUVRE, ode, par Théodore de Banville, in-8° 50 c.

Publications à petit nombre.

HISTOIRE DU SONNET POUR SERVIR A L'HISTOIRE DE LA POÉSIE FRANÇAISE, par Ch. Asselineau, 2e édition, in-8°. 3 fr.

JEAN DE SCHELANDRE, POETE VERDUNOIS (1585-1635) étude littéraire suivie de la réimpression des *Gayetés*, d'après le seul exemplaire connu, par Charles Asselineau, 2e édition, in-8°. 3 fr. 50

ANDRÉ BOULLE, ébéniste de Louis XIV, par Charles Asselineau, 2e édition, in-8°. 1 fr. 50 c.

LES MÉMOIRES DE Mme DE LA GUETTE, par Hippolyte Babou, in-8°. 1 fr.

LA CARTE A PAYER D'UNE DRAGONNADE NORMANDE
EN 1685, par Louis Lacour, in-8°.   1 fr. 50
ANTOINE LEMAITRE, par Rapetti, ancien professeur suppléant
au Collège de France, in-8°.   1 fr. 50
QUELQUES MOTS SUR LES ORIGINES DES BONAPARTE,
par Rapetti, nouvelle édition, in-8°.   2 fr.
DE LA MODE, par Théophile Gautier.   6 fr.

Livres en Dépôt.

Histoires locales.

MÉMOIRES HISTORIQUES SUR LA VILLE D'ALENÇON ET SUR
SES SEIGNEURS, précédés d'une dissertation sur les peuples
qui ont habité anciennement le duché d'Alençon et le comté
du Perche, et sur l'état ancien de ces pays, par Odolant Desnos, seconde édition publiée d'après les corrections et les additions manuscrites de l'auteur et annotée par M. Léon de La
Sicotière, avocat, ancien directeur de la Société des Antiquaires de Normandie, suivie d'une bibliographie alençonnaise,
de la recherche de la noblesse de la généralité d'Alençon et
d'autres pièces justificatives, in-8° (première partie).   4 fr.
HISTOIRE DES COMTES DU PERCHE DE LA FAMILLE DES
ROTROU, par O. Des Murs, in-8°, avec planche.   6 fr.
HISTOIRE DE MARGUERITE DE LORRAINE, DUCHESSE
D'ALENÇON, bisaïeule de Henry IV, fondatrice et religieuse
du monastère de Sainte-Claire d'Argentan (diocèse de Seès),
par l'abbé E. Laurent, chanoine honoraire de Bayeux, 1 vol.
in-12.   2 fr. 50 c.
NOTICE HISTORIQUE SUR L'ABBAYE ROYALE DE SAINTE-
CLAIRE D'ARGENTAN, pour faire suite à l'Histoire de Marguerite de Lorraine, par l'abbé E. Laurent, 1 vol. in-12. 2 fr. 50
SAINT-GERMAIN D'ARGENTAN (diocèse de Séez), histoire d'une
paroisse catholique pendant les trois derniers siècles, par
l'abbé E. Laurent, in-16.   2 fr. 50 c.
Ces trois derniers volumes pris ensemble   5 fr.
LA MAJOR, cathédrale de Marseille, par Casimir Bousquet, in-8°,
avec planches.   8 fr.

Industrie.

ESSAI SUR L'ÉTAT ACTUEL DE L'INDUSTRIE ARDOISIÈRE EN FRANCE ET EN ANGLETERRE, par L. Smyers, in-8°. 2 fr.

Littérature.

MOSCHEK, mœurs polonaises, par Holloenders, 1 vol. in-12, 2 fr.
SUISSE ET SAVOIE, souvenirs de voyage, par H. Champly, in-12. 1 fr.
RIMES BUISSONNIÈRES, par Henry Dubellay, 1 v. in-18, 2 fr.
VISIONS D'AMOUR, par J. E. Allaux, in-18. 1 fr.
LES ÉTAPES DU COEUR, poésies, par L. Depret, 1 volume in-18. 2 fr.
DU RÉTABLISSEMENT DE L'ORDRE DE MALTE, par M. de Barghon Fort-Ryon, brochure in-8°. (*Se vend au profit de l'Œuvre.*) 60 c.

En cours de publication

Histoire politique et littéraire de la Presse en France, avec une Introduction historique sur les Origines du Journal et la Bibliographie générale des journaux depuis leur origine, par EUGÈNE HATIN.

AVANT 1789

Introduction historique. — Recherches sur les origines du Journal chez les anciens et chez les modernes. — Chroniqueurs, Gazetiers et Nouvellistes. — Gazettes manuscrites, Nouvelles à la main.

Naissance du Journal. — La *Gazette*, histoire et bibliographie. — Son fondateur Th. Renaudot, ses inventions et ses tribulations ; ses démêlés avec la Faculté de Médecine, avec la Fronde.

La Presse sous la Fronde ; explosion de l'esprit polémique. Les *Mazarinades*. Essais de journalisme.

Gazettes en vers : La *Muse historique* de Loret. Ses imitateurs, Scarron, Mayolas, etc.

Le Petit Journal. — Alliance de la politique et de la littérature : le *Mercure galant* et ses imitateurs ; le *Journal de Paris*, premier journal quotidien en France, etc. — Alliance de la littérature et de l'industrie : les *Petites Affiches*, etc.

La Presse littéraire : Histoire du *Journal des Savants* ; Bayle et ses *Nouvelles de la République des Lettres* ; Basnage, Le Clerc, etc., *Journal de Trévoux*, etc., etc.

Lutte du journalisme contre l'esprit philosophique et littéraire du XVIIIe siècle. — L'abbé Desfontaines et Fréron, le *Nouvelliste du Parnasse*, l'*Année littéraire*, etc., etc.

Journaux historiques et Journaux français publiés à l'étranger : *Journal de Verdun*, *Journal de Genève*, *Annales* de Linguet, etc.

Journaux clandestins : *Nouvelles ecclésiastiques* ; *Journal du Despotisme*, etc.

Encore les *Nouvelles à la main*.

DEPUIS 1789

La Presse pendant la Révolution ; — sous l'Empire, — sous la Restauration ; — sous la Monarchie de Juillet ; — en 1848.

Etat actuel de la Presse : Les Journaux et les Journalistes ; Législation de la Presse, etc.

Résumé politique : Ce qu'a été la Presse, — Ce qu'elle est, — Ce qu'elle devrait être.

Bibliographie, depuis l'origine des journaux jusques et y compris 1858.

L'*Histoire politique et littéraire de la Presse en France* formera cinq beaux volumes d'environ 500 pages chacun. Elle paraît en même temps in-8° et grand in-12.

Les trois premiers volumes sont en vente.

PRIX DU VOLUME IN-8° : 6 FR., IN-12 : 4 FR.

En cours de publication

HISTOIRE DE SOIXANTE ANS

PAR

HIPPOLYTE CASTILLE

10 VOL. IN-8° AVEC 40 PORTRAITS

A une époque où les *Mémoires* et les *Correspondances* posthumes viennent contredire l'histoire écrite il y a vingt et trente ans sur les documents officiels, si souvent contraires à la vérité, notre chronique nationale des soixante dernières années qui suivent la Révolution s'altère. La connaissance de cette période de notre histoire est cependant le complément nécessaire de l'éducation de tout Français, à quelque classe qu'il appartienne.

Or l'éparpillement de cette période historique est aujourd'hui tel, que le seul épisode des Girondins, sous la plume féconde de M. de Lamartine, forme huit volumes in-8°. Les redites qui sont la conséquence de cet éparpillement ne sont pas moins frappantes. Il est évident, par exemple, que le récit de la bataille de Waterloo clora l'œuvre de M. Thiers et commence celle de M. de Vaulabelle; que la Révolution de juillet finit le livre de M. de Vaulabelle et commence celui de M. Louis Blanc. L'enchaînement des faits en est rompu, et ces doubles récits forment pour le lecteur des volumes à peu près superflus.

La refonte et la condensation de ces vastes matériaux devient chaque jour d'une utilité plus pressante. M. Hippolyte Castille a entrepris depuis plusieurs années ce grand travail que nous publions sous un titre qui en précise le cadre : *Histoire de soixante ans*. C'est une œuvre que ses difficultés et son importance recommandent à la plus sérieuse attention.

L'*Histoire de soixante ans*, en dehors des hautes considérations qui ont déterminé son auteur à l'écrire, offre, au point de vue matériel, des avantages qu'il ressort des attributions des éditeurs d'exposer au public.

Pour connaître aujourd'hui l'histoire des faits qui se sont écoulés en France depuis 1788 jusqu'à la Révolution de février 1848, on est obligé, en se bornant à un seul écrivain par époque, de lire, je suppose, le nombre de volumes suivants :

THIERS, *Histoire de la Révolution*	10 vol.
— *Histoire du Consulat et de l'Empire*	18 vol.
VAULABELLE, *Histoire des Deux Restaurations*	8 vol.
LOUIS BLANC, *Histoire de Dix ans*	5 vol.
ÉLIAS REGNAULT, *Histoire de Huit ans*	3 vol.
TOTAL	44 vol.

Outre une dépense de temps considérable, c'est une dépense d'argent qui ne s'élève pas à moins de *deux à trois cents francs*.

Une histoire en dix volumes, comprenant la même période historique, offre donc une économie de temps et une économie d'argent considérables.

Dix volumes permettent facilement d'ailleurs à tous les faits de trouver leur place. Ils n'offrent pas l'inconvénient des précis. Ce qu'on nomme en littérature l'*intérêt*, la *couleur*, le *détail intime*, peut se produire à l'aise dans l'espace de dix volumes, sans que la matière historique, contenue dans de justes limites, puisse s'étendre et dégénérer en roman.

Unité de doctrine, unité de méthode, unité de récit, précision et condensation des faits ; économie de temps ; bon marché ; tels sont les avantages que cette publication offre au public.

Une table de classement des portraits sera imprimée à la fin du dernier volume de chacune des séries dont se composera l'*Histoire de soixante ans*. La La première série, *La Révolution*, 1789—1800, formera 4 volumes.

Les deux premiers volumes sont en vente avec les portraits de Louis XVI, Marie-Antoinette, Mme de Lamballe, Mirabeau, Danton, Robespierre, Saint-Just, Mme Roland.

Prix du volume avec quatre portraits : 5 fr.

Alençon. — Typ. de POULET-MALASSIS et DE BROISE.

12864

EN VENTE A LA MÊME LIBRAIRIE

Bibliothèque moderne

Depuis le 15 octobre 1859, cette Bibliothèque est divisée en deux séries à prix fixe : l'une à 3 fr., l'autre à 2 fr.

Livres à 3 fr.

LES OUBLIÉS ET LES DÉDAIGNÉS, figures littéraires de la fin du XVIIIe siècle, par Charles Monselet, 1 vol.
   Linguet. — Mercier. — Dorat-Cubières. — Olympe de Gouges. — Le Cousin Jacques. — Le Chevalier de la Morlière. — Le Chevalier de Mouhy. — Desforges. — Gorgy. — La Morency. — Plancher-Valcour. — Baculard d'Arnaud. — Grimod de la Reynière.

LES FLEURS DU MAL, par Charles Baudelaire, 1 vol. (épuisé).

POÉSIES COMPLÈTES de Théodore de Banville (Les Cariatides; les Stalactites, Odelettes; le Sang de la Coupe; la Malédiction de Vénus, etc.); avec une eau-forte titre, dessinée et gravée par Louis Duveau, 1 vol.

MÉMOIRES DU DUC DE LAUZUN, publiés entièrement conformes au manuscrit, avec une étude sur la vie de l'auteur, 2e édit., sans suppressions et augmentée d'une préface et de notes nouvelles par Louis Lacour, 1 vol. (épuisé).

POÉSIES COMPLÈTES de Leconte de Lisle (Poëmes antiques. — Poëmes et poésies, ouvrages couronnés par l'Académie française. — Poésies nouvelles). Avec une eau-forte, dessinée et gravée par Louis Duveau, 1 vol.

LES PHILIPPIQUES DE LAGRANGE-CHANCEL, nouvelle édition, revue sur les éditions de Hollande, sur le manuscrit de la bibliothèque de Vesoul, et sur un manuscrit aux armes du Régent, précédée de Mémoires pour servir à l'Histoire de Lagrange-Chancel et de son temps, en partie écrits par lui-même, avec des notes historiques et littéraires, par M. de Lescure, 1 vol.

AFFAIRE DU COLLIER. — MÉMOIRES INÉDITS DU COMTE DE LAMOTTE-VALOIS, sur sa vie et son époque. — 1754-1830 — publiés d'après le manuscrit autographe, avec un historique préliminaire, des pièces justificatives et des notes par Louis Lacour, 1 vol.

EN HOLLANDE, lettres à un ami, par Maxime Du Camp, suivies des catalogues des musées de Rotterdam, la Haye et Amsterdam, 1 vol.

IMPRESSIONS ET VISIONS, par Henri Cantel, avec une préface d'Hippolyte Babou, 1 vol.

CAMPAGNES D'ITALIE de 1848 et 1849, par le général Schœnhals, aide-de-camp de Radetsky, ouvrage traduit sur la septième édition allemande, par Théophile Gautier fils, avec une préface et une carte, 1 vol.

Livres à 2 fr.

LETTRES FAMILIÈRES ÉCRITES D'ITALIE A QUELQUES AMIS, de 1739 à 1740, par Charles De Brosses, avec une étude littéraire et des notes, par Hippolyte Babou; 2 vol. (seule édition sans suppressions).

ESQUISSES PARISIENNES, scènes de la vie, par Th. de Banville, 1 vol.

LETTRES D'UN MINEUR EN AUSTRALIE, par Antoine Fauchery, 1 vol.

COURONNE, histoire juive, par Alexandre Weill, 1 vol.

EMERAUDE, par Alexandre Weill, 1 vol.

LES PAYENS INNOCENTS, nouvelles, par Hippolyte Babou, 1 vol.

ESSAIS SUR L'ÉPOQUE ACTUELLE. — LIBRES OPINIONS MORALES ET HISTORIQUES, par Émile Montégut, 1 vol.

LA DOUBLE VIE, nouvelles, par Charles Asselineau; avec un frontispice gravé sur bois, par Adrien Lavieille, d'après un dessin de Louis Duveau, 1 vol.

CONTES DE LA MÉRIDIENNE, nouvelles, par Henri de Lacretelle, 1 vol.

LES TRÉTEAUX DE CHARLES MONSELET, farces et dialogues, avec un frontispice dessiné et gravé par Bracquemond, 1 vol.

HONORÉ DE BALZAC, par Théophile Gautier, édition revue et augmentée, avec un portrait gravé à l'eau-forte par E. Hedouin, et des fac-simile d'autographes, 1 vol.

LES AMIS DE LA NATURE, par Champfleury, avec un frontispice gravé par Bracquemond d'après un dessin de Gustave Courbet, et précédés d'une caractéristique des œuvres de l'auteur, par Ed. Duranty, 1 vol.

OPUSCULES HUMORISTIQUES DE SWIFT, traduits pour la première fois par Léon de Wailly.

www.ingramcontent.com/pod-product-compliance
Lightning Source LLC
Chambersburg PA
CBHW060156190426
43199CB00043B/2119